Die Fruchtbarkeit von Israels Land

Zur Differenz der Theologie
in den beiden Landesteilen

Europäische Hochschulschriften

Publications Universitaires Européennes
European University Studies

Reihe XXIII

Theologie

Série XXIII Series XXIII

Théologie
Theology

Bd./Vol. 267

PETER LANG
Frankfurt am Main · Bern · New York

Christine Gottfriedsen

Die Fruchtbarkeit von Israels Land

Zur Differenz der Theologie in den beiden Landesteilen

PETER LANG
Frankfurt am Main · Bern · New York

CIP-Kurztitelaufnahme der Deutschen Bibliothek

Gottfriedsen, Christine:

Die Fruchtbarkeit von Israels Land : zur Differenz d. Theologie in d. beiden Landesteilen / Christine Gottfriedsen. – Frankfurt am Main ; Bern ; New York : Lang, 1985.
(Europäische Hochschulschriften : Reihe 23, Theologie ; Bd. 267)
ISBN 3-8204-8736-0
NE: Europäische Hochschulschriften / 23

ISSN 0721-3409
ISBN 3-8204-8736-0

Druck und Bindung: Weihert-Druck GmbH, Darmstadt

VORWORT

Die vorliegende Arbeit wurde im Sommersemester 1984 von der Evangelisch-Theologischen Fakultät der Ludwig-Maximilians-Universität München als Dissertation angenommen.

Vielen habe ich an dieser Stelle zu danken: Meinem Doktorvater, Prof. Dr. Jörg Jeremias, der mir alle Freiheiten ließ bei der Ausarbeitung des selbst gewählten Themas und der doch - trotz der Entfernung zwischen München und Regensburg - die Entstehung der Arbeit stets durch seinen Rat gefördert hat; Herrn Prof. Dr. Klaus Baltzer, der das Korreferat erstellt hat, und P.Werner-Egon Groß, OfmCap, für die Mühe mit dem Schreiben eines vielfach überarbeiteten Manuskripts.

Danken möchte ich auch meinem Mann für das Verständnis, das er mir entgegenbrachte, und für die vielen Stunden, in denen er bei den Kindern geblieben ist, um mir den Besuch der Universitätsbibliothek zu ermöglichen, und danken möchte ich schließlich auch meinen Kindern Peter, Anne und Jörg für die Zeit, die sie mir zum Schreiben gelassen haben.

Regensburg im Juni 1985

Christine Gottfriedsen

INHALTSVERZEICHNIS

1. EINLEITUNG

Die Spanne der Aussagen im Alten Testament zum Thema Land reicht von der Landverheißung an die nomadischen Väter bis zu den Bemühungen der nachexilischen Prophetie, die Dürftigkeit des neuen Lebens im Land zu bewältigen, die im Widerspruch steht zu den überschwenglichen Erwartungen der exilischen Prophetie.

Seit von Rads Aufsatz "Verheißenes Land und Jahwes Land im Hexateuch" hat sich auch die alttestamentliche Wissenschaft mehrfach mit diesem Bereich beschäftigt. Zu verweisen ist hier aus neuerer Zeit vor allem auf S. Schwertner(2), der sich mit der Geschichte der Landverheißung befaßte, und auf die Ausführungen von Macholz(3) und Diepold(4), die die Bedeutung des Landes in verschiedenen alttestamentlichen Werken untersuchten.

Die vorliegende Arbeit beschränkt sich darauf, einen bisher wenig beachteten Aspekt im weiten Themenbereich Land zu behandeln, nämlich die Aussagen, die sich mit der Fruchtbarkeit des Israel gegebenen Landes beschäftigen.

Gerade das Deuteronomium als die alttestamentliche Schrift, in der das Land das Heilsgut schlechthin ist, sieht dieses Land nicht nur als ein bestimmtes Territorium, sondern ganz betont als ein fruchtbares Land, als ארץ טובה . Dieser Hervorhebung der Fruchtbarkeit von Israels Land im Deuteronomium steht die Beobachtung gegenüber, daß diese Fruchtbarkeit nach der Landnahme für die vormals nomadisierenden und nicht Ackerbau treibenden Stämme ein völlig neuer Lebensbereich war, der nicht von vorneherein in einer Beziehung zu dem Glauben an Jahwe stand. Durch das 1. Gebot war zudem die Möglichkeit genommen, Gottheiten der Landesbewohner, deren Zuständigkeit sich offensichtlich bewährt hatte, neben Jahwe zu stellen. Denn auch wenn davon ausgegangen werden kann, daß die ausdrückliche Formulierung des 1. Gebotes erst nach der Landnahme erfolgte(5), so "ist jedenfalls kein zeitlicher oder räumlicher Bereich Israels vorstellbar, in dem es neben Jahwe oder an seiner Stelle generell ander Götter verehrt haben soll."(6) Israel mußte also, wenn es daran festhalten wollte, daß nur Jahwe Gott für Israel ist, seine neuen Erfahrungsbereiche Jahwes Herrschaft unterstellen. Andernfalls wären diese Bereiche, die Israel ja nicht aus seinem Leben ausklammern konnte, Machtgebiet fremder Götter geblieben. Von Rad(7) nennt diese Beschlagnahme von Gebieten, die Israel ehedem fremd waren, und auch das Aufgreifen und Ausfüllen kultischer Vorstellungen, die einem ganz anderen Religionskreis angehörten, das Spannendste an der Geschichte des älteren Jahweglaubens.

Da diese Übernahme neuer Lebensbereiche in den Glauben ihren Grund in der ausschließlichen Verehrung Jahwes hat, ist sie religionsgeschichtlich genauso singulär wie diese. Das gilt zumindest für das Ausmaß, in dem diese Ausweitung des Glaubens in Israel stattfand; denn, wenn auch die Übernahme einzelner neuer Funktionsbereiche und neuer Prädikationen durch einen Gott bei Begegnungen anderer Religionen zu beobachten ist, so war diese Übernahme wegen der

Ausschließlichkeit Jahwes in Israel aber derart radikal, daß schlechterdings alles, selbst das Leid, seinen Ursprung in Jahwe haben mußte.

In Zusammenhang mit der Fruchtbarkeit des Kulturlandes stand Israel dabei vor dem Problem, zwar diesen neuen Bereich in den Jahweglauben zu integrieren, Jahwe aber dennoch nicht zu einem Fruchtbarkeitsgott werden zu lassen.

Das breite Spektrum der Aussagen zur Fruchtbarkeit von Israels Land von der anfänglichen Aufnahme des neuen Bereiches bis zu den breiten Ausführungen im Deuteronomium soll in der vorliegenden Arbeit aufgezeigt werden.

Elia und Hosea, also prophetische Gestalten des Nordreiches, und auch der zumindest in der Anfangszeit seines Wirkens von dort beeinflußte Jeremia machen deutlich, daß Probleme bei der Integration des Bereiches der Fruchtbarkeit gerade im Nordreich eine zentrale Rolle spielten. Auf die damit befaßten Texte aus dem Bereich der Prophetie des Nordreiches soll deshalb zu Beginn dieser Arbeit eingegangen werden.

Nachdem an diesen Texten die Behandlung des Themas im Nordreich deutlich gemacht wurde, wird eine weiterer Schritt das Aufzeigen der völlig unterschiedlichen Behandlung in den beiden Werken des Jahwisten und Elohisten sein, wobei bei ersterem auch auf zahlreiche Erweiterungen seines Werkes einzugehen sein wird. Das Schwergewicht wird hier im Unterschied zum ersten Textkomplex auf dem Südreich liegen.

Schließlich wird dem Thema in poetischen Texten wie Stammessprüchen, Hymnen und Psalmen nachzugehen sein.

Nach einem zusammenfassenden Vergleich all dieser Textkomplexe soll auf das Deuteronomium als dem letzten großen vorexilischen Entwurf eingegangen werden, in dem - wie bereits erwähnt - das Land, und zwar gerade das fruchtbare Land eine zentrale Rolle spielt. Die Aussagen zum Thema aus dem exilischen und nachexilischen Zeitraum sollen dagegen nur in einem kurzen Überblick gestreift werden.

Nicht näher berücksichtigt werden in der vorliegenden Arbeit die beiden Entwürfe zum Thema Land, die von Rad in seinem bereits erwähnten Aufsatz "Verheißenes Land und Jahwes Land im Hexateuch"(1)nebeneinander gestellt hat. Ein ursprünglicher Zusammenhang oder eine Abhängigkeit zwischen diesen beiden Vorstellungskomplexen und den verschiedenen Aussagen über die Fruchtbarkeit des Landes konnte nicht beobachtet werden. Zwar hat der Jahwist in der Segensverheißung an Abraham das Leben im fruchtbaren Land vor Augen(8). Auch qualifiziert später das Dtn bereits das verheißene Land als ein ארץ זבת חלב ודבש, aber diese Motivzusammenstellungen ergeben sich sekundär aus den Geschichtsentwürfen und sind nicht unmittelbar durch die Landverheißung beeinflußt.

Für die Bezeichnung des Landes als Eigentum Jahwes (Lev 25,23) könnte ein Zusammenhang mit Hos 9,3 oder Jer 2,7 angenommen werden, es ist jedoch zu beachten, daß לי הארץ in Lev 25,23 eine andere Bedeutung hat als die entsprechenden prophetischen Stellen.

Dort geht es um eine Formulierung des Bodenrechts, die begründen soll, warum die Israeliten Grund und Boden nicht nach Belieben veräußern können, während der Rechtsstreit bei Hosea und Jeremia sich um die Untreue Israels dreht, durch die das Land, das Jahwe Israel gegeben hat - nämlich ein bestimmtes geographisches Gebiet - verunreinigt wurde(9). Weder steht hinter den prophetischen Aussagen die Voraussetzung, daß Jahwe Besitzer der Felder ist, noch wendet sich die Aussage über seinen Grundbesitz in Lev gegen einen kananäischen Kultbetrieb im Land.

Nicht eingegangen wird in der vorliegenden Arbeit auch auf Gesetze, die im Zusammenhang mit den Früchten des Landes stehen. Zu denken ist dabei besonders an Dtn 16,9-17 und Lev 23,25; denn hier wird Jahwe selbstverständlich vorausgesetzt als der, dem die Ernte zu verdanken ist, ohne daß darüber selbst eine Aussage gemacht wird.

2. DIE FRUCHTBARKEIT DES LANDES IN DEN AUSSAGEN DER PROPHETEN

2.1. Die frühe Königszeit im Nordreich

Es wurde bereits in der Einleitung darauf hingewiesen, daß gerade in der Prophetie des Nordreiches eine explizite Auseinandersetzung mit der Frage nach dem Spender von Regen, bzw. Gaben des Landes zu beobachten ist. Diese Frage, die sich der israelitischen Bevölkerung nach dem Übergang zur Ackerbaukultur stellte, wurde weitgehend dadurch beantwortet, daß Elemente des kanaanäischen Baalglaubens, in dem das Gewähren von Fruchtbarkeit für den Ackerboden seit jeher eine zentrale Rolle spielte, in den Jahweglauben übernommen wurden. Jahwe wurde mehr und mehr an den Vegetationsgott Baal angeglichen, und Erntefeste und sakrale Prostitution drangen aus der kanaanäischen Religion ein.

Nach der Reichsteilung erlebte der Synkretismus mit der kanaanäischen Religion besonders im Nordreich mit seinen fruchtbaren Ackerbaugebieten eine Höhepunkt, nicht zuletzt gefördert durch die von Jerobeam I eingeführte Jahweverehrung in den Stierbildern von Bethel und Dan. Unter Omri und Ahab wurde der Synkretismus dann sogar offiziell gefördert(1). Doch auch die Revolution Jehus brachte keine wesentliche Änderung, zumal sie sich nur gegen den offiziellen Baalskult richtete. Das synkretistische Religionswesen kam der Bevölkerung viel zu sehr entgegen und war schon zu tief verwurzelt, als daß es durch staatliche Maßnahmen hätte verdrängt werden können(2). Im Interesse einer Einheit seines Reiches konnte auch keinem judäischen oder israelitischen König daran gelegen sein, auf eine scharfe Unterscheidung zwischen der Verehrung Jahwes und der Baals zu drängen.

Aus dieser Situation heraus ist die Beschäftigung prophetischer Kreise des Nordreiches mit der Frage nach dem tatsächlichen Spender von Regen, bzw. Gaben des Landes erwachsen.

2.1.1. Elia

Die neue in die Zukunft weisende Gestalt des Jahweglaubens begegnet erstmals in Elia. Er stammt aus Thisbe in Gilead, das in einem Teil des Ostjordanlandes liegt, der nicht von kanaanäischen Bauern besiedelt war, sondern erst von den Israeliten urbar gemacht wurde(3). Die dortige Bevölkerung stand deshalb wenig unter dem Einfluß kanaanäischer Kultur und Religion, so daß sich schon von Elias Herkunft her sein Eintreten für einen traditionellen Jahweglauben erklärt, der für Israel keinen Gott neben Jahwe duldet und der das Leben unter Jahwes Gebot stellt.

Anlaß für Elias Auftreten war eine lange Trockenzeit. In ihr blieb der für den Ackerbau in Palästina wichtige Regen aus. Denn im Gegensatz zu Ägypten und dem Zweistromland, die ihre Fruchtbarkeit dem Wasser der großen Flüsse verdanken, ist Palästina ganz auf den Regen angewiesen(4).

Die Trockenheit von der in den Elia-Erzählungen die Rede ist, fällt in die Regierungszeit des Königs Ahab. Von diesem völligen Regenausfall in Palästina zur Zeit des Königs Itobaal von Tyrus, also des Vaters der Isebel, berichten auch außerbiblische Quellen(5). Nach 1. Kö 18,1 soll die Dürre erst im dritten Jahr zu Ende gegangen sein, während Menander von Ephesus als Dauer genau ein Jahr angibt. Es ist dabei jedoch zu berücksichtigen, daß die Israeliten auch die an ein Jahr angrenzenden Monate als volle Jahre rechneten, so daß eine im dritten Jahr beendete Dürre nur 14 Monate gedauert haben müßte(6). Zudem ist es von der geographischen Lage her durchaus auch möglich, daß die Dürre etwas länger als in Tyrus anhielt(7).

Ahab machte, wie sein Vater Omri, den Baalskult im Nordreich zur gleichberechtigten Religion, auch wenn er selbst wohl Jahweverehrer blieb(8). Besonders auch seine Heirat mit der tyrischen Prinzessin Isebel verlieh der Baalspriesterschaft in seinem Reich großen Einfluß. Nach dem Tode Ahabs, dem es immerhin noch um ein gleichberechtigtes Nebeneinander der Verehrung Jahwes und der Baals ging, versucht sie sogar, eine Hegemonie des kanaanäischen Elementes zu erreichen(9).

Die Dürreerzählung 1.Kö 17-18

Seinen literarischen Niederschlag findet das Auftreten Elias zur Zeit der Dürre in 1. Kö 17-18. Einigkeit unter den Exegeten besteht weitgehend darüber, daß die Erzählung vom Gottesurteil auf dem Karmel und die Dürreerzählung ursprünglich zwei selbständige Überlieferungseinheiten waren(10). Das geht vor allem daraus hervor, daß die eigentliche Karmelszene die Situation der Dürre nicht voraussetzt (sh. z. B. den verschwenderischen Umgang mit Wasser) und daß der für die Dürreerzählung wichtige König Ahab beim Geschehen auf dem Karmel völlig fehlt.

Im Gegensatz zur Karmelerzählung, für die allgemein 18,21-39 in Anspruch genommen wird(11), ist bei der Dürreerzählung der ursprünglich Bestand sehr umstritten. Sicher gehören dazu 17,1 und 18,1-2a. 17(-18a). 41-46(12).

Innerhalb der Dürreerzählung können zwei Schichten unterschieden werden. In 18,41-46 ist von einer Gegnerschaft zwischen Elia und Ahab nicht die Rede, vielmehr folgt Ahab willig den Aufforderungen Elias. Außerdem tritt hier Elia nicht mit einem Jahwewort auf, sondern hört als Ekstatiker die קול המון הגשם des Regens (V 41), lange bevor die erste kleine Regenvolke zu sehen ist (V 44) und schließlich wird der Regen in 17,1 und 18,1 mit מטר in 18,41-46 aber mit גשם bezeichnet(13). Das als Bußhandlung zu verstehende Fasten Ahabs, zu dessen Beendigung Elia auffordert, läßt darauf schließen, daß auch in V 41-46 die Dürresituation vorausgesetzt ist.

Da in der Ausrichtung des Jahwewortes gegenüber der Schilderung des Elias als Ekstatiker eine stärkere Theologisierung vorliegt, dürften die ekstatischen Züge die ursprünglicheren sein. Auch die positive Zeichnung Ahabs in V 41-46 ist älter, während seine negative Zeichnung in jüngeren Schichten belegt ist und in dem deuteronomistischen Abschnitt 1. Kö 16,29-33 ihren Höhepunkt erreicht.

Zwar ist aus dem Abscnitt 1. Kö 18,41-46 allein, in dem von Elias ekstatischen Vorwissen über den Regen erzählt und dessen Entstehung relativ nahe an den historischen Elia heranreichen wird, keine Gegnerschaft Elias gegen einen baalisierten Jahweglauben zu entnehmen, es wird nicht einmal gesagt, daß der erwartete Regen von Jahwe kommt(14). Aber die Erzählung vom Gottesurteil auf dem Karmel, von Elia am Horeb oder vom kranken Ahasja kennen das Eintreten Elias für einen unverfälschten Jahweglauben als durchgängiges Merkmal(15), so daß eine große Wahrscheinlichkeit dafür spricht, dieses Eintreten auch für den historischen Elia anzunehmen, auch wenn die genaue zeitliche Ansetzung der einzelnen Erzählungen hier außer Betracht bleibt. So ist die Karmelerzählung sicher eine der ältesten Bestandteile der Eliaüberlieferung. Und es ist bezeichnend, daß Elia auch hier noch nicht mit dem Jahwewort auftritt; vielmehr handelt Jahwe dadurch, daß er den Blitz schickt.

Sowohl in 18,41-46 als auch in der Karmelerzählung sieht Elia Jahwe also als Urheber einer Naturerscheinung an, die im allgemeinen Baal zugewiesen wurde. Wenn Elia für einen alleinigen Machtanspruch Jahwes gegenüber Israel aufgetreten ist und in dieser Eigenschaft im Voraus um das Kommen eines Regens gewußt hat, muß er als Urheber dieses Regens Jahwe und nicht Baal bzw. einen mehr oder weniger an Baal angeglichenen Jahwe angesehen haben. Falls dem historischen Elia nur das Vorwissen um einen Regen zuzuweisen wäre(16), bliebe die umfassende Traditionsbildung um ihn, die ja bis in die Spätzeit des Alten Testamentes reicht (Mal 3,23), unverständlich.

In der Dürresituation war der jahreszeitliche Rhythmus von Regen und Trockenheit gestört; und das endliche Wiederkommen des Regens wurde sicher auch von den Baalspropheten sehnsüchtig erwartet. Fohrer(17) nimmt an, daß gerade die Unterbrechung des jahreszeitlichen Zyklus' durch die langanhaltende Dürre Elia die Möglichkeit bot, die Wirkungslosigkeit des Baalskultes aufzuzeigen. Der Regen Baals (II K,III) wurde ja im jährlichen Rhythmus zu festgesetzten Zeiten erwartet; und diesen Rhythmus suchte man durch den Kult zu sichern. Wenn nun, nachdem dieser Rhythmus gestört war, Elia und nicht die Baalspropheten vom wiederkommenden Regen wußten, war damit sicher auch die Absicht verbunden, das Nicht-Funktionieren des Baalskultes zu erweisen.

Jünger als 18,41-46 sind die restlichen Verse der Dürreerzählung. Hier hört Elia nicht im voraus die Stimme des Regens, sondern er weiß durch ein Jahwewort, daß es wieder Regen geben wird(18). Und hier tritt Elia nicht erst zu dem Zeitpunkt auf, zu dem es wieder regnet, sondern er führt schon die vorhergehende Dürre auf Jahwe zurück. Die Dürre wird dabei nicht vorhergesagt, sondern sie ist Elia vorgegeben und wird von ihm mit Jahwe in Verbindung gebracht(19). In diesem Punkt bleibt die zweite Schicht nahe an der ersten, die ja auch nur vom Vorherwissen um den Regen redet. Ob die Dürreerzählung jemals eine gegenüber Ahab erfolgte Ankündigung des Regens enthielt(20), muß fraglich bleiben, denn wenn 18,1 erst als Erweiterung zu 18,41-46 gebildet wurde, könnte dieser Vers auch von Anfang an das Elia-Wort in 18,41 vor Augen gehabt haben. Er hätte dann das in V 41 nicht näher erklärte Vorherwissen Elias auf ein Jahwewort zurückgeführt.

Über den zeitlichen Abstand zwischen der Entstehung von 18,41-46 und 17,1 sowie 18,1-2a.17(-18a) läßt sich schwer Genaues sagen. Da aber auch schon für 18,41-46 davon ausgegangen werden kann, daß Elia Jahwe als den Urheber des Regens ansah und damit diese Urheberschaft Baal absprach, muß kein großer Abstand zwischen den Schichten der Dürreerzählung angenommen werden. Die Gegnerschaft zum omridischen Herrscherhaus, die schließlich auch zur Beteiligung an der Revolution Jehus führte, kann in prophetischen Kreisen des Nordreiches schon relativ früh nach den Ereignissen zu einer Verzeichnung des Bildes Ahabs geführt haben(21). Die Zeichnung Elias als Jahweprophet spricht auf jeden Fall dafür, die Ausformung der zweiten Schicht prophetischen Nordreichskreisen zuzuweisen. In dieser Schicht wird erstmals eine in der späteren Prophetie wichtige Vorstellung greifbar, daß nämlich das Versagen des Regens (Jer 4,23-28; 14,1-6) bzw. der Landesgaben (Hos 2) Israel wieder zu Jahwe bringen soll. Zwar ist ebensowenig wie in der ersten Schicht der Dürreerzählung ausdrücklich davon die Rede, daß das Versagen des Regens durch Jahwe in einem Zusammenhang steht mit der Auseinandersetzung darüber, ob Israel seinen Regen Jahwe oder Baal zu verdanken hat; aber die Verbindung mit der Erzählung vom Gottesurteil auf dem Karmel läßt darauf schließen. Zudem ist die Dürreerzählung wahrscheinlich nicht vollständig erhalten, sondern ging teilweise bei der Einarbeitung in die Karmelerzählung verloren(22) und es ist naheliegend, daß gerade die Baalsproblematik bei dieser Kombination wegfallen konnte.

Elia macht in der Dürreerzählung keine allgemein gültigen Aussagen über Jahwe als den Spender des Regens, sondern er bringt ihn nur in einer konkreten Situation damit in Verbindung. Für die in 1. Kö 18,41-46 vorliegende älteste Schicht der Dürreerzählung ist es auch nicht anders möglich. Hier geht es um das ekstatische Vorherwissen von einem bestimmten Regen. Aber auch die zweite Schicht hält sich an die Beschränkung auf eine konkrete Situation. Auch in ihr sieht Elia Jahwes Handeln in der Natur noch sehr punktuell; eine bestimmte Dürre, die zu einer bestimmten Zeit Israel zur Umkehr bringen soll, ist von Jahwe gesandt. Jahwe ist hier nicht der, der "ständig seinen Segen walten lassen kann"(23). Die Elia-Tradition kennt gar kein kontinuierliches Segenshandeln neben dem Geschichtshandeln. Gerade die Unterbrechung des kontinuierlichen Wechsels zwischen Regen und Trockenzeit ist Anlaß für Elias Auftreten. Bei ihm wird Jahwe noch nicht als der bezeichnet, "der den Früh- und Spätregen zu seiner Zeit gibt" (Jer 5,24).

In dieser Beschränkung der Aussagen über Jahwes Handeln in Dürre und Regen liegt ein fundamentaler Unterschied gegenüber dem kanaanäischen Glauben mit seiner Vorstellung des alljährlich wiederkommenden Regen-Baals. Eine weitere Differenz liegt darin, daß die Elia-Tradition nicht von einem Erscheinen Jahwes in den Naturphänomenen redet. Schon in der in 18,41-46 vorliegenden ältesten Schicht wird der Regen nicht als ein Hinweis auf ein Erscheinen Jahwes gesehen, wie es etwa in I AB, III 2 ff geschieht, wo El im

Traum das Wiedereinsetzen des Regens voraussieht und dies für ihn ein Zeichen dafür ist, daß Baal wieder lebt. Noch weitergehende Differenzen gegenüber kanaanäischen Vorstellungen werden in der zweiten Schicht erkennbar: Hier wird die Dürre interpretiert durch ein Jahwewort, das besagt, daß Jahwe frei über den Zeitpunkt des nächsten Regens entscheiden wird, und das heißt auch, daß er über die Dürre und ihre Dauer bestimmt. Derartige Aussagen gibt es von Baal nicht. Wenn er am Leben ist, regnet es. Das macht der eben erwähnte Traum Els ganz deutlich. Zwar wird in II AB, IV 68 gesagt, daß Baal in seinem Palast die Zeit seines Regens festsetzen wird; aber die Aussage steht nicht im Zusammenhang mit einer Dürre, sondern besagt eher, daß Baal den Zeitpunkt der einzelnen Regen innerhalb der Regenzeit festsetzen wird. Daß Baal zwar lebt, aber eine Dürre über das Land verhängt, ist nicht möglich. Wenn es eine Dürre gibt, ist sie nicht von Baal gewirkt, sondern sie ist darauf zurückzuführen, daß Baal eben nicht in Tätigkeit tritt (vgl. 1 Aqht, 40 ff).

Die Aussage, daß Jahwe den Regen versagen wird, soll also deutlich machen, daß Jahwes Macht viel umfassender ist als die Baals bzw. eines baalisierten Jahwes. Nicht, wenn die Gottheit stirbt, bleibt der Regen aus; sondern Jahwe kann dieses Ausbleiben allein durch sein Wort in Kraft setzen.

Ob Elia bzw. die prophetischen Kreise, die die Überlieferung um ihn weiterbildeten, tatsächlich - so wie es in der alttestamentlichen Überlieferung erscheint - die ersten waren, die den Regen Jahwes Machtbereich unterstellten und ihn dennoch deutlich von Baal unterschieden, läßt sich kaum noch sagen. Es sind auf jeden Fall keine Nachrichten darüber aus der Zeit vor Elia erhalten. "Man wird die Bedeutung Elias für den reinen Jahweglauben in dieser Zeit nicht leicht überschätzen können. Es spricht viel dafür, daß er es gewesen ist, der die zwischen Tradition und Gegenwart klaffende Lücke zu schließen vermochte ...."(24)

An der einzigen Stelle, an der Jahwe mit dem Fruchtbarkeit schaffenden Regen in Verbindung gebracht wird und die möglicherweise älter ist als die Elia-Tradition, nämlich Ps 68,10 f, wird sich eine Übernahme kanaanäischer Vorstellungen als wahrscheinlichste Lösung erweisen.(25) Allerdings ist diese Vorstellung auch hier durch die Verbindung mit der Geschichte Israels bereits tiefgreifend verändert; aber daß sich sonst keine Belege für eine derartige Arbeitsweise finden, dürfte ein Hinweis darauf sein, daß die Gefahr erkannt wurde, die mit der Übertragung von Baals Aspekt als Vegetationsgott auf Jahwe verbunden war(26). Es ist durchaus denkbar, daß es bis in die Zeit Elias dauerte, bis einerseits die Frage allgemein relevant wurde, wer denn den für Israel nach der Landnahme wichtigen Regen spendet, und andererseits die Problematik einer einfachen Übertragung von Attributen Baals auf Jahwe erkannt war(27).

Es darf dabei aber nicht außer acht gelassen werden, daß das hier Gesagte lediglich für den nördlichen Landesteil gilt. Wie sich zeigen wird, ist der Prozeß im Süden völlig anders verlaufen.

1. Kö 17,2-6

Mit der Dürreerzählung in ihrer jetzigen Fassung verbunden sind die Erzählungen von der Versorgung Elias durch die Raben (17,2-6), von seiner Versorgung durch die Witwe in Sarpath (17,7-16) und die für unser Thema weniger relevante Erzählung von der Auferweckung des Sohnes der Witwe. Die Meinungen darüber, ob beide Abschnitte zur ältesten Elia-Überlieferung gehören, gehen dabei weit auseinander. Während Steck(28) 17,2-6 dazu rechnet, 7-16 aber nicht, sieht Fohrer(29) in beiden Abschnitten spätere Erweiterungen, wobei 7-16 schon vor 2-6 mit der Dürreerzählung verbunden war. Hentschel(30) dagegen rechnet 17,14a zum ursprünglichen Bestand der Elia-Überlieferung, um den herum später eine prophetische Wundererzählung gebildet wurde.

Steck(31) führt für die Zugehörigkeit des Abschnitts zur ursprünglichen Dürreerzählung an, daß 18,1-2a das Verborgensein Elias, von dem in 17,2-6 erzählt wird, voraussetzt. Auch wenn dies zutreffen sollte - das Verborgensein muß nicht unbedingt erwähnt worden sein. 18,1.2a setzt eigentlich nur voraus, daß Elia nicht ständig bei Ahab ist -, ist fraglich, ob die ursprüngliche Zugehörigkeit für den ganzen Abschnitt gilt. Die Verse 2.3.5 ergäben durchaus auch ohne 4.6 einen sinnvollen Zusammenhang. Nachdem Jahwe durch Elia die Fortdauer der Dürre hat ansagen lassen, zeigt er Elia einen Ort, an dem genug Wasser vorhanden ist. Die sonstige Nahrungsversorgung muß in diesem Zusammenhang nicht unbedingt im Blickfeld des Erzählers liegen(32). Die wunderhafte Versorgung durch die Raben steht zudem im Widerspruch zur sonstigen Dürreerzählung, die Jahwe im natürlichen Geschehen von Regen und Trockenheit am Werk sieht. Durch die Verse 4 und 6 bewegt sich das Geschehen in dem Abschnitt viel mehr um die Person des Elia selbst als in der übrigen Dürreerzählung(33). Um ihn vollständig mit Essen und Trinken zu versorgen(34), läßt Jahwe eigens ein wunderhaftes Geschehen ablaufen. Auch 17,7 könnte als Argument für die spätere Zufügung von V 4 und 6 angeführt werden; denn hier wird Elias Weggehen vom Bach nur mit dem Vertrocknen dieses Baches begründet, während die Raben nicht erwähnt werden. Demnach wäre 17,7-16 vor 17,4.6 zur Dürreerzählung gekommen(35), wobei vielleicht für die Formulierung von V 4 der V 9 Vorbild war: V 4 צויתי לכלכלך שם und V 9 צויתי שם ... לכלכלך . Den Versen 4 und 6 und in der jetzigen Fassung dem ganzen Abschnitt 2-6 geht es darum, Jahwes wunderbare Fürsorge für seinen Propheten zu zeigen. Ein Interesse am Handeln Jahwes im normalen Naturgeschehen liegt nicht vor.

1. Kö 17,7-16

Darüber, daß dieser Abschnitt nicht zum ursprünglichen Bestand der Dürreerzählung gehört, herrscht unter den Exegeten Übereinstimmung; denn die Erzählung setzt die Dürresituation nicht voraus. In V 10 holt die Witwe ohne weiteres Wasser für Elia. Nicht die Dürre, sondern die Armut der Frau, die für eine Witwe der damaligen Zeit ja nicht ungewöhnlich war, ist der Hintergrund der Erzählung. V 8 f ist eine redaktionelle Überleitung zu der neuen Erzählung (vgl.

V 2 ff)(36), die demnach in 10b-15 vorliegt. Auch in V 16 dürfte die Hand eines Sammlers zu erkennen sein(37). Daß 8-10a nicht zur ursprünglichen Erzählung gehört, wird auch daran deutlich, daß nach V 9 Elia zu der Frau in Sarepta geschickt wird, weil diese ihn jetzt, nachdem der Bach Krith vertrocknet ist, mit Lebensmitteln versorgen soll, während in V 15 das הוא wegen der femininen Verbform (ותאכל) wegfallen muß, so daß hier nur die Rede davon war, daß die Frau und ihr Haus(38) täglich von dem Öl und Mehl aßen. Die Vermehrung von Mehl und Öl wäre demnach in dieser Fassung der Erzählung für die Frau erfolgt, und Elia wäre nur einmal von ihr versorgt worden.

Umstritten ist dagegen, ob V 14 unabhängig von der ihn umgebenden Erzählung entstanden ist und erst sekundär mit dieser gerahmt wurde(39) oder ob das Wort aus der Erzählung heraus entstanden ist(40). Da V 14 die Dürre voraussetzt, die Erzählung aber nicht, wird auf jeden Fall eine gesonderte Enstehung der beiden Elemente anzunehmen sein(41). Zudem gibt es weitere Differenzen zwischen dem Prophetenwort und der Erzählung: V 14 unterbricht den schlüssigen Fortgang der Geschichte von V 13 zu 15. In V 13 fordert Elia die Frau auf, etwas zu tun, und dieses Tun erfolgt in V 15. In der Geschichte geht es eigentlich um das Essen von לחם (V 11) bzw. עגה (V 13) und nicht um das Vorhandensein von Mehl und Öl im Topf. Die Antwort der Witwe in V 12 könnte ursprünglich durchaus auch ohne die Angaben בכד und בצפחת erfolgt sein. Es wäre völlig ausreichend, wenn die Witwe sagt, daß sie nur noch wenig Mehl und Öl hat. Daß sich beides in einem Gefäß befindet, ist in diesem Zusammenhang eigentlich ohne Bedeutung. Die Möglichkeit ist also nicht auszuschließen, daß das Wort בכד und בצפחת erst nachträglich aus dem Jahwewort in V 12 eingetragen wurde.

Vielleicht hat die ursprüngliche Geschichte davon erzählt, daß die Frau und ihr Sohn Tag um Tag von dem aus dem wenigen Öl und Mehl Gebackenen essen konnten, denn in der jetzigen Fassung der Erzählung hat das Wunder zwei Folgen: Das tägliche Essen (V 15) und das Nicht-Versiegen von Öl und Mehl (V 16).

Es verbleiben somit zwei Möglichkeiten für die Entstehung von 17,7-16: Entweder wurde ein Jahwewort mit einer schon vorhandenen Erzählung, in der auch ein Grundvorrat von Mehl und Öl eine Rolle spielte, verbunden(42) und die Erzählung so in einen Zusammenhang mit der Dürre gebracht oder aus der Erzählung wurde, wohl als sie in einen Zusammenhang mit der Dürreerzählung gebracht wurde, das Elia-Wort gebildet.

Wenn man davon ausgeht, daß in V 12 die Angaben בכד und בצפחת erst aus V 14 übernommen sind, ist die Wahrscheinlichkeit groß, daß in V 14 ein ursprünglich selbständiges Wort aufgenommen wurde. Wenn es erst aus der Erzählung gebildet worden wäre, dürfte es sich näher an deren Wortlaut gehalten haben. Mit der Annahme einer sekundären Zufügung der Gefäße in V 12 wäre auch die Schwierigkeit beseitigt, die sich aus der geringen Wahrscheinlichkeit eines ursprünglichen Vorhandenseins genau der gleichen Elemente im Orakelspruch wie in der Erzählung ergäbe (Mehl im Topf, Öl im Krug in V 12 und 14)(43).

Kaum zu entscheiden ist, ob das Orakelwort gleichzeitig mit der Erzählung von der Witwe in die Dürreerzählung eingefügt wurde oder erst später; denn zur Verklammerung der ursprünglichen Erzählung mit der Dürresituation hätten V 7-9 genügt; ein Orakelwort wie V 14 wäre dazu nicht erforderlich gewesen. Dem Redaktor, der V 14.16 eingefügt hat, ging es darum, Elia als einen Mann darzustellen, der ein wunderbares Handeln Jahwes ankündigt, das dann auch in Erfüllung geht.

Vielleicht kann das Wort denselben Nordreichskreisen wie 2. Kö 3,16.17(44) zugewiesen werden; denn in diesen Worten, vor allem in V 17 wird ebenfalls in einem Jahwewort angekündigt, daß Nahrung - hier Wasser - vorhanden sein wird, ohne daß dabei ein Naturvorgang eine Rolle spielt. Diese Parallelisierung von 1. Kö 17,14 mit 2. Kö 3,16.17 setzt allerdings voraus, daß V 14b nicht zum ursprünglichen Wort gehörte, und für diese Trennung spricht, daß V 14a als Jahwewort konzipiert ist, während in V 14b von Jahwe in der 3. Person die Rede ist(45). Wann V 14b an 14a angefügt wurde, ist nicht sicher zu sagen; wenn es zutreffend ist, daß V 14a aus Kreisen stammt, die Jahwes Handeln in der Natur nicht zum Inhalt ihrer Zusagen machten, wird die Zufügung erst im Zusammenhang mit dem Einbau in die Dürresituation erfolgt sein. Offenbleiben muß auch, ob das Wort während einer Dürre - möglicherweise derselben, bei der Elia aufgetreten ist - geprägt wurde oder in einer anderen Situation Armen zugesprochen wurde.

Der Wundererzählung, die in V 10b-15 (außer 14) vorliegt, ging es darum, die wunderbaren Folgen zu zeigen, die aus dem Gehorsam auf das Wort Elias erwachsen. Dabei ist in 1. Kö 17,10b-13.15 ebensowenig wie in den Wundererzählungen des Elisazyklus(46) von Jahwe als einer aktiv am Geschenen beteiligten Person die Rede; lediglich in dem Ausruf der Witwe in V 12 erscheint er. Elia vollbringt das Wunder der Nahrungsvermehrung als vollmächtiger Wundertäter: Er fordert die Frau auf, etwas zu backen, und dieses Gebackene oder die Vorräte von Mehl und Öl - eine sichere Entscheidung ist hier nicht mehr möglich - reichen lange Zeit. Wie der Elisazyklus zeigt, spielen derartige Wundererzählungen gerade in Prophetengemeinschaften eine Rolle. Es kann also nicht gesagt werden, daß die Erzählung "eher unter den Bewunderern Elijas im Volk als in bestimmten Prophetengemeinschaften"(47) überliefert wurde.

In der jetzigen Fassung der Erzählung erhält die Aufforderung Elias, mit der er vorher in eigener Machtvollkommenheit die Frau aufforderte, aus ihrem geringen Vorrat für drei Personen zu backen, eine Begründung durch eine Zusage Jahwes. Damit wird Jahwe zu dem, der eigentlich das Wunder wirkt. Der Inhalt der Zusage ist auf die Bedürfnisse eines kleinen alltäglichen Lebens in den unteren sozialen Schichten ausgerichtet(48). Die Ärmlichkeit der Verhältnisse, die hier vor Augen liegen, wird schon daran deutlich, daß nur das unbedingt lebensnotwendige Mehl und Öl genannt wird und nicht der sonst oft mit Getreide und Öl zusammen erwähnte Wein, der für eine volle Mahlzeit unter normalen Umständen vorauszusetzen war(49).

Im Unterschied zur Dürreerzählung erfolgt Jahwes Handeln in V 7-16 nicht im Bereich des natürlichen Geschehens von Dürre und Regen, sondern in einem wunderhaften Vorgang. Die Nahrungsversorgung wird hier nicht dadurch gewährleistet, daß etwas wächst, sondern Mehl und Öl vermehren sich auf wunderbare Weise im Topf(50).

Kurz soll noch auf die Frage eingegangen werden, ob die alte Erzählung von der Versorgung der Witwe von der Erzählung des Elisazyklus, die ebenfalls von der Mehrung des Öls der Witwe berichtet, abhängt(51) oder ob eine umgekehrte Abhängigkeit vorliegt(52). Die Differenzen zwischen den beiden Texten sind jedoch so stark, daß eine direkte Abhängigkeit des einen Gesamttextes vom anderen kaum in Frage kommt. Eher ist eine alte Erzählung von einer Ölvermehrung anzunehmen, die in Abwandlung sowohl in den Elia- als auch in den Elisazyklus Aufnahme fand. In einigen Kleinigkeiten ist der Elisatext vielleicht von der Elia-Version beeinflußt: In 2. Kö 4,1 ff geht es nur um das Geld, das dem Schuldherrn bezahlt werden muß, während in V 7bb das Öl wie in 1. Kö 17 auch zum Lebensunterhalt der Witwe und ihrer Kinder dienen soll. Vielleicht ist auch die Erwähnung nur eines Sohnes in V 6, während sonst immer von den Söhnen die Rede ist, von der Elia-Erzählung beeinflußt.

Es hat sich gezeigt, daß sich Elia für einen unbeschränkten Machtanspruch Jahwes gegenüber Israel einsetzte und daß er, der im Auftrag Jahwes auftrat, in ekstatischem Vorauswissen von einem Regen wußte. Damit wird, auch wenn davon in dem Abschnitt 18,41-46 nicht ausdrücklich die Rede ist, von Elia Jahwe auch als der Herr über diese Naturerscheinung angesehen.

Für die Fortbildung des Teiles der Elia-Überlieferung, der jetzt in 1. Kö 17 f vorliegt, lassen sich zwei verschiedene Trägerkreise feststellen. Einmal der, auf den die eigentliche Dürreerzählung zurückgeht und dem es um eine deutliche Differenzierung zwischen Jahwe, dem Gott Israels und einem baalisierten Jahwe ging, der es aber dennoch verstand, in Jahwe auch den Herrn über den Fruchtbarkeit bringenden Regen zu sehen. Allerdings wird darüber keine allgemein gültige Aussage gemacht; sondern nur in einer konkreten Situation wird die Dürre und der dann folgende Regen auf Jahwe zurückgeführt. Dabei ist das Jahwe hiermit zugesprochene Handeln in der Natur eng mit seinem geschichtlichen Handeln an Israel verbunden, denn die Dürre soll Israel zur Umkehr bewegen(53). Das Handeln in der Natur ist also kein eigenständiger Bereich von Jahwes Handeln, der kontinuierlich neben seinem punktuellen Geschichtshandeln verliefe. Elia wird dabei zwar nicht in der Dürreerzählung selbst, aber in der damit verbundenen Karmelerzählung als נביא bezeichnet.

Deutlich unterschieden von diesen Vorstellungen sind die Erzählung in 1. Kö 17,7-16 und die Verse 4 und 6 in der kurzen Anekdote 17,2-6. Hier ist die von Elia vollzogene Verbindung Jahwes mit dem Geschehen in der Natur wieder weitgehend aufgegeben. Und sie fehlt auch in den Kreisen, in denen das in 1. Kö 17,14 überlieferte Wort entstanden ist. Zwar erscheint auch in 17,14b die Aussage, daß Jahwe es regnen lassen wird; aber sie ist nötig zur Verklammerung der Anekdote mit der Dürreerzählung. Das Hauptgewicht von Jahwes Handeln liegt jetzt auf seinen Wundern. Ein solches und nicht der Regen, der in Palästina für das Gedeihen der Früchte und damit für das Vorhandensein von Lebensmitteln von ausschlaggebender Bedeutung ist, dient in 1. Kö 17,2-6 und 7-16 zur Versorgung mit Nahrung. Eine Auseinandersetzung mit dem Baalskult erübrigt sich bei diesem Ansatz; denn der traditionelle Wirkungsbereich des Regenspenders Baal spielt keine Rolle.

Die Versorgung mit Nahrung ohne die Motive "Regen", "Wachstum von Früchten" wird sich auch als ein hervorragendes Thema des Elisa-Zyklus herausstellen. Von daher legt es sich nahe, in Elisa und seinen Prophetenschülern die Kreise zu sehen, die die Elia-Tradition in dieser Weise fortbildeten und überlieferten(54). Wie Elisa wird hier auch Elia als איש האלהים bezeichnet.

Exkurs: Baal

Genaueres über den von Elia bekämpften Baal ist den in Ras Schamra- Ugarit ausgegrabenen Texten zu entnehmen, wobei allerdings immer beachtet werden muß, daß die hierfür in Frage kommenden ugaritischen Texte in einer erheblichen räumlichen und zeitlichen Entfernung zum Alten Testament stehen. Erschwerend kommt hinzu, daß die bei den Ausgrabungen gefundenen Texte zwar zahlreiche Mythen enthalten, daß wir aber über die Art der kultischen Vergegenwärtigung dieser Mythen keine Nachrichten haben. Gerade der Kult spielt aber in der Auseinandersetzung des Alten Testamentes mit der kanaanäischen Religion eine entscheidende Rolle.

Sowohl nach den Angaben der ugaritischen Mythen als auch nach denen des Alten Testamentes ist Baal Spender des Regens und damit der Vegetation. בעל ist ursprünglich ein Appelativ und bedeutet "Herr", "Besitzer"; im Alten Testament ist es deshalb regelmäßig determiniert, wenn es sich um den bestimmten kanaanäischen Gott handelt.(1) In Ugarit selbst wird das Wort בעל als Bezeichnung eines Gottes immer mehr für den Sturm-, Regen- und Vegtationsgott Hadad gebraucht, bis es schließlich zu einem neuen Eigennamen dieses Gottes wird(2). Zur Zeit des Alten Testamentes war dieser Vorgang völlig abgeschlossen. Hadad erscheint hier nur noch als Name einiger edomitischer Könige, aber nicht mehr als Name eines Gottes. Außer mit Hadad bringen die ugaritischen Mythen Baal auch in Verbindung mit Dagan, und zwar wird er als Sohn Dagans bezeichnet. Bei Dagan handelt es sich um einen im engen Zusammenhang mit dem Getreide stehenden Gott, der schon im 2. Jahrtausend im Vorderen Orient verehrt wurde(3). Sein Name steht wohl im Zusammenhang mit dem Wachstum des Getreides(4). Ein Wettergott, der Fruchtbarkeit bringt, war er sicher nicht(5). Trotz dieser Verschiedenheit kam es im nordsyrisch-mesopotamischen Bereich zu einer Überlagerung der Dagan- und Baal-Hadad-Verehrung, sicher nicht zuletzt deshalb, weil in diesem Bereich die Fruchtbarkeit des Bodens und also auch das Gedeihen des Getreides stark vom Regen abhängig ist. Ob die Bezeichnung Baal-Hadads als Sohn Dagans -während die anderen Götter Kinder Els und Atirats sind - darauf hinweist, daß er erst relativ spät in das ugaritische Pantheon eindrang, ist fraglich. Baal ist durchaus auch Sohn Els(6).

Weil im syrischen Bereich alles Leben von den Niederschlägen abhängig ist, ist der Regengott Baal der Allmächtige (Alijan) und der Fürst, Herr der Erde (zebul, baal ars)(7).

Von Baal als dem Spender des Regens und damit der Fruchtbarkeit handeln vor allem die Texte I AB(8), der Baal-Mot-Zyklus, in dem Baal als sterbender und auferstehender Vegetationsgott erscheint, also in der Rolle des Dagan(9). Sein Königtum hat Baal zuvor im Kampf gegen Jam errungen, der wahrscheinlich im Zusammenhang mit den späten Herbststürmen steht, bei denen das Mittelmeer die syrische Küste zu überschwemmen droht. Wenn Jam nicht von Baal besiegt würde, würden die Wassermassen des Meeres die Erde vernichten. Sie, die das Leben vernichten würden, müssen von Baal in ihre Schranken gewiesen werden, der mit seinem vom Himmel kommenden Regenwasser Fruchtbarkeit schafft. Baal ist hier derjenige, der den Fortbestand des Lebens vor dem Chaos schützt. Nach diesem Kampf ist Baal König der Götter und erhält auf die Bitten Aschirats und Anats von El einen Palast, von dem aus er die richtige Zeit für den Regen festsetzen wird (II AB IV-V, 68)(10).

Der letzte Text von II AB, der sich mit dem Palastbau Baals beschäftigt, leitet über zu I Ab, dem Baal Mot-Zyklus. Dort teilt Mot Baal durch Boten mit, daß er sich ihm unterwerfen und zu ihm in die Unterwelt hinabsteigen soll. Baal fürchtet sich und folgt bereitwillig der Aufforderung Mots. In I AB V, 6 ff, erhält Baal genaue Anweisungen für seinen Abstieg in die Unterwelt, und zwar soll er seine Wolken, seinen Wind und seinen Regen mitnehmen(11), zudem seine sieben Knaben und acht Eber, deren Funktion unklar ist, und seine zwei Töchter Pidraja und Talaja(12). Damit ist klar, daß die Zeit des Aufenthalts bei Mot die sommerliche Trockenzeit ist, in der keine Niederschläge fallen. In dieser Zeit unterziehen sich El und Anat den üblichen Trauerriten und Aschtar, in dem wahrscheinlich der Gott der künstlichen Bewässerung zu sehen ist(13), wird an Baals Stelle zum König gewählt. Aber daß er kein gleichwertiger Ersatz ist, wird schon daran deutlich, daß er für Baals Thron zu klein ist, so daß er nicht vom Palast auf dem Saphon aus, sondern nur von der Erde aus herrschen kann. Zudem ist nach Baals Auferstehung von Aschtar gar nicht mehr die Rede. Baal ist ganz selbstverständlich wieder König. Anat macht sich auf die Suche nach Baal, tötet Mot, indem sie einen Getreideritus an ihm vollführt, und El träumt, daß Baal zu neuem Leben erwacht. Dies zeigt sich auf der Erde daran, daß der Himmel Fett regnet und die Bäche Honig sprudeln. Es folgt dann die Beschreibung eines Kampfes zwischen Baal und Mot im 7. Jahr, an dessen Ende Baal Mot vom Thron stürzt. Der jahreszeitliche Bezug ist bei dieser Szene nicht klar. Vielleicht handelt es sich in I AB V, 8 f um eine mythische Zeitangabe, die nicht mit sieben normalen Jahren identisch ist(14).

Das Kommen des Regens und das Gedeihen aller Früchte hängt nach ugaritischer Vorstellung also davon ab, daß Baal lebt, und nicht wie bei Elia von einem Wort Jahwes. Wenn Baal tot ist, kann er keinen Regen spenden. Und El klagt: "Baal ist tot. Was soll werden mit dem Volk des Sohnes Dagans?" (I AB VI, 23 f)

Dennoch ist auch die Zeit von Baals Aufenthalt in der Unterwelt von Bedeutung für das Geschehen in der Natur; denn die sommerliche

Trockenzeit bringt das Getreide zur Reife. Mot ist also keineswegs nur negativ als ein Dürre und damit Tod bringender Gott zu sehen, sondern er hat mit der Reifung des Getreides durchaus auch eine wichtige Funktion im jahreszeitlichen Ablauf zu erfüllen(15). Gese(16) spricht geradezu davon, daß er die Voraussetzung für alles Leben schafft. Das erscheint insoweit gerechtfertigt, als die Feldfrüchte nur dann, wenn sie unter Mots Herrschaft zur Reife kommen, dem Menschen als Nahrung dienen können. Nur zu lange darf die Machtausübung Mots nicht währen, sonst droht Hungersnot (I AB I, 6 f).

Damit ist aber die Fruchtbarkeit des Landes nicht allein Baal zu verdanken. Sondern erst der Wechsel zwischen der Herrschaft Baals und der Mots zur rechten Zeit gewährleistet den Reichtum des Landes. Baal ergibt sich ja auch zunächst kampflos der Aufforderung Mots; und erst nach einer gewissen Zeit vernichtet Anat Mot, und Baal lebt wieder. Baals Schicksal hängt also, obwohl er der Alijan Baal und der Herr der Erde ist, doch auch vom natürlichen Jahresablauf ab. Er kann nicht so frei und alleine über den Regen entscheiden, wie Jahwe es tut. Baal kann nicht - wie Elia es 1. Kö 17,1 von Jahwe sagt - den Regen verweigern. Der Regen bleibt nur aus, wenn er in der Unterwelt weilt. Wenn er von dort zurückgekommen ist, regnet es. Der Regen ist geradezu ein Beweis dafür, daß Baal wieder lebt (I AB III, 2 ff), genauso wie die regenlose Zeit seinen Tod anzeigt. Von dieser Konzeption her ist die Vorstellung, daß Baal lebt, es aber dennoch nicht regnen läßt, unmöglich. Seine Verbindung mit dem Regen ist so eng, daß sein Lebendigsein nicht davon zu trennen ist, daß es regnet.

Baal ist zwar durchaus anthropomorph vorgestellt, und er ist nicht identisch mit irgendwelchen Naturvorgängen; aber er erscheint in bestimmten Naturphänomenen. Damit ist sein Erscheinen aber auch an diese Phänomene, bei Baal an den Regen, gebunden. Er kann seine Mächtigkeit nicht damit erweisen, daß er nach Belieben Regen oder Trockenheit schickt(17).

2.1.2. Elisa

In weiten Teilen der Elisa-Überlieferung spielt zwar nicht der Regen oder unmittelbar die Früchte des Landes eine Rolle, ein zentrales Thema ist jedoch die Versorgung mit Nahrungsmitteln.

Im Unterschied zur wesentlich einheitlicheren und in relativ große Komplexe zusammengefaßten Elia-Überlieferung(1) erscheint der Elisa-Komplex als eine ungeordnete Aneinanderreihung kleinerer und größerer Einheiten. Es hat deshalb nicht an Versuchen gefehlt, in irgend einer Weise ähnliche Einheiten als ursprünglich zusammengehörend zu betrachten und so einen Wachstumsprozeß der Elisa-Überlieferung aufzuzeigen.

Plöger(2) gliedert die für unser Thema relevanten Abschnitte folgendermaßen auf: Er sieht die Erzählungen 2. Kö 4,1-7. 38-44; 6,1-7; 2,1-18, in denen die בני הנביאים eine Rolle spielen als zu einer Sammlung gehörend an, zu der er auch noch 2,19-22. 23-25 rechnet, wo Elisa ebenfalls als Wundertäter auftritt. Die Adressaten der Wunder sind in den beiden letztgenannten Abschnitten nicht die Prophetenjünger, sondern die Bewohner des Ortes, an dem sie sich niederlassen. Eine weitere Sammlung habe mit 8,1-6 geendet, wobei durch diesen Abschnitt Geschichten von der Sunamitin und die von Naeman, wo ebenfalls Gehasi auftritt und als deren Verfasser Plöger ein hervorragendes Mitglied der Prophetengemeinschaft annimmt, mit den anderen Berichten von einer Teuerung verbunden wurden. Plöger nennt hier 6,8-23 und 6,24 7,20. Nicht zu den beiden genannten Sammlungen rechnet er 2. Kö 3, da Elisa hier nicht als wundertätiger Gottesmann, sondern als Seher mit ekstatisch-prophetischen Zügen auftritt.

Sellin-Fohrer(3) nimmt einen Erzählkranz ursprünglich selbständiger Wundergeschichten an, die alle einen Bezug auf Gilgal haben (2,1-18. 19-22. 23-24; 4,1-7. 8-17. 18. 37. 38-41. 42-44; 6,1-7) und als dessen Abschluß 8,1-6 geschaffen wurde. Alle übrigen Erzählungen, die trotz unterschiedlicher Züge alle nahe an den Geschichtserzählungen stehen, sieht er als bis zu ihrer Verbindung mit der erstgenannten Gruppe selbständig an.

Noth(4) erwähnt lediglich, daß der Zyklus der Elia-Elisa-Geschichten, der zusammengewachsen ist aus Einzelerzählungen und kleinen Anektodenreihen, dem Deuteronomisten zur jetzigen Reihe zusammengefügt vorlag und in sein Werk auf genommen wurde.

Schmitt(5) rechnet mit einer Sammlung von Wundergeschichten, die die Anekdoten 4,1-7. 38-41; 6,1-7. 8-23(6), sowie die Sunamitinerzählung enthielt. Als Abschluß dieser Sammlung sei 8,1-6 konzipiert worden und eine spätere Bearbeitungsschicht habe 4,42-44 zugefügt. Die Anekdoten 2,19-22. 23-25 sieht er als Bestandteil der sog. Sukzessorensammlung an, die Elisa als den Nachfolger Elias schildert(7). Außerdem wurde die Gestalt Elisas sekundät in zwei Kriegserzählungen eingetragen, in denen Elisa jetzt als Prophet Jahwes, dessen Taten er im voraus ankündigt, auftritt. In Verbindung mit diesen Kriegserzählungen seien die Wundererzählungen in ihrem jetzigen Zusammenhang in den Königsbüchern eingearbeitet worden.

Trotz aller Unterschiede der hier aufgezeigten Ansätze im einzelnen unterscheiden alle genannten Exegeten zwischen den eigentlichen Wundergeschichten und den anderen Bestandteilen der Elisa-Überlieferung. Die Differenzen zwischen der Schilderung Elisas in den beiden Komplexen, auf die noch näher einzugehen sein wird, legen es in der Tat nahe, hier eine Trennungslinie zu ziehen.

Wir werden im Folgenden mit der Analyse der beiden umfangreichsten Erzählungen, die unser Thema berühren, nämlich 3,4-27 und 6,24-7,20 einsetzen, in denen Elisa jeweils ein Handeln Jahwes ankündigt, und werden anschließend auf die Wundererzählungen eingehen. Die außerhalb unseres Themenbereiches liegenden Erzählungen sollen dabei nur soweit es sich vom Zusammenhang her ergibt, behandelt werden.

2. Kö 6,24-7,20

Am breitesten ausgeführt ist das Thema der Versorgung mit Nahrung in 2. Kö 6,24-7,20, der Erzählung von der Hungersnot unter Benhadad. Durch dessen Belagerung wird in Samaria eine Hungersnot hervorgerufen, die durch einen von Jahwe gewirkten plötzlichen Abzug der vor der Stadt liegenden Aramäer beendet wird. Dieses Ende der Hungersnot wird dabei durch ein von Elisa vorgetragenes Jahwewort vorhergesagt: Lebensmittel werden schon am folgenden Tag wieder zu einem normalen Preis zu haben sein (7,1)(8). Die erstmalige Erwähnung Elisas in 6,31 ist jedoch insofern auffallend, als sie völlig unvermittelt und durch den Kontext in keiner Weise vorbereitet erfolgt(9). Und ebenso abrupt wie Elisa in den Erzählzusammenhang eingeführt wird, verschwindet er auch wieder aus ihm. Beim eigentlichen Geschehen, das zur Beendigung der Hungersnot führt, spielt er keine Rolle. Lediglich in 7,16b-20 wird das Geschehen als Erfüllung der Vorhersage Elisas konstatiert, wobei die Verse 18-20 mit Sicherheit als späterer Zusatz auszuscheiden sind, da sie die Aussage von V 16b f nur noch einmal besonders ausführlich wiederholen. Verbunden mit dem Auftreten Elisas in 6,31-7,2 ist eine ausgesprochen negative Bewertung des Königs in diesen Versen. Er erscheint als ein erbitterter Gegner dessen, der im Auftrag Jahwes redet. Im übrigen Teil der Erzählung dagegen ist der König nicht in dieser Weise geschildert; vielmehr tut er Buße wegen des Unglücks, das seine Stadt getroffen hat (6,30). Von diesen Beobachtungen her legt es sich nahe, die Verse, in denen Elisa auftritt, als späteren Zusatz zur ursprünglichen Erzählung anzusehen(10). Diese hätte dann von der Hungersnot in Samaria - veranschaulicht durch die Szene mit den beiden Frauen(11) - und dem durch die aussätzigen Männer entdeckten Abzug der Aramäer, der die Hungersnot beendete, erzählt(12). Dieser Abzug erfolgt wegen einer von Jahwe bewirkten Sinnestäuschung der Aramäer. Das Ende der Hungersnot ist also seinem Eingreifen zu verdanken. Das Fehlen der Elisa-Szene tut dem sinnvollen Ablauf der Handlung keinen Abbruch.

Im Unterschied zu diesem klaren Handlungsablauf tun sich bei der Elisa-Szene selbst (6,31-7,2) mehrere Schwierigkeiten auf. Erwähnt wurde bereits das völlig zusammenhanglose Einsetzen in V 31, der Anfang von V 32 wäre zur Einführung Elisas in den Handlungsablauf wesentlich geeigneter. Von dem Boten, der im weiteren Verlauf von V 32 erwähnt wird, ist in V 33 nicht mehr die Rede und auch nicht mehr von der in V 31 und 32 erwähnten Tötungsabsicht des Königs gegenüber Elisa. Vielmehr klagt der König hier vor Elisa, daß von Jahwe keine Hilfe zu erwarten ist, worauf Elisa in 7,1 gerade diese Hilfe in Aussicht stellt. In 7,2 wird Elisa nicht mit Namen genannt, sondern als ' איש האלהים bezeichnet, so daß hier eine eigene spätere Bearbeitungsschicht vorliegen dürfte(13). Es ist also durchaus damit zu rechnen, daß V 31 f einerseits und V 33 f andererseits nochmals verschiedenen Schichten angehören, wobei der Anfang von V 32 (bis אתו) zu 33 f gehören dürfte. Es tut sich, da die stark negative Zeichnung des Königs auf V 31 f beschränkt ist und Elisa, mit den ersten Worten von V 32 eingeführt, durchaus schon zur ursprünglichen Erzählung gehört haben könnte, die Frage auf, ob die Elisa-Szene 6,33-7,1 doch schon immer ein Bestandteil der

Erzählung von der Hungersnot unter Benhadad war(14). Da Elisa im weiteren Handlungsablauf jedoch keine Rolle mehr spielt, die Reaktion des Königs auf die von den aussätzigen Männern gebrachte Nachricht nicht darauf schließen läßt, daß ihm die Verheißung Elisas bekannt war, und da auf das Verhältnis des Königs zu Jahwe (V 33) im weiteren Verlauf der Erzählung nicht mehr eingegangen wird, sondern von Jahwes Hilfe in 7,6 ganz selbstverständlich erzählt wird, so spricht die größere Wahrscheinlichkeit dafür, alle Verse, in denen Elisa vorkommt, als späteren Zusatz anzusehen, wobei innerhalb dieses Zusatzes noch einmal zwei Schichten zu unterscheiden sind. Für uns von Belang ist dabei 6,33-7,1, also der ältere Teil des Zusatzes. V 31 f dürfte später eingefügt sein von einem Redaktor, dem die Kluft zwischen Königtum und Prophetie ein besonders Anliegen war(15).

Elisa kündigt in 7,1 dem König, der von Jahwe keine Hilfe mehr erwartet, in einem Jahwewort das Ende der Hungersnot, konkret die Rückkehr zu normalen Preisen, an. Unter der Voraussetzung, daß die Elisa-Szene späterer Zusatz ist, ergibt sich, daß Elisa hier die Ankündigung eines Zustandes in den Mund gelegt wird, von dem bereits die ursprüngliche Erzählung berichtete (7,16 ohne כה אמר יהוה). Diese wäre zwar auch ohne die Abschlußbemerkung 7,16b denkbar. Dafür, daß sie doch dazu gehört, spricht 6,25; denn während dort ausgesagt wird, wie teuer während der Hungersnot selbst die minderwertigsten Speisen waren, herrschen nach 7,16 wieder normale Preisverhältnisse. Nur die Formulierung כדבר יהוה in 7,16 ist auf jeden Fall späterer Zusatz, der erst angefügt wurde, als V 16 als Erfüllung der Ankündigung Elisas angesehen wurde.

Da das von Elisa verkündete Jahwewort aus der ursprünglichen Erzählung gebildet worden ist, kann es sich nicht um ein bereits unabhängig von der Erzählung vorhandenes prophetisches Wort handeln. Die These von den eschatologischen Gottessprüchen in den Elia- und Elisaerzählungen wurde erstmals von Reiser vertreten(16), aber auch von vielen anderen Exegeten aufgenommen(17). Reiser bezeichnet 1. Kö 17,14; 2. Kö 3,16.17; 4,43 und 7,1 als eschatologishe Gottessprüche und sieht sie in engem Zusammenhang mit Am 9,13; Hos 2,23-25; 14,4 ff. Um die Sprüche herum seien später Prophetenerzählungen gebildet worden. In 2. Kö 6,24-7,20 hat sich der Entstehungsvorgang jedoch als gerade umgekehrt herausgestellt. Auf die inhaltliche Differenz zwischen den Sprüchen aus den Königsbüchern und aus Amos/Hosea soll später eingegangen werden(18).

Dem Redaktor, der die Elisaszene einfügte, ging es darum, diesen als einen Propheten Jahwes, dessen Taten er im voraus ankündigte, darzustellen. Was von Elisa angekündigt wird, ist ein hilfreiches Eingreifen Jahwes zugunsten Israels. Bezeichnend ist, daß in dem Jahwewort das Wiedervorhandensein von Lebensmitteln angekündigt wird und nicht die eigentliche Rettungstat Jahwes, die in 7,6 berichtet wird.

2. Kö 3,4-27

Eine Kriegssituation spielt auch in 2. Kö 3,4-27 eine Rolle und wie in 6,24-7,20 ist auch hier das Auftreten Elisas auf bestimmte Verse beschränkt, während er für den sonstigen Handlungsablauf keine Rolle spielt. Am Anfang und am Ende der Erzählung handeln nur die Könige. Auch von einem Eingreifen Jahwes in das Kriegsgeschehen, wie es in der ursprünglichen Erzählung von 6,24-7,20 in 7,6 der Fall war, ist hier nicht die Rede(19). Die Verse, in denen Elisa vorkommt, sind demgegenüber voll von theologischen Aussagen: Das Zusammenkommen der Könige wird auf eine Initiative Jahwes zurückgeführt (10,13), ein Prophet Jahwes wird gesucht (11 f) und dem König von Israel wird Abfall von Jahwe vorgeworfen (V 13); also auch hier wie in den entsprechenden Versen von 6,24-7,20 eine negative Wertung des Königs. Daneben gibt es eine weitere Differenz zwischen den Versen, in denen Elias erscheint, und den anderen. In 9b wird von einem Wassermangel des Heeres und des Viehs erzählt und Elisa kündigt in V 17 an, daß Jahwe Wasser für das Heer und das Vieh herbeischaffen wird. Über die Funktion des Wassers beim Sieg über die Moabiter wird dagegen keine Aussage gemacht. In den zur ursprünglichen Erzählung gehörenden Versen 20. 22. und 23 dagegen dient das Wasser dazu, den Moabitern Blut vorzutäuschen. Von einem Wasermangel des Heeres ist hier keine Rede(20).

Wegen der eben aufgezeigten Differenzen und, weil die Auslassung der Elisa-Szene dem sinnvollen Handlungsablauf keinen Abbruch tut, legt es sich - wie in 6,24-7,20 - auch in 2. Kö 3,4-27 nahe, die Elisa-Verse als spätere Zufügung zu einer alten Kriegserzählung anzusehen, die die Verse 4-9a und 20-27 umfaßte(21).

In der Elisa-Szene 3,9b-19 wird noch betonter als in 6,24-7,20 Elisa als Prophet Jahwes vorgestellt, dessen Taten er im voraus ankündigt. Bei dieser Zeichnung Elisas spielt offensichtlich die deuteronomistische Prophetenvorstellung, die besonders in Am 3,7 greifbar wird, eine Rolle. Wie in 6,33-7,1 führt der König von Israel auch in 3,10.13 eine Unglückssituation auf Jahwe zurück, worauf Elisa die Hilfe Jahwes ankündigt. Dabei ist es in cap 3 ganz eindeutig, daß das, was Elisa voraussagt, jeweils ein Ereignis ist, das schon in der ursprünglichen Kriegserzählung enthalten war. Die Aussage über die Brunnen und die Bäume entsprechen sich bei der Vorhersage und bei der Verwirklichung wörtlich; aber auch in Bezug auf die Städte und die Äcker ist V 25 als Erfüllung der Vorhersage in V 19 zu verstehen(22). Nur im Zusammenhang mit dem Wasser ist, wie schon erwähnt, im Elisa-Zusatz ein neues Motiv eingeführt. Die These Reisers bewährt sich also auch bei der Analyse von cap 3 nicht, zumal die Verse 4-9 und 20-27, in denen das Wasser nicht als Nahrungsmittel dient, nicht als Rahmen der Verse 16 und 17 entstanden sein können, in denen das Wasser diesen Zweck hat, auch wenn das nicht explizit erwähnt ist - V 17b gehört nicht zu einem ursprünglich vielleicht selbständigen Spruch. Es ist allerdings durchaus damit zu rechnen, daß es sich bei 3,16 und 17 um ursprünglich selbständige Worte handelt, und zwar wegen der unterschiedlichen Bezeichnung dessen, was mit Wasser gefüllt werden soll(23): In V 20 הארץ , in V 17 הנחל , wobei sicher an ein Wadi gedacht ist, während hinter V 16 die Vorstellung steht, daß nur die גבים Wasser enthalten werden. Die Erzählung ist aber auf jeden Fall nicht aus diesen Worten heraus entstanden, sondern die Worte sind allenfalls mit einer schon vorhandenen Erzählung verbunden worden(24).

Das, was Elisa ankündigt, ist ein hilfreiches Eingreifen Jahwes und zwar wird neben dem Sieg im Krieg auch die Aufhebung des Wassermangels verheißen. Wie sich herausgestellt hat, fehlte das Motiv des Wassermangels in der alten Erzählung und wurde erst mit der Elisa-Szene eingeführt. Der Redaktor, der diese Verse mit der ursprünglichen Kriegserzählung verband, hatte also offensichtlich ein Interesse daran, Elisa gerade die Ankündigung einer Hilfe Jahwes bei der Versorgung mit Nahrung in den Mund zu legen. Gerade die Worte, die darauf Bezug nehmen, sind mit כה אמר יהוה eingeleitet, so daß sie ein stärkeres Gewicht erhalten als die Ankündigung des militärischen Sieges. Weil die Versorgung des Heeres mit Wasser in der Elisa-Szene eine derart zentrale Rolle spielt, ist es naheliegend, eine ganz bewußte Änderung des Wassermotivs der ursprünglichen Erzählung durch den Redaktor anzunehmen. Daß er nur den ursprünglichen Zusammenhang, in dem das Wasser vorkam, nicht mehr ganz durchschaute und ihm deshalb den Sinn gab, einen akuten Wassermangel im Heer zu beheben(25), hat wenig Wahrscheinlichkeit für sich.

Sowohl bei 2. Kö 6,24-7,20 als auch bei 2. Kö 3,4-27 handelt es sich um Erzählungen von einem Kriegsgeschehen, in die sekundär eine Szene eingefügt wurde, in der Elisa als Prophet auftritt, der ein helfendes Eingreifen Jahwes ankündigt. Hauptinhalt dieses Eingreifens ist die Hilfe in einer Situation des Nahrungsmangels, wobei diese Situation in 6,24-7,20 bereits durch die ursprüngliche Erzählung vorgegeben war, während sie in 3,4-27 redaktionell eingeführt wurde. Bei einem Vergleich mit der Elia-Überlieferung, in der auch die Versorgung mit Nahrung durch Jahwe wiederholt eine Rolle spielt, fällt auf, daß der Nahrungsmangel hier nie - wie es bei Elia der Fall ist - auf eine Dürre zurückgeführt wird, sondern immer im Zusammenhang mit einem Kriegsgeschehen steht.

Gemeinsam ist beiden Elisa-Szenen ferner die negative Wertung des Königs von Israel und sowohl in 3,12 f wie auch in 6,30 kommt der König von Israel zu Elisa. Alle diese Gemeinsamkeiten legen es nahe, die Elisa-Szenen von 2. Kö 3 und von 6,24-7,20 auf denselben Redaktor zurückzuführen(26), obwohl durchaus auch Differenzen vorhanden sind: Nur in 3,15 wird Elisa mit ekstatischen Zügen geschildert, nur in 3,11 wird Elisa in eine Beziehung zu Elia gesetzt, wobei die Aussage, daß Elisa Elia Wasser auf die Hände goß, überhaupt singulär ist und nur in 6,31 ist von einer Tötungsabsicht des Königs gegenüber Elisa die Rede. Es hatte sich allerdings oben gezeigt, daß 6,31 möglicherweise nochmals einer späteren Bearbeitungsschicht zuzuweisen ist. Ob die beiden Kriegserzählungen bereits vor der Überarbeitung durch den Redaktor zu einer Sammlung vereinigt waren, muß offen bleiben; vielleicht spricht die bereits erwähnte Tatsache, daß im ursprünglichen Text von 2. Kö 3 Jahwe gar keine Rolle spielt, während in 7,6 der Abzug der Aramäer auf ihn zurückgeführt wird, eher dafür, zumindest nicht mit einer gemeinsamen Entstehung der beiden Erzählungen zurechnen.

Da die Figur Elisas in die beiden bisher behandelten Erzählungen sekundär eingetragen wurde, dürfte es sich hier kaum um die ältesten Elisa-Überlieferungen handeln. In beiden Erzählungen wurde aber Elisa mit einem hilfreichen Eingreifen Jahwes in einer Situation des Nahrungsmangels in Verbindung gebracht, so daß sich die Frage auftut, ob dieses Thema in der ursprünglichen Elisa-Überlieferung bereits eine zentrale Rolle spielte. Es soll deshalb im Folgenden auf alle weiteren Erzählungen des Elisa-Zyklus eingegangen werden, in denen das genannte Thema vorkommt.

2. Kö 2,19-22

In 2. Kö 2,19-22 macht Elisa das Wasser einer Stadt - wegen des Zusammenhangs mit 2,18 ist an Jericho zu denken -, das eine unfruchtbar machende Wirkung hat, genießbar. Zwar erscheint wie in 3,16.17 und 7,1 auch in 2,21 die Formel כה אמר יהוה ; aber das Jahwewort von V 21 wird in V 22 als Wort Elisas bezeichnet. Außerdem ist im Unterschied zu 2. Kö 3 und 6,24-7,20 von einer aktiven Mitwirkung Elisas bei der Reinigung des Wasser die Rede (V 20 f). Er ist hier keineswegs nur der Bote, der ein Handeln Jahwes ankündigt. Diese Beobachtungen sprechen dafür, die Wendung כה אמר יהוה nicht als ein Element der ursprünglichen Erzählung anzusehen, sondern sie einer Bearbeitungsschicht zuzuweisen, die die Vorstellung von Elisa als einem Propheten Jahwes in die Anekdote eintragen wollte. Da diese Vorstellung in 2,1-18 eine Rolle spielt, dürfte an die Schicht zu denken sein, die 2,19-21 mit 2,1-18 verband(27). In der ursprünglichen Erzählung hätte demnach Elisa als selbständiger Wundertäter das Wasser gesund gemacht, von einer aktiven Beteiligung Jahwes war nicht die Rede.

2. Kö 4,1-7

Auf diese Erzählung wurde bereits im Zusammenhang mit 1. Kö 17,7-16 kurz eingegangen(28). Im Unterschied zu den bisher besprochenen Elisa- Erzählungen fehlt hier ein mit כה אמר יהוה eingeleitetes Wort; es wird nur von einem Wunder berichtet, das Elisa vollbringt. Jahwe kommt nur insofern vor, als Elisa in einem Kreis von בני הנביאים vorgestellt wird, er selbst also Prophet Jahwes ist. Aber dieser Prophet tritt in 4,1-7 nicht mit einem Wort Jahwes auf, sondern vollbringt ein Wunder. Die Notiz in 4,1, daß der Knecht Jahwe fürchtete, hat für den Fortgang der Erzählung keinerlei Bedeutung und ist in den kurzen Wundererzählungen des Elisa-Zyklus' ohne Parallele, so daß sie als späterer Zusatz anzusehen ist. Dafür spricht auch die Bezeichnung des Mannes als עבד , während sonst die Männer um Elisa immer als בני הנביאים bezeichnet werden. Ziel des Wunders ist wieder die Versorgung mit Lebensmitteln und zwar wurde das Motiv von der Ölvermehrung aufgegriffen - es spiele also Nahrungsmittel eine Rolle - obwohl die Witwe eigentlich Geld und nicht Öl braucht.

2. Kö 4,38-41

Auch hier geht es um ein Wunder Elisas, durch das er die Prophetenjünger mit Nahrung versorgt. Ein aktives Eingreifen oder ein Wort Jahwes kommt nicht vor. Auffallend ist die Ähnlichkeit zwischen 4,38-41 und 2,19-21, wenn man von der in 2,19-21 später zugefügten Wendung כה אמר יהוה absieht. In beiden Fällen wird ein vorher ungenießbares Nahrungsmittel von Elisa genießbar gemacht, einmal durch Zufügung von Salz, das andere Mal durch Zufügung von Mehl. Teilweise treten fast wörtliche Anklänge auf:

2,20	ויאמר קחו	4.41	ויאמר וקחו
2,21	וישלך ... ויאמר	4,41	וישלך ... ויאמר

Außerdem könnte מות in 2,21 aus 4,40 übernommen sein, da in 2,19 nur von der unfruchtbar machenden Wirkung des Wassers die Rede ist. Entweder wurde also das Motiv in verschiedener Ausführung auf Elisa übertragen oder - und dafür sprechen die fast wörtlichen Übereinstimmungen - 2,19-21 wurde erst als Abschluß von cap 2 gebildet unter Aufnahme von Motiven aus 4,38-41.

2. Kö 4,42-44

In diesem Abschnitt begegnet wieder ein mit כה אמר יהוה eingeleitetes Wort, durch das ein Wunderhandeln Jahwes angekündigt wird. Im Unterschied zu den bisher besprochenen Erzählungen wird Elisa hier nie mit Namen genannt, sondern als איש האלהים bezeichnet. In einem stärkeren Maße als in den anderen Teilen des Elisa-Zyklus' - abgesehen von cap 3 und 6,24-7,20, wo die Gestalt des Elisa ja sekundär eingetragen wurde, - ist in 4,42-44 Jahwe der, der das Wunder wirkt; Elisa wirkt nur insofern mit, als er den Befehl zum Austeilen der Brote gibt(29). Auch der Sprachstil von 4,42-44, der mit sehr wenigen Worten auskommt, ist von dem der anderen Wundererzählungen unterschieden. Die gegenüber den reinen Wundergeschichten fortgeschrittene Theologisierung der Elisa-Gestalt spricht für eine relativ späte Entstehung von 4,42-44. Vielleicht hat bei seiner Entstehung 1. Kö 17,7-16 als Vorbild gedient.

2. Kö 8,1-6

In 8,1-6 wird auf die Sunamitin von 4,8-37 bezug genommen, allerdings wird die Frau jetzt nicht mehr als Sunamitin, sondern als "die Frau, deren Sohn er lebendig gemacht hatte," bezeichnet, und Elisa wird mit Namen genannt und nicht wie in 4,28-37 an vielen Stellen איש האלהים . In 8,1-6 ist diese Bezeichnung erst sekundär eingetragen; denn die Wendung ותעש כדבר איש האלהים unterbricht die Parallelität von V 1 und 2; und die ausdrückliche Erläuterung in V 4, daß Gehasi der Diener des Mannes Gottes sei, begegnet sonst in der Elisa-Tradition nicht und dürfte auf einen späteren Redaktor zurückzuführen sein. Elisa erscheint hier nicht als Wundertäter, sondern als einer, der Jahwes Handeln im voraus kennt. Die Bezeichnung נביא erscheint allerdings nicht, und Elisa tritt auch nicht mit der Verkündigung eines Jahwewortes auf.

Auch das Handeln Jahwes hat hier keine wunderhaften Züge, er schickt vielmehr eine Hungersnot, über deren Ursache nichts gesagt wird. Am nächstliegenden wäre eine Dürre; aber dazu paßt V 8,6b schlecht, wo offensichtlich vorausgesetzt ist, daß der Acker der Frau in der Zeit ihrer Abwesenheit einen nicht unerheblichen Ertrag brachte. Wegen der genannten Differenz handelt es sich bei 8,1-6 nicht um die ursprüngliche Fortsetzung von 4,8-37; vielmehr setzt der Abschnitt die Komposition der alten Erzählung von der Sunamitin mit den anderen Wundergeschichten voraus, da die Identifizierung des Gottesmannes mit Elisa bereits vorausgesetzt ist und sowohl Motive aus den kurzen Wundererzählungen der Gilgal-Tradition - die Hungersnot im Lande - als auch der ursprünglichen Sunamitinerzählung - die Fürsprache beim König und der Feldbesitz - aufgenommen wurden(30). Die Sorge für den Lebensunterhalt war kein Thema der alten Erzählung von der Sunamitin; sie wird im Gegenteil als wohlhabende Frau vorgestellt. Durch die Aufnahme des Motivs von der Hungersnot gelingt es aber dem Verfasser von 8,1-6, Elisa auch hier als den auftreten zu lassen, der für den Lebensunterhalt der Frau Sorge trägt.

Es wurde bereits erwähnt, daß Elisa nicht in allen bisher besprochenen Abschnitten mit Namen genannt wird, sondern daß teilweise von einem איש האלהים die Rede ist. Die Verwendung des Eigennamens überwiegt in den ausgesprochenen Wundererzählungen wie 2,19-21, 4,1-7. 38-41 und in dem hier nicht besprochenen Abschnitt 6,1-7. איש האלהים erscheint hier jeweils gegen Ende der Erzählung, so daß die These Schmitts wohl zutreffend ist, ein Redaktor habe hier jeweils ein "Elisa" ersetzt, um die Anekdoten mit den anderen Erzählungen vom איש האלהים zu verbinden. In 4,40 dagegen dürfte die Bezeichnung, die hier als Anrede gebraucht wird, ursprünglich sein. In 2,19-21 kommt nur der Eigenname vor und ebenso in den übrigen Teilen von cap 2. Dieses Kapitel hat also eine andere Überlieferungsgeschichte als die Wundererzählungen von cap 4 und 6. Dafür spricht auch, daß 2,19-21 die einzige der alten kurzen Wundererzählungen ist, in die ein כה אמר יהוה eingetragen wurde. In den alten Erzählungen von der Sunamitin begegnet teils der Name, teils איש האלהים . Vielleicht war hier ursprünglich von einem nicht mit Namen genannten Gottesmann die Rede, der erst sekundär mit Elisa identifiziert wurde(31). Mit Sicherheit kann somit von den kurzen Wundergeschichten 4,1-7. 38-41; 6,1-7 gesagt werden, daß Elisa in ihnen ursprünglich verhaftet ist. Von 4,38 her sind sie in Gilgal zu lokalisieren(32). Elisa tritt hier als wundertätiger נביא auf, der in Notsituationen für den Lebensunterhalt seiner Anhänger sorgt(33). Ein helfendes Handeln dieser Art wird Elisa auch in dem vielleicht unter Rückgriff auf 4,38-41 gebildeten 2,19-21 zugeschrieben und ebenso in 4,42-44 und 8,1-6. Ein Unterschied zu den alten Wundererzählungen besteht insofern, als die Gestalt Elisas hier stärker theologisiert ist: In 4,42-44 vollbringt er das Wunder nicht selbst, sondern kündigt ein Wunder Jahwes an, und in 8,1-6 kennt er das Handeln Jahwes im voraus und kann so die Frau vor der Hungersnot bewahren. Aber die Sorge für den Lebensunterhalt war offensichtlich ein mit Elisa derart fest verbundenes Thema, daß es auch in diesen späteren Schichten der Elisa-Überlieferung aufgenommen wurde. Dies gilt auch für die zuerst behandelten Erzählungen 2. Kö 3,4-27 und 6,24-7,20, wobei in letzerer bereits in der alten Erzählung eine Hungersnot eine Rolle spielte. Der, der in diesen beiden Erzählungen für Nahrung sorgt, ist aber nicht wie in den kurzen Wundergeschichten Elisa selbst, sondern allein Jahwe - Elisa ist nur der, der das Handeln Jahwes im voraus ankündigt.

Da in 2. Kö 3,4-27 und 6,24-7,20 bei der Elisa-Bearbeitung deuteronomistische Vorstellungen vom Prophetentum eine Rolle spielen wie auch die ebenfalls deuteronomistische Vorstellung vom Gegensatz zwischen Prophetie und Königtum, ist von einer Ansetzung dieser Schicht in deuteronomistischen Kreisen auszugehen. Ohne daß hier näher auf die Entstehungsgeschichte des deuteronomistischen Geschichtswerkes eingegangen werden kann, ist doch anzunehmen, daß der bzw. die deuteronmistischen Bearbeiter der beiden Kriegserzählungen diese auch in das Geschichtswerk einfügten. Mit den Kriegserzählungen dürften auch die Wundergeschichten eingefügt worden sein, die fester Bestandteil der Elisa-Tradition waren, so daß sie nicht übergangen werden konnten, obwohl das dortige Elisabild nicht mit der deuteronomistischen Vorstellung von ihm übereinstimmt. Abgesehen von 2 Kö 2, wo neben Elisa auch Elia als sein Vorgänger eine Rolle spielt, werden die Wundererzählungen von den Kriegserzählungen eingerahmt; nur 8,1-6 wurde nachgestellt, wohl weil hier in den Versen 4-6 vorausgesetzt ist, daß Elisa bereits gestorben ist(34).Da dieser Abschnitt durch die Gestalt der Sunamitin aber eng mit den Wundergeschichten verbunden ist, wurde er hier eingefügt, obwohl andere Teile der Elisa-Überlieferung noch auf ihn folgen.

Schmitt setzt die Bearbeitungsschicht der Elisa-Tradition, die auch deren Einarbeitung in das Königsbuch vornahm, in der 1. Hälfte des 5. Jahrhunderts an(35). Diese Schicht - nach seiner Terminologie die Gottesmann-Bearbeitung - sieht er am Werk u. a. in 2. Kö 7,2, wo die Hungersnot bei der Belagerung Samarias auf eine Dürre zurückgeführt wird; und ihr weist er auch die kurze Wundererzählung 4,42-44 zu. Schmitt sieht in dieser Schicht den kreatürlichen, und das heißt, den privat-persönlichen Bereich in der religiösen Bedeutsamkeit an erster Stelle(36) und rückt sie deshalb in die zeitliche Nähe der nachexilischen Prophetie. Dort spielt zwar in der Tat der kreatürliche Bereich eine Rolle im Zusammenhang mit Aussagen über die besondere Fruchtbarkeit der Erde oder Hungernöte infolge von Dürre oder Heuschreckenplagen; aber das sind, wie sich gezeigt hat, gerade keine Themen der Elisa-Tradition. Allein die Zurückführung der Hungersnot auf eine Dürre in 2. Kö 7,2 ist ein zu schmaler Beleg für die späte zeitliche Ansetzung. Und in 2. Kö 4,42-44 werden Nahrungsmittel durch ein Wunder vermehrt, was gerade kein Merkmal der nachexilischen Prophetie ist, die Jahwe im Naturgeschehen am Werk sieht. Die inhaltlichen Differenzen zwischen der Elisa-Tradition und der Prophetie des 5. Jahrhunderts sind also ganz erheblich, so daß es kaum vorstellbar ist, daß sich einem Theologen der nachexilischen Zeit gerade die Aufnahme der Elisa-Tradition nahelegte.

Entsprechendes ist gegen die These Reisers einzuwenden, der die sog. eschatologischen Gottessprüche der Elisa-Legenden in einem engen Zusammenhang mit Texten wie Am 9,13 und Hos 14,6 ff sieht(37). Abgesehen davon, daß es sich bei den meisten von Reiser herangezogenen Worte gar nicht um ursprünglich selbständige Sprüche handelt, und auch abgesehen davon, daß Am 9,13 und Hos 14,6 ff nicht von den Propheten selbst stammen, so daß die von Reiser behauptete Nähe zu Elia und Elisa nicht zutreffend ist(38), gibt es auch hier ganz erhebliche inhaltliche Differenzen. Während es sich bei den Amos- und Hoseatexten tatsächlich um die Erwartung eines paradiesischen Zustandes handelt(39), geht es in den Texten aus den Königsbüchern um Zusagen für die elementaren Bedürfnisse der unteren sozialen Schichten(40). Damit hängt zusammen, daß nach den Aussagen von Am 9 und Hos 14 besonders viel wachsen wird, während es in den anderen Texten um das Vorhandensein von Nahrung bzw. Waser geht, wobei auch in den Jahweworten selbst, also ohne Berücksichtigung der Wundergeschichten, nirgends davon die Rede ist, daß dieses Vorhandensein mit dem Vorgang von Wachsen und Gedeihen in der Natur zusammenhängt.

Es besteht somit zwischen der Elisa-Tradition und späten prophetischen Texten wie Am 9,13 und Hos 14,6 oder dem Joel-Buch zwar insofern eine Gemeinsamkeit, als in beiden Textgruppen die Versorgung des Menschen mit Nahrung eine Rolle spielt; aber die Art dieser Versorgung ist jeweils sehr unterschiedlich. In den prophetischen Texten geht es um die Schilderung paradiesischer Zustände bzw in Joel 1 um das Gegenteil davon, während in der Elisa-Tradition nur von einmaligen Akten der Versorgung mit Nahrung erzählt wird. Diese Akte bestehen aus einem wunderhaften Geschehen, durch das eine Notsituation abgewendet wird.

Bergmann(41) vertritt die These, es handle sich bei Elisa um den Vertreter eines Phänomens kanaanäischer Herkunft, da hier ein Gottesmann am Werk sei, dem gerade im kreatürlichen Bereich eine besondere Macht zu Gebote stehe. Die Herrschaft über diesen Bereich sei ein wesentlicher Bestandteil der kanaanäischen Religion; und bei Elisa handele es sich um einen wahrscheinlich jahwegläubigen Gottesmann, der die Rettung auch in natürlichen Nöten in den Jahweglauben hineinnehme. Um diese Hineinnahme gehe es auch Elia; allerdings sei sie bei ihm von einer schroffen Ablehnung des Baalskultes begleitet, während Elisa Erscheinungen der kanaanäischen Religion absorbiere.

Richtig dürfte bei Bergmann gesehen sein, daß es sich bei Elia und Elisa um "zwei recht verschiedene Gestalten"(42) handelt, deren Lehrer-Schüler-Verhältnis nicht historisch ist. Kaum zu halten ist allerdings die Zuordnung Elisas zu einem Phänomen der kanaanäischen Religion. Dagegen erheben sich ähnliche Einwände wie gegen die Thesen von Schmitt und Reiser; denn während es in der kanaanäischen Religion um die durch den Regen Baals immer wieder entstehende Fruchtbarkeit des Erdbodens geht, durch die Nahrungsmittel für die Menschen wachsen, erfolgt die Versorgung mit Nahrung bei Elisa ganz anders, nämlich durch ein einmaliges wunderhaftes Geschehen unabhängig von den Naturvorgängen. Daraus, daß es bei beiden um den kreatürlichen Bereich geht, kann nicht auf eine Verwandtschaft zwischen Elisa und der kanaanäischen Religion geschlossen werden. Die Hilfe für diesen Bereich erfolgt vielmehr auf ganz unterschiedliche Art, und damit hängt zusammen, daß es auch in Bezug auf den Empfängerkreis Differenzen gibt: Die Fruchtbarkeit des Ackerbodens kommt in der kanaanäischen Religion dem ganzen Volke zugute, und es wird davon ausgegangen, daß in diesem Volk normalerweise eine Situation des Wohlstandes gegeben ist, zu deren Sicherung der Baalskult dient. Elisa hilft demgegenüber durch sein punktuelles Eingreifen immer nur einzelnen, für die es charakteristisch ist, daß sie sich in einer besonderen Notlage befinden. Diese Notlage betrifft zwar meist den kreatürlichen Bereich; sie ist aber keineswegs - wie es bei einem kanaanäischen Phänomen zu erwarten wäre - an die Situation des Kulturlandes gebunden; sie wird nirgends darauf zurückgeführt, daß keine Nahrungsmittel wachsen bzw. der Regen ausgeblieben ist(43). Mangel an Nahrung und Hilfe durch ein wunderhaftes Geschehen sind Themen, die auch ohne kanaanäischen Einfluß im Kreis von Jahweverehrern aktuell waren, vor allem in den unteren sozialen Schichten, bei denen Elisa in erster Linie wirkte. Und man wird dem Jahweglauben zutrauen können, hier Hilfe durch das punktuelle Eingreifen des Gottesmannes erwartet zu haben.

Aber man wird bei Elisa kaum von einer Hineinnahme kanaanäischer Elemente in den Jahweglauben reden können, vielmehr ist bei ihm keinerlei Verbindung, weder positiver noch negativer Art, zum Kanaanäertum zu erkennen(44). Es kann allenfalls mit der Möglichkeit gerechnet werden, daß er als jahwegläubiger Gottesmann bewußt in einer Weise wirksam war, die sich vom Wirken kanaanäischer Gottheiten strikt unterschied. In den jüngeren Bestandteilen der Elisa-Tradition ist nicht eine Jahwisierung des stark kanaanäisch beeinflußten Elisa erfolgt, sondern eine verstärkte Theologisierung des von Anfang an als jahwegläubiger איש האלהים aufgetretenen Elisa.

Eine Hereinnahme von Vorgängen, die ursprünglich nicht Jahwe, sondern kanaanäischen Gottheiten zugewiesen wurden, ist nicht bei Elisa, sondern bei Elia zu beobachten, allerdings - wie Bergmann richtig gesehen hat - verbunden mit einer schroffen Ablehnung kanaanäischer Vorstellungen.

Zusammenfassung

Es hat sich gezeigt, daß das Thema "Versorgung mit Nahrung und Wasser" in allen Schichten der Elisa-Überlieferung eine wichtige Rolle spielt, sei es, daß Elisa durch ein Wunderhandeln seine Anhänger versorgt - von Rad(45) spricht vom wunderfreudigsten Abschnitt des Alten Testamentes -, sei es, daß er ein diesbezügliches Handeln Jahwes ankündigt. Das Thema war in den ältesten Elisa-Stoffen 2 Kö 4,1-7. 38-41 vorgegeben und fand von dort aus Eingang in die späteren Stücke 2,19-22; 4,42-44; 8,1-6. Auch in den Kriegserzählungen, in die die Gestalt Elisas sekundär eingetragen wurde, steht sein Auftreten im Zusammenhang mit diesem Thema.

Gemeinsam ist allen Schichten ferner, daß das Thema nicht im Zusammenhang mit dem Vorstellungskreis "Wachsen und Gedeihen" in der Natur steht; lediglich die späteste Redaktionsschicht hat die Hungersnot in 6,24-7,20 auf eine Dürre zurückgeführt. Es geht nicht um Fruchtbarkeit bzw. Unfruchtbarkeit des Ackerbodens, sondern um Hunger oder Durst, der gestillt wird. Wenn man von den Kriegserzählungen absieht, geschieht das entweder dadurch, daß aus einer geringen Menge an Nahrungsmitteln viel wird (4,1-7.42 44) oder dadurch, daß vorher ungenießbare Nahrungsmittel genießbar werden (2,19-22; 4,38-41).

In der ältesten Tradition, in der Elisa durch seine Wundermacht Nahrungsmittel herbeischafft, ist das Fehlen eines Zusammenhanges mit dem Geschehen in der Natur auch naheliegend; aber selbst dort, wo Jahwe derjenige ist, der für Nahrung und Wasser sorgt, geschieht das nie dadurch, daß er besonders viel wachsen läßt bzw. besonders reichlich Regen gibt. Natürlich ist in 6,24-7,20 bei der durch eine Belagerung entstandenen Hungersnot der Abzug der Feinde als Grund der Rettung angebrachter als ein reichliches Wachstum von Früchten oder ein Regen. Aber bemerkenswert bleibt, daß die Gestalt des Elisa auch von späteren Redaktoren gerade in solche Zusammenhänge eingearbeitet wurde, in denen die Versorgung mit Nahrungsmitteln ohne ein natürliches Geschehen erfolgt.

In 2. Kö 3 war sicher bereits bei dem in V 20 erwähnten Wasser aus der Richtung von Edom nicht an Regenwasser gedacht, sondern an eine Flutwelle(46). Und der durch die Prophetenbearbeitung eingefügte V 17 betont ausdrücklich, daß das Wasser ohne Regen kommen wird.

Von einem Wirksamwerden Jahwes im natürlichen Geschehen, wie es etwa die Elia-Überlieferung im Zusammenhang mit der Dürre aussprach, ist in der Elisa-Überlieferung auf jeden Fall nicht die Rede. Das Wort "Regen" erscheint in ihr nur in dem Jahwewort 3,17, wo gesagt wird, daß die Hilfe nicht durch Regen kommen wird. Die Versorgung mit Nahrung in den Elisa-Erzählungen wird vielmehr durch ein einmaliges wunderhaftes Geschehen bewirkt.

Das Problem der Versorgung mit Nahrung spielte in den Kreisen, in denen die Elisa-Erzählungen entstanden sind und tradiert wurden, offenbar eine wichtige Rolle. Immer wieder erscheinen die Stichworte רעב (4,38; 6,25; 7,4; 8,1)(47) und אכל 4,8.40.43; 6,23.28f; 7,2.8) bzw. שתה (3,17; 6,23; 7,8). Zur Lösung des Problems werden aber nur die Berichte von einem je und dann erfolgenden wunderbaren Handeln Jahwes bzw. Elisas angeboten. Über die Gewährung des täglichen Lebensunterhaltes werden keine Aussagen gemacht. Das helfende Handeln Elisas oder Jahwes setzt erst ein, wenn die tägliche Versorgung mit dem Lebensnotwendigen in Gefahr ist.

Der Frage, wem der für das Vorhandensein von Nahrungsmitteln erforderliche Regen zu verdanken sei, wurde hier nicht nachgegangen. Die Probleme, die zu diesem Themenbereich nach der Seßhaftwerdung und dem Übergang zur bäuerlichen Lebensweise sowie durch den Kontakt zum kanaanäischen Bevölkerungsteil aufgebrochen waren, spielen für Elisa und seine Anhänger keinerlei Rolle; ein Ringen um die Aufnahme dieses neuen Lebensbereiches in den Jahweglauben ist nicht zu beobachten.

Inwieweit der Verzicht darauf auf eine bewußte Abgrenzung gegenüber dem Kanaanäertum zurückzuführen ist oder eher darauf, daß alle mit dem Ackerbau zusammenhängenden Fragestellungen für die Kreise um Elisa aufgrund deren Lebensweise wenig relevant waren, ist kaum zu entscheiden. Den ältesten Texten der Elisa-Überlieferung ist keinerlei Frontstellung zu entnehmen und der Gegensatz zum Königtum in den Kriegserzählungen erst auf dtr Bearbeitung zurückzuführen. Allerdings könnte die Beteiligung Elisas an der Revolution Jehus doch in diese Richtung weisen. Dabei darf aber nicht übersehen werden, daß es sich bei Elisa keinesfalls wie bei Elia um eine Frontstellung gegenüber einer Baalisierung des Jahweglaubens handeln würde, sondern um eine Frontstellung gegenüber der bäuerlichen Lebensweise der Kanaanäer.

Festzuhalten bleibt auf jeden Fall, daß es den Kreisen um Elisa nicht gelungen ist, den neuen Lebensbereich des Ackerbaus in den Jahweglauben zu integrieren.

Gerade weil in der gesamten Elisa-Tradition von einem Wirksamwerden Jahwes im natürlichen Geschehen nicht die Rede ist, bereitet es Schwierigkeiten, ihn in einem Schülerverhältnis zu Elia zu sehen, der Jahwe ja durchaus im Vorgang des Regens am Werke sah. Zwar trat wahrscheinlich auch Elia selbst noch nicht mit einem Jahwewort zu diesem Thema auf; aber er sah doch Jahwes Wirksamkeit in den natürlichen Vorgängen von Blitz und Regen, wenn auch nur bezogen auf eine konkrete Situation, während Elisa Jahwe nahezu ausschließlich im Wunder am Werk sieht. Von daher legt es sich nahe, das Schülerverhältnis zwischen Elia und Elisa als spätere redaktionelle Bildung anzusehen, wofür in erster Linie jahwetreue Kreise in Frage kommen dürften, denen an einer Verbindung der verschiedenen Oppositionsgruppen gegen einen kanaanäischen Jahweglauben lag. Offensichtlich gab es zwei dieser Gruppen, deren eine damit begann, Wirkungsbereiche Baals auf Jahwe zu übertragen und deren Hauptrepräsentant Elia war, während die andere es nicht vermochte, das Geschehen in der Natur mit Jahwe in Verbindung zu bringen(48). Es ist sicher nicht zufällig, daß im Zusammenhang mit der Revolution Jehus außer Elisa auch Jonadab ben Rekab (2. Kö 10,15 f) auftritt, auf den sich die Rekabiter berufen. Auch in den späten Teilen der Elisa-Tradition ist daran festgehalten, daß Elisa keine Aussagen macht über ein Wirksamwerden Jahwes im natürlichen Geschehen, so daß dies doch offensichtlich ein wesentliches Merkmal seines Auftretens war. Es tut sich daher die Frage auf, ob Elisa nicht in der geistigen Nähe der rekabitischen Bewegung anzusiedeln ist, auch wenn es durchaus Differenzen gibt, wie besonders 2. Kö 6,1 f und 4,2-4 deutlich machen, wonach Elisa und seine Anhänger in festen Häusern wohnen(49).

In einem gewissen Widerspruch zur Ansetzung Elisas in Kreisen, die Jahwe nicht mit dem natürlichen Geschehen in Verbindung bringen konnten, steht die Angabe 1. Kö 19,19, wonach Elisa der Sohn eines reichen Bauern ist. Da kein Grund für ihre Zufügung erkennbar ist, dürfte es sich um eine historisch zutreffende Nachricht handeln. Denkbar wäre, daß Elisas Vater Schaphat als Bauer einen stark kanaanäisierten Jahweglauben vertrat und Elisa sich in bewußte Opposition zu dieser Lebensweise begab. Über Vermutungen ist hier nicht hinauszukommen; aber auf jeden Fall lassen sich in der Elisa-Tradition, abgesehen von 1 Kö 19,19 keine Verbindungen Elisas zum Bauerntum feststellen.

2.1.3. Rekabiter und Nasiräer

Noch deutlicher als bei Elisa wird die distanzierte Haltung gegenüber der kanaanäischen Ackerbaukultur bei den Rekabitern und Nasiräern.

Die Rekabiter, von denen besonders in Jer 35 die Rede ist, lebten in Palästina wie Nomaden in der Steppe(1). Sie waren Viehzüchter und Handwerker, aber keine Bauern. In Jer 35 stellt der Prophet ihrem Gehorsam gegenüber dem Gebot ihres Vaters dem Ungehorsam des übrigen Israel gegen die Worte Jahwes entgegen. Dieser Gehorsam der Rekabiter besteht darin, daß sie, wie Jonadab ben Rekab befohlen hat, keinen Wein trinken, kein Haus bauen und keinen Acker und Weinberg besitzen und bearbeiten (Jer 35,6 f). Vorbildlich ist für Jeremia aber nur der Gehorsam der Rekabiter, nicht etwa ihre Lebensweise.

Jonadab ben Rekab wird in Jer 35,6 als אבינו bezeichnet; es ist aber umstritten, ob damit wirklich ein Stammvater(2) gemeint ist oder nicht eher ein Stifter(3). Im ersten Fall wären die Rekabiter ein stammartiger Verband, im zweiten eine Art Sekte, die allerdings mit ihren Familien ein gemeinsames Leben führte (Jer 35,8) und sich vielleicht auch hauptsächlich aus den Mitgliedern eines bestimmten Stammes zusammensetzte(4). Das Letztgenannte scheint wahrscheinlicher, weil die in V 6 f genannten Verhaltensregeln am besten aus einer Opposition zum Kanaanäertum erklärt werden und kaum schon von der nomadischen Zeit an einem bestimmten Stamm zu eigen waren. Bardtke(5) bringt die Rekabiter deshalb mit der großen jahwistischen Erweckungsbewegung unter den Omriden in Verbindung. Das legt sich auch von daher nahe, daß Jonadab ben Rekab in 2. Kö 10,15 ff eine Rolle spielt als Begleiter Jehus bei der Ausrottung des Hauses Ahab(6). Nur im Verzicht auf die Nutzung aller kanaanäischer Kultur sahen die Rekabiter die Gewähr für ein langes Leben im Land, in dem sie dennoch nur Fremdlinge waren (Jer 35,7)(7). Eine Annahme des Ackerbaues und der Fruchtbarkeit des Ackers aus der Hand Jahwes erschien ihnen unmöglich. Der Jahweglaube war für sie mit der nomadischen Lebenshaltung zu einer unauflöslichen Einheit verbunden.

Allerdings ist die Deutung der rekabitischen Lebensweise als vom Jahweglauben her begründete Ablehnung der Errungenschaften des Kulturlandes in der Forschung nicht unumstritten. Vorgeschlagen wurde z. B., die besondere Lebensführung als die von umherziehenden Metallhandwerkern zu verstehen(8), wobei der Verzicht auf den Weingenuß das unbefugte Weitergeben von Berufsgeheimnissen verhindern soll. Jer 35,8 nennt jedoch auch Frauen und Töchter als Personen, die keinen Wein trinken dürfen, so daß der enge Zusammenhang dieses Verbotes mit dem ja ausschließlich von den Männern ausgeübten Beruf problematisch ist. Zudem ist zu bedenken, daß der Verzicht auf Hausbesitz und Ackerbau sich für von Ort zu Ort wandernde Handwerker von ihrer Lebensweise her beinahe zwingend ergibt, es also nicht recht einsichtig ist, weshalb hier ein ausdrückliches Verbot erlassen werden mußte.

Richtig gesehen ist bei Frick allerdings, daß es ein "nomadic ideal" - wie es wiederholt postuliert wurde - bei den alttestamentlichen

Propheten nicht gibt; für sie ist vielmehr das Leben im Reichtum des Kulturlandes Höhepunkt von Jahwes Heilshandeln an Israel(9). Es hat sich jedoch gezeigt, daß es in Elisa und seinen Anhängern durchaus Israeliten gab, die ein distanziertes Verhältnis gegenüber den Errungenschaften des bäuerlichen Lebens im Kulturland hatten. Einen Hinweis auf die geistige Nähe zwischen Elisa und den Rekabitern liefert 2. Kö 9 f, wonach sowohl Elisa als auch Jonadab ben Rekab im Zusammenhang mit der Revolution Jehus genannt werden(10).

Neuerdings wurde der Versuch gemacht, - ausgehend von der Formulierung בני בית in Jer 35,5 - in den Rekabitern Haussklaven des Jonadab ben Rekab zu sehen, der mit den genannten Verboten Emanzipationsbestrebungen habe verhindern wollen(11). Es ist jedoch wenig wahrscheinlich, daß Jeremia, der ja nicht die Lebensweise, sondern gerade den Gehorsam der Rekabiter als vorbildlich ansah, in Jer 35 diesen Gehorsam am Beispiel von Sklaven dargestellt hat, die durch diesen Gehorsam vieler Freiheiten beraubt waren und die ja auch kaum eine andere Möglichkeit hatten, als zu gehorchen. Es wäre bei dieser Deutung zudem eher zu erwarten, daß in Jer 35,6.8 als Vater der zur Zeit des Jeremia lebende Herr der Sklaven genannt wäre und nicht dessen längst verstorbene Vorfahre Jonadab ben Rekab.

Im Gegensatz zu den Rekabitern handelt es sich bei den Nasiräern nicht um eine Gruppe, in der ganze Familien zusammenleben; sondern die Nasiräer waren einzelne, die sich in besonderer Weise Jahwe weihten(12) (נזר hif sich weihen). Diese besondere Hingabe an Jahwe konnte entweder nur temporär sein oder auch das ganze Leben umfassen. Das ursprüngliche Betätigungsfeld des Nasiräers war der Jahwekrieg, in dem er im Zustand einer kriegerischen Ekstase außerordentliche Taten vollbrachte(13).

Das Nasiräat hat also seine Wurzeln nicht im Kampf gegen die Baalisierung der Jahwereligion. Weil es aber von Anfang an mit einem Verzicht auf Kulturerrungenschaften verbunden war (z. B. Weintrinken, Haareschneiden), konnte es leicht zu einem Mittel im Kampf gegen die kanaanäische Kultur werden, die als unvereinbar mit dem Jahweglauben angesehen wurde. Die Ablehnung des Genusses von Wein wurde zu einem Symbol der Ablehnung der Bauernkultur und ihres Kultes(14).

Amos stellt die Nasiräer zusammen mit den Propheten als die hin, die Jahwes Anspruch auf Israel geltend machen (Am 2,11); für seine Zeitgenossen waren sie jedoch nicht mehr ganz ernst zu nehmende Gestalten, die man mit dem ungewohnten Wein versuchte trunken zu machen (Am 2,12).

Es leuchtet ein, daß der Jahweglaube in der Form der Rekabiter und Nasiräer ebensowenig überlebensfähig gewesen wäre wie in seiner völligen Baalisierung, schon aus dem ganz äußerlichen Grunde, daß eine nomadische Gemeinschaft kaum schriftliche Zeugnisse hinterläßt. Die aufgezeigte Haltung hätte aber vor allem deshalb zum Ende des Jahweglaubens geführt, weil diese Form des Glaubens einer neuen Zeit nichts mehr zu sagen hatte. Es wären allenfalls noch einzelne gewesen, die ihm dennoch hätten treu bleiben können; die Mehrheit hätte nur noch in der Verehrung Baals, nicht mehr in der Jahwes

Antwort auf ihre Probleme und Fragen finden können, die durch das Leben als Ackerbauern aufgeworfen waren. Israel stand hier in einer Situation, in der allein das treue Festhalten am alten Bestand des Jahweglaubens ohne die Aufnahme neuer Elemente unweigerlich zum Ende dieses Glaubens geführt hätte.

2.2. Hosea

Im Nordreich wird erstmals bei Hosea Jahwe ausführlich mit der Fruchtbarkeit des Erdbodens in Verbindung gebracht. Vorausgegangen waren nur der schwer zu deutende Vers Ps 68,10(1) und Elia bzw. ein Teil der Kreise, die die Überlieferung von ihm weiterbildeten, die aber nur einen nach einer Dürre lang erwarteten Regen und nicht direkt den Ertrag des Landes auf Jahwe zurückführten.

Wie in der Elia-Überlieferung wird das Thema auch bei Hosea im Zusammenhang mit Israels Abfall zum Baalskult angesprochen. Das durch diesen Abfall geprägte Verhältnis Israels zu den Landesgaben und Jahwes daraus folgendes Verhalten gegenüber Israel ist das beherrschende Thema von Hos 2,4-17. Von verschiedenen Exegeten werden Teile dieses Abschnittes Hosea abgesprochen, so von Fohrer(2) V 6-10.12.14(3) Für 4-17 gilt jedoch, daß alle Einzelsprüche das gleiche Thema, nämlich die Hurerei Israels, zum Gegenstand haben und daß sie alle ihren Sitz im Leben in der Gerichtsverhandlung haben. Daher dürfte es problematisch sein, einzelne Verse auszuschalten. Zudem kommt gerade in 10 das für Hosea so wichtige ידע vor. Kann aber 6-10 Hosea nicht abgesprochen werden, so auch nicht V 14, da sowohl in V 7 als auch in V 14 von den Liebhabern und ihren Geschenken die Rede ist. Es legt sich also nahe, den gesamten Abschnitt 2,4-17 Hosea zuzurechnen.

Jeremias hat in seinem Hosea-Kommentar dargelegt, daß die Verse 7,10-15 auf mündliche Verkündigung aus der Frühzeit Hoseas zurückgehen, während die Verse 8 f und 16 f mit ihrem im öffentlichen Auftreten Hoseas so nicht nachweisbaren hoffnungsvollen Aussagen in ihren jetzigen Kontext gelangten, als der ganze Textkomplex - wohl in Hoseas Spätzeit - der Gruppe seiner Schüler als schriftlicher, aktualisierender Rückblick vorlag(4).

Die Verse 18-25, in denen im Unterschied zu den vorhergehenden die Frau teilweise direkt angeredet wird, sind durch Sprache und Vorstellungswelt deutlich von den vorhergehenden abgehoben und beinhalten nicht auf Hosea zurückgehende Ausführungen über die neue Ehe zwischen Jahwe und seinem Volk(5). Am jüngsten und wohl erst nachexilisch dürften die Verse 20.23-24 sein, die die Heilshoffnungen auf die ganze Erde ausdehnen und dabei ארץ im Sinn der ganzen fruchtbaren Erde verwenden, während das Wort bei Hosea immer ein bestimmtes geographisches Gebiet meint (vgl. 2,17; 4,1; 13,5).

In stilisierter Jahwerede fordert der Prophet die Söhne auf, mit ihrer Mutter einen Rechtsstreit wegen Unzucht zu beginnen; er schiebt "so einen Keil zwischen die einzelnen Israeliten und Israel als Ganzes"(6). V 5 läßt dann durch das מן noch einmal die Möglichkeit aufscheinen, die Vollstreckung des Urteils zu verhindern. Auffallend ist, daß in dem, was in V 5 als Gericht angekündigt wird, die Mutter teils als das Volk (nackt ausziehen; Tag ihrer Geburt; vor Durst sterben), teils als das Land (zur Wüste bzw. zum dürren Land machen) erscheint. Jahwe macht ein Angebot an die Söhne, ihre Mutter umzustimmen. Da sie jedoch nicht darauf eingehen, sondern sich am hurerischen Treiben Gesamtisraels beteiligen, ergeht das Gericht auch über sie (V 6)(7). Die Gerichtsankündigung an die Söhne geht dann über in einen Schuldaufweis und eine Gerüchtsankündigung an die Mutter. Es wird jetzt nicht mehr zwischen dem Einzelnen und Gesamtisrael unterschieden; und auch die Möglichkeit einer Umkehr ist nicht mehr gegeben.

Gedanklich paßt V 10 besser als unmittelbare Fortsetzung von V 7. Denn V 8 f bringt mitten im Schuldaufweis und der Gerichtsankündigung eine Aussage über die Umkehr Israels. Oft wird deshalb V 8 hinter V 15 gesetzt(8), wohin er gedanklich besser zu passen scheint. Allerdings wird dann der Übergang von V 9 zu V 16 unerklärlich. Zudem ist ואמרה אלכה ואשובה in V 9 sicher als Gegenstück zu אלכה אחרי מאהבי in V 7 stilisiert, so daß man von einer Umstellung wird absehen müssen.

Die größte Wahrscheinlichkeit hat deshalb die Meinung Jeremias' für sich, nach der - wie bereits erwähnt - V 8 f in Verbindung mit einer Niederschrift von 7,10-15 in den jetzigen Zusammenhang gelangte.

V 15aβ und b enthält dann noch einmal einen Schuldaufweis, der sowohl mit der vorhergehenden (V 11-15) als auch mit der in V 16 folgenden dritten Gerichtsankündigung - wieder mit לכן - im Zusammenhang steht. Diese dritte Gerichtsankündigung geht in V 16c über in die Ankündigung eines neuen Heilshandelns Jahwes an Israel.

Ausgehend von der Beobachtung, daß es Hosea nicht darum geht, die Fruchtbarkeit von Israels Land darzustellen, sondern darum, Israels Abfall zum angeblich Fruchtbarkeit schaffenden Baalskult anzuprangern und Jahwes darauf folgende Reaktion anzukündigen, legt es sich nahe, zunächst genauer auf Israels Schuld im Zusammenhang mit den Gaben des Landes einzugehen und in einem zweiten Abschnitt auf Jahwes darauf folgendes Handeln.

Mit drei verschiedenen Begriffen bezeichnet Hosea in 2,4-17 die Schuld Israels: In V 4.7 und 9a wird Israel Ehebruch und Hurerei vorgeworfen, in V 10 das Nichtwissen darum, daß Jahwe die Landesgaben schenkt, und in V 15b das Vergessen auf Jahwe. Die Hurerei und das Nichtwissen bzw. Vergessen stehen dabei in einem engen Zusammenhang; denn Israel glaubt durch seine Hurerei in den Genuß der Landesgaben zu kommen (V 7), weil es nicht weiß, daß diese Gaben von Jahwe kommen. Das Vergessen Jahwes bzw. das Nichtwissen um ihn ist somit die Grundschuld Israels, die zur Folge hat, daß Israel von ihm weghurt. Wolff hat in seinem Aufsatz "Wissen um Gott als Urform von Theologie"(9) nachgewiesen, daß דעת האלהים bei Hosea das Wissen um Gottes Heilstaten in der Vergangenheit meint. Ds gleiche gilt für das Verb ידע bzw. seinen Gegenbegriff שכח . Allerdings betont Wolff wegen seiner Ablehnung der Deutung von דעת האלהים als innige Gemeinschaft mit Gott(10) oft allzu einseitig die kognitive Komponente von ידע . Diese steht bei einem

Wissen um Geschichtstaten zweifellos auch im Vordergrund; dennoch ist das Besitzen der דעת האלהים für Hosea kein Vorgang, der nur den Verstand betreffen würde. Schottroff(11) spricht von einer kognitiven und einer kontaktiven Seite von ידע . Jedenfalls wird man Wolff darin recht geben müssen, daß ידע bei Hosea nicht aus dem Lebensbereich der Ehe stammt. Denn wenn ידע das geschlechtliche Erkennen bezeichnen würde, wäre der Zusammenhang mit dem Geschichtshandeln Jahwes nicht zu erklären. Dieses Geschichtshandeln, das Gegenstand der דעת ist, umfaßt die Ereignisse aus der Frühzeit Israels(12), und zwar die Herausführung aus Ägypten (11,3), die Führung in der Wüste (13,4-6) und die Gabe des Kulturlandes (2,10).

Gerade dies, daß Jahwe Israel mit dem Kulturland und seinen Gaben beschenkt hat, weiß es nach 2,10 nicht, vielmehr hat es Jahwe vergessen (2,15). Dieses Vergessen ist kein aus einer entschuldbaren Nachlässigkeit entstandenes Vergessen, sondern ein bewußtes Nicht-Wissen-Wollen. Israel müßte nur an seine Geschichte zurückdenken, in der Jahwe sich als der einzige Retter erwies (13,4), um in ihm auch den einzig möglichen Geber der Landesgaben zu erkennen. Aber diese heilvolle Geschichte mit Jahwe blendet Israel bewußt aus, und dieses Vergessen ist die Ursache für Israels Hurerei.

Neben dem Vergessen bzw. Nicht-Wissen bezeichnet Hosea Israels Schuld mit dem Begriff "Hurerei". Erstmals erscheint זנונים für den Abfall zu kanaanäischen Kulten in den Elisa-Erzählungen(13). Von entscheidender Bedeutung wird der Begriff jedoch erst bei Hosea, woher er auch bei Jeremia Eingang findet(14). זנונים kann deshalb für den Abfall zu kanaanäischen Kulten gebraucht werden, weil dieser Kult auch geschlechtliche Elemente aufwies. Allerdings ist es fraglich, ob diese Elemente gerade der Verehrung des Gottes Baal dienten und im Zusammenhang mit der vegetativen Fruchtbarkeit standen.

Möglicherweise ist bei der אשה זנונים , die der Prophet nach Hos 1,2 zur Frau nehmen soll, an eine Israelitin zu denken, die sich an kanaanäischen Sexualkulten beteiligt hat. Wolff(15) denkt dabei an einen kanaanäischen Sexualritus, bei dem der Gottheit die Jungfrauschaft geopfert und dadurch Fruchtbarkeit erwartet wird. Als Beleg dient ihm Hos 4,13, wo von einem zwischen Frauen aus dem Volk und Priestern vollzogenen Ritus die Rede ist, während die Männer offensichtlich nicht daran beteiligt sind(16). Allerdings kann nicht mit Sicherheit festgestellt werden, ob es sich bei diesem Ritus wirklich um einen Initiationsritus handelt. Zwar sind in Hos 4,14 die Töchter und Schwiegertöchter, die am Sexualritus teilnehmen, klar von den kultischen Prostituierten unterschieden; aber daß erstere nur einmal und dies zu Beginn der Ehe an diesem Ritus teilnehmen, ist nicht gesagt. Und es bleibt zumindest fraglich, ob dieser Ritus tatsächlich so weit verbreitet war, wie Wolff annimmt. Es bliebe dann unverständlich, weshalb das Deuteronomium, das sich sonst scharf gegen kanaanäische Kulte wendet und das genaue Bestimmungen über den vorehelichen Geschlechtsverkehr enthält (22,13-29), auf diesen Ritus gar nicht eingeht(17). Für die Annahme von Wolff, daß praktisch jede Israelitin daran teilnahm(18),finden sich im Alten Testamente keine sicheren Belege. Ebenso unsicher bleibt die neuerdings vertreten These(19), in Israel sei neben bräutlichen Initiationsriten, die den Segen der Aschera für die Fruchtbarkeit der Erde sicherstellen sollten, auch eine allgemeine Festpromiskuität zu Ehren der Astarte üblich gewesen, und die Frau Hoseas habe an beidem teilgenommen.

Hinzu kommt, daß Texte, die das Vorhandensein von Sexualpraktiken in Ugarit belegen, nicht vorhanden sind. Der Bericht des Herodot, auf den Wolff verweist(20), stammt aus einer anderen Zeit und bezieht sich nicht auf Ugarit. Lediglich aus der Erwähnung von qdsm in ugaritischen Texten, über deren Funktion allerdings nichts Genaues gesagt wird, und wegen der ausgeprägten geschlechtlichen Züge, die die Fruchtbarkeitsgöttinnen aufweisen, kann das Vorhandensein von Sexualriten angenommen werden. Die Fruchtbarkeitsgöttinnen Anat und Astarte, die immer mehr miteinander verschmolzen, werden immer mit übergroßen Geschlechtsteilen dargestellt. Ihr Wirkungsbereich dürfte das Geschlechtsleben gewesen sein, so daß sie für die Fruchtbarkeit von Menschen und Tieren verantwortlich waren und die mit ihrem Kult verbundenen Sexualriten der Sicherung dieser Fruchtbarkeit gedient haben(21). Ohne das Vorhandensein solcher Praktiken wäre die Entstehung der Bezeichnung von Israels Beteiligung am kanaanäischen Religionswesen als Hurerei schwer verständlich. Da die Bezeichnung im Alten Testament bereits älter ist als das Bild Hoseas, der das Verhältnis zwischen Jahwe und seinem Volk als Ehe zeichnet, kann sie nicht erst von da her abgeleitet sein. Vielmehr dürfte der Vorgang so verlaufen sein, daß es sich Hosea, weil er Israels Abfall in polemischer Anspielung auf die Sexualriten als Hurerei bezeichnet, nahelegte, das Verhältnis zwischen Israel und Jahwe im Bild der Ehe darzustellen. Wahrscheinlich haben hier kanaanäische Vorstellungen vom ιερος γαμος zwischen Gott und Göttin eingewirkt. Hosea modifiziert aber diese Vorstellung dahingehend, daß er Jahwe als dem Ehemann alle geschlechtlichen Züge Baals nimmt. Es geht ihm nur um das Rechtsverhältnis der Ehe, als dessen Bruch er Israels Abfall hinstellt. Auch darin, daß Israel und nicht eine Göttin die Ehepartnerin ist, ist das Theologumenon tiefgreifend verändert.

Daß sich Hoseas Frau an Sexualkulten beteiligt hat, kann nach all dem allenfalls vermutet, aber nicht sicher festgestellt werden. Es muß auch mit der Möglichkeit gerechnet werden, daß sich die Frau lediglich an anderen kanaanäischen Kulthandlungen beteiligte, die für Hosea auch unter den Oberbegriff der Hurerei fallen(22).

Wie bereits angedeutet, legen die ugaritischen Texte den Schluß nahe, daß Baals Handeln im Zusammenhang mit der Fruchtbarkeit des Erdbodens keine sexuelle Komponente besaß(23) und deshalb auch keine Sexualriten zur Darstellung und Sicherung dieses Geschehens erforderlich waren. Für Wolffs Behauptung(24), in der Theologie der kanaanäischen Fruchtbarkeitskulte erscheine das Land in der Gestalt einer Muttergöttin, die in der Begegnung mit einem jugendlichen Gott, dem Himmelsbaal oder einem der Ortsbaale mit dem σπερμα des Regens ihre Fruchtbarkeit empfängt, finden sich in Ugarit keinerlei Belege(25). Vielmehr kann Baal es nach den ugaritischen Texten regnen lassen, weil er Besitzer des Palastes auf dem Saphon ist, von wo aus er die Zeit für den Regen festsetzt. Lediglich Baals Abstieg in die Unterwelt und die Herrschaft Mots hat noch eine Funktion für die Fruchtbarkeit der Erde zu erfüllen. Soweit seine Gefährtin Anat in diesem Geschehen eine Rolle spielt, erscheint sie mehr als Kriegs- als als Liebesgöttin. Dafür, daß ein ιερος γαμος zwischen ihr und Baal eine Bedeutung für die Fruchtbarkeit des Ackerbodens hat, gibt es keine Anhaltspunkte(26).

Über die Bedeutung des Geschlechtsaktes zwischen Baal und einer Kuh und der Geburt eines Jungen unmittelbar vor dem Abstieg in die Unterwelt läßt sich schwer eine letzte Sicherheit erringen; aber eine entscheidende Bedeutung für die Fruchtbarkeit der Erde scheint die Szene nicht zu haben. Es geht hier wohl eher um eine Sicherung der Fruchtbarkeit der Rinderherden(27) und auch allgemein darum, daß Baals Fruchtbarkeit schaffendes Wirken mit seinem Abstieg in die Unterwelt nicht zu Ende ist.

Von der Liebe zwischen Baal und Anat handelt IV AB II und III. Aber das Ergebnis des ιερος γαμος ist die Geburt eines Stieres. Ein Zusammenhang mit der Fruchtbarkeit der Felder wird nicht deutlich. Ob der Text zum bisher behandelten Baalsmythos gehört und wo er dann einzuordnen wäre, ist ganz unklar(28).

Ganz schwer verständlich ist der Text BH, nach dem Baal stierartige, chtonische Wesen, die auf Befehl Els geboren wurden, jagen und begatten soll. Er ist diesen Wesen aber nicht gewachsen, sondern stirbt im Kampf, worauf der Ertrag der Felder für sieben oder acht Jahre verdorrt(29).

Am einleuchtendsten scheint die von Kapelrud vorgeschlagene Deutung zu sein(30), nach der es sich bei den mythologischen Wesen um Heuschrecken handelt und Baal seine Begierde zu ihnen nicht beherrschen kann. Durch die Verbindung mit ihm erhalten sie aber seine Potenz, so daß sie sich in einem Ausmaß vermehren, daß sie für Baal und damit auch für die irdische Vegetation gefährlich werden. Der Mythos dürfte im Zusammenhang mit einer konkreten Naturkatastrophe entstanden sein. Auf jeden Fall wird auch hier die Fruchtbarkeit des Erdbodens nicht durch ein sexuelles Handeln Baals bewirkt.

Auch wenn in Bezug auf die kultische Vergegenwärtigung des Baalsmythos' viele Fragen offen bleiben müssen, legt sich doch die Vermutung nahe, daß im ugaritischen Kult die Sicherung der Fruchtbarkeit des Landes nicht mit Sexualriten verbunden war. Und Entsprechendes dürfte für die kanaanäischen Kulte in Israel zur Zeit Hoseas zutreffen.

Die Bezeichnung von Israels Tun, mit dem es seinen agrarischen Reichtum sichern wollte, als Hurerei ist demnach nicht korrekt, kann aber von Hosea dennoch gebraucht werden, weil für ihn die Sexualpraktiken als Symbol des Weghurens von Jahwe zum Kennzeichen des kanaanäischen Kultbetriebes schlechthin wurden, ein Kultbetrieb, der den aus der Wüste kommenden Israeliten in erster Linie dazu dient, die Bedürfnisse der Ackerbaukultur zu befriedigen. Besonders deutlich wird die übergreifende Bedeutung des Begriffs in Hos 4,11-13, wo sowohl die Orakel wie auch die Opferpraxis mit dem רוח זנונים in Verbindung gebracht wird.

Wegen der Bezeichnung der Teilnahme an kanaanäischen Kulten als Hurerei und wegen der Darstellung des Verhältnisses zwischen Jahwe und seinem Volk als Ehe kann Hosea Israels Untreue auch als Nachlaufen hinter den Liebhabern bezeichnen (2,7.9). Ausdrücklich als Baalskult wird dieses Nachlaufen hinter den Liebhabern in 2,15 bezeichnet, wo Israel die Teilnahme an den ימי הבעלים (31) vorgeworfen wird. An diesen Festtagen läuft Israel seinen Liebhabern nach, von denen es nach 2,7 die Landesgaben erwartet. Wolff(32) denkt bei diesem Nachlaufen an eine Prozession am Kultort, die sich hinter einem Stierbild oder einem ähnlichen Kultbild herbewegte, während Rudolph(33) hier einen umfassenden Ausdruck für das ganze treulose Verhalten der Dirne Israel sieht. Als weitere Merkmale dieser Festtage werden die Opfer und das Anlegen von Schmuck genannt. קטר pi - ein Opfer als Rauch aufsteigen lassen - ist dabei im Alten Testament immer das heidnische oder illegitime Opfer der Israeliten(34). Das Rauchopfer als solches ist demnach für das Alte Testament bereits Zeichen des Abfalls Israels. Zu erklären ist dies damit, daß es aus der kanaanäischen Ackerbaukultur übernommen wurde; es entstammt der Tendenz, der Gottheit Lebenskräfte zuzuführen, damit sie Fruchtbarkeit spenden kann(35). Die Gottheit gerät dadurch in Abhängigkeit vom kultischen Handeln des Menschen. Bei den Israeliten als Nomaden war dagegen das Mahlopfer verbreitet, das Gemeinschaft mit der Gottheit stiftete und sie am Besitz des Stammes beteiligte. Auch in 4,13 wird neben זנה קטר als Treiben auf den Höhenheiligtümern genannt.

Als Schmuck werden an den Baalsfesttagen נזם und חלים angelegt, wobei die genaue Bedeutung des Letzteren unklar ist. Gesenius(36) schlägt Halsgeschmeide vor, während נזם als Ohrringe im Stierkult eine Rolle spielen (vgl. Gen 35,4; Ex 32,2 f). In V 13 werden diese Feiertage noch einmal ausdrücklich benannt. Wolff(37) nimmt an, daß mit חג das 7-tägige Hauptfest des Jahres als Fest der Weinlese gemeint ist. חדש als das Neumondfest war wohl in erster Linie mit sexuellen Riten verbunden, da an diesem Tag häufig der ιερος γαμος zwischen der Sonnen- und Mondgottheit gefeiert wurde(38). Die Liebesgöttin Anat/Astarte hatte zweifellos lunare Züge(39), so daß wohl auch in der kanaanäischen Religion das Neumondfest mit Sexualriten gefeiert wurde. Weiter werden der Sabbat als der wöchentlich begangene Festtag und andere nicht genau bezeichnete Feste genannt.

Hosea wirft Israel vor, von diesen Festen die Versorgung mit den Landesgabe zu erwarten, auch wenn genau genommen nicht alle aufgeführten Feste und Kultbräuche im Zusammenhang mit der Fruchtbarkeit des Erdbodens standen. Da aber die Sicherung des Reichtums Hauptzweck der Kultteilnahme gewesen sein dürfte, kann Hosea auch verallgemeinernde Angaben machen.

Es ist bezeichnend, daß der Name Baals in cap 2 nur in Verbindung mit ימי הבעלים genannt wird. Den bei Jeremia begegnenden Vorwurf, daß Israel הלך אחרי הבעל, oder die deuteronomistisch/deuteronomische Wendung הלך אחרי אלהים אחרים verwendet Hosea nicht. Baal an sich ist für Hosea nicht relevant; die kanaanäischen Gottheiten sind für ihn nur Menschenwerk (vgl. 13,2). Und wahrscheinlich verstand Israel seine kultischen Handlungen gar nicht bewußt als Baal- sondern als Jahweverehrung. Mit den Liebhabern, hinter denen die Ehefrau herläuft, dürfte deshalb auch eher ein baalisiserter Jahwe(40) als die Baale der jeweiligen Kultorte(41) angesprochen sein. Der Plural, der vom Ehegleichnis her ja nicht unbedingt gefordert ist, könnte von Hosea gewählt sein, um deutlich zu machen, daß Jahwe durch die Baalisierung zu einem Glied im vielfältigen kanaanäischen Pantheon geworden ist(42).

Nicht den Abfall zu kanaanäischen Gottheiten, sondern die Teilnahme an einem Kult, durch den Jahwe völlig baalisiert worden ist, wirft Hosea Israel vor. Dabei darf nicht übersehen werden, daß dieser Kultbetrieb von der Mehrheit der Israeliten sicher nicht als Abfall von Jahwe verstanden wurde, sondrn eher als Bereicherung des Jahweglaubens. Mit seinen traditionellen Inhalten - den goßen Taten in der Geschichte und der Kundgabe des Gotteswillens - schien dieser Glaube keine Antwort auf die jetzt wichtig gewordene Frage nach dem Spender der Landesgaben zu liefern. Mit der Übernahme der Ackerbaukultur war den Israeliten ein völlig neuer Lebensbereich erschlossen, und es stellte sich die Frage, wie denn Jahwe mit diesem Neuen in Verbundung gesetzt werden könnte. Was lag in dieser Situation näher als die Übernahme bewährter Kultpraktiken? Das Bewußtsein eines Unrechts gegenüber Jahwe dürfte kaum vorhanden gewesen sein. Die Teilnahme an kanaanäischen Fruchtbarkeitskulten war für die meisten Israeliten völlig selbstverständlich geworden, so daß Hosea einen fast aussichtslosen Kampf führte.

Zudem schienen die kanaanäischen Kultfeste einen reichen Ertrag der Felder zu garantieren. Wenn das Fest in der richtigen Weise begangen wurde und die Gottheit damit zufriedengestellt war, konnte man des Erfolges sicher sein. Zwar ist zu betonen, daß gerade im Baalsmythos die Wiederkehr Baals nicht von menschlichen Kulthandlungen abhängig ist, sondern vom Ablauf eines mythischen Geschehens, das den Rhythmus von Regen- und Trockenzeit wiederspiegelt; dennoch dürfte dem Kult gerade im Volksglauben eine unterstützende Funktion zugefallen sein. Hosea wirft Israel vor, Jahwe so an Baal angeglichen zu haben, daß man meinte, seines heilsvollen Eingreifens sicher sein zu können. In den Festen feierte man deshalb letztlich dies, daß Jahwe den Reichtum jährlich neu spendete, seine Wiederkehr konnte sich allenfalls etwas verzögern, aber nicht grundsätzlich ausbleiben. Hosea sieht die Schuld Israels also nicht nur darin, daß es mit Hilfe der kultischen Feste den Reichtum sichern wollte, sondern daß es darüber hinaus auch meinte, sich dieses Reichtums ganz sicher sein zu können und daß diese Sicherheit ihm Anlaß zu kultischen Feiern bot.

Der Jahweglauben schien auf die Fragen und Sorgen der Ackerbauern keine Antworten zu bieten, während sich kanaanäische Kultpraktiken jahrhundertelang zur Sicherung einer guten Ernte bewährt hatten.

Außerdem hatte die Teilnahme an diesem Kult viele angenehme Seiten. Hier gab es Traubenkuchen(43) und berauschende Getränke, Opfermahlzeiten unter schattigen Bäumen und wohl auch die Sexualriten. Auch wenn diese nicht in dem Maße stattfanden, wie es bei Hosea den Anschein hat, und sie nicht unmittelbar in Zusammenhang mit der Fruchtbarkeit des Erdbodens standen, kann doch davon ausgegangen werden, daß die kanaanäischen Kulte vor allem für Frauen große Möglichkeiten einer aktiven Teilnahme und ein stärkeres Eingehen auf für Frauen relevante Inhalte, wie Fruchtbarkeit, Familie, Versorgung mit Nahrung, boten als der traditionelle Jahweglaube. Gerade bei den Frauen dürfte deshalb die Anziehungskraft der kanaanäischen Religion besonders groß gewesen sein. Jahwe mag ihnen oft als ein Gott nur für Männer erschienen sein.

In den Kulten konnte man mit Genuß seinen Reichtum steigern; die Jahwereligion aber bot nichts derartiges. Dieser Genuß und Reichtum war nach Hosea letztlich das für Israel wichtige, nicht die anderen Götter an sich.

Im Gegensatz zur Mehrheit der Israeliten sieht Hosea in der Teilnahme an den Kulten eine Schuld des Volkes. Nach seiner Meinung müßte das Volk wissen, daß allein Jahwe Spender der Landesgaben ist und nicht eine mehr oder weniger baalisierte Gottheit, auch wenn der Jahweglaube bisher explizit keine Antwort auf diese Frage gegeben hatte. Hosea sagt, daß Israel von seiner Geschichte, besonders von der Befreiung aus Ägypten her wissen müßte, daß Jahwe einziter Gott und einziger Helfer für Israel ist (13,); und deshalb kann auch nur er Geber der Landesgaben sein. Die Ausschließlichkeitsforderung zusammen mit dem Rückgriff auf die Geschichte ist also letztlich der Grund dafür, daß Israel wissen müßte, wer auch für das Gechehen in der Natur verantwortlich ist(44).

Kurz ist noch darauf einzugehen, was Israel sich erwartet von seiner Teilnahme an den Kulthandlungen des Kulturlandes. in Hos 2,7 wird aufgezählt, was Israel meint, von seinen Liebhabern zu erhalten: Genannt werden Brot und Wasser, eine Zusammenstellung, die auch Gen 21,14; Ex 23,25; 1 Sam 30,11; 1 Kö 19,6 und 2 Kö 6,22 begegnet. Es handelt sich hier um eine Zusammenstellung, die die zum Leben unbedingt notwendigen Grundnahrungsmittel bezeichnet(45). Weiter werden in Hos 2,7 Wolle und Flachs genannt als die beiden tierischen und pflanzlichen Grundprodukte der menschlichen Bekleidung. Ein letztes Wortpaar nennt Öl und Getränke. Wolff(46) nimmt an, daß es sich hier um das Salböl für die Hautpflege handelt und um Getränke wie Wein und Bier, Getränke also, die im Gegensatz zum Wasser in der ersten Reihe über das Lebensnotwendige hinausgehen. Daneben werden in V 14 Weinstöcke und Feigenbäume als Hurenlohn genannt. Dabei ist an die 1. Kö 5,5; Micha 4,4 und Sach 3,10 begegnende Wendung zu denken, nach der das Sitzen unter dem Weinstock und dem Feigenbaum zur Beschreibung eines ruhigen, glücklichen Wohllebens dient. Voraussetzung für dieses Bild ist, daß sich die Weinreben an den Feigenbäumen emporranken; nur so ist ein Sitzen unter dem Weinstock möglich(47). Alles also, was den Menschen nährt, schützt und erheitert, erwartet man vom Aufbruch zu den Baalen(48) und vergißt darüber, daß Jahwe es ist, der Getreide, Wein und Öl, Silber und Gold spendet. Zur Bezeichnung der Naturprodukte wird die später im Deuteronomium häufig begegnende Trias verwendet(49). Das Gold und Silber verweist in eine Zeit wirtschaftlichen Reichtums. Diesen erlebt Israel unter Jerobeam II (787/6-747/6 v. Chr.), der das Gebiet Israels wieder erheblich erweiterte(50).

Auf dem Hintergrund von Israels Abfall zu kanaanäischen Kultpraktiken, durch den Jahwe zu einer baalisierten Gottheit wurde, sind Hoseas Aussagen zu sehen, die Israel an Jahwe als den Spender der

Landesgaben verweisen wollen.

Weil Israel kein Wissen darum hat bzw. haben will, daß es den Reichtum des Landes Jahwe zu verdanken hat, nimmt er Israel diesen Reichtum weg. Wenn Israel seinen Wohlstand vergöttert, wird ihm der Wohlstand und damit sein Gott genommen, damit er wieder zu Jahwe findet(51). Hosea kündigt also im Zusammenhang mit den Landesgaben zunächst ein rein negatives Handeln Jahwes an. Er wird, wenn sie mit ihrer Hurerei nicht aufhört, die Hure Israel nackt ausziehen und sie hilflos und unversorgt machen wie am Tage ihrer Geburt. Daß Jahwe sich von der Pflicht befreit sieht, Israel zu bekleiden, hängt mit dem altorientalischen Scheidungsrecht zusammen: Wenn die Ehescheidung von der Frau ausging, war der Mann nach der Scheidung nicht mehr verpflichtet, sie zu bekleiden(52). Darüber hinaus war er auch sonst in keiner Weise mehr für ihre Versorgung zuständig.

Das, was in V 5 angedroht wird, wird in V 11 Wirklichkeit: Die Wolle und der Flachs, den Israel zu seiner Bekleidung braucht und den es meint, von seinen Liebhabern zu bekommen, wird Jahwe wegnehmen. Israel wird dann nicht nur hilflos und unversorgt sein wie ein kleines Kind, sondern, weil Israel bereits erwachsene Frau ist, ist sie durch ihre Nacktheit auch der "völligen Verachtung, Schmach und Schande"(53) preisgegeben. Diese Schande wird der Frau Israel vor den Augen ihrer Liebhaber angetan; aber sie werden nicht helfen können, so daß Israel zu der Einsicht kommen muß, daß von ihnen nichts zu erhoffen ist.

In V 5 geht die Drohung, Israel nackt auszuziehen, über zu einer Gerichtsankündigung über das Land. So wie das Volk wird auch das Land unversorgt sein, und das heißt, es wird zur Wüste. Beim Schluß des Verses ist nicht ganz eindeutig zu unterscheiden, ob das Land oder das Volk vor Durst sterben soll. Wolff(54) will die Aussage auf das Land beziehen, das als trockenes Steppenland vor Durst sterben wird. Andererseits paßt diese Aussage eher auf Menschen und wird auch an der Stelle Ex 17,3, auf die Wolff verweist, so gebraucht. Bezeichnend ist jedenfalls, daß Hosea hier nicht die normale Strafe für Ehebruch androht, also Steinigung oder Feuertod. Offensichtlich lag ihm mehr daran, den Verlust der Landesgabe Wasser anzukündigen, als immer im Ehegleichnis zu bleiben. Auffallend ist zudem, daß in V 11, in dem das in V 5 Angekündigte verwirklicht wird, vom Tod Israels nicht mehr direkt die Rede ist. Israel wird zwar völlig unversorgt sein, aber nicht tot,so daß ihm noch eine Möglichkeit zur Umkehr bleibt.

Aber nicht nur Wolle und Flachs, sondern auch die anderen Landesgaben werden genommen. Getreide und Wein wird Israel gerade dann verlieren, wenn es überzeugt ist, sie ernten und genießen zu können (V 11); ausdrücklich wird dabei gesagt, daß es sich um Eigentum Jahwes (דגני, תירשי) handelt. Jahwes Handeln ist nicht an den Kreislauf des Jahres gebunden; er kann in freier Entscheidung geben und nehmen. Auch die Weinstöcke und Feigenbäume wird Jahwe vernichten, so daß Israel nicht mehr unter ihnen sitzen kann(55), vielmehr werden sie zur Wildnis werden und von den wilden Tieren gefressen werden.

Jahwe wird aber nicht nur die Landesgaben nehmen, sondern er wird es Israel auch unmöglich machen, weiterhin an seinen hurerischen Kulten teilzunehmen. Das wird dadurch geschehen, daß Jahwe den Weg zu den Stätten der Fruchtbarkeitskulte - im Bild der Ehe die Wege zu den Liebhabern - versperrt (V 8). Dazu werden Steinwälle und Dornensträucher verwendet, wobei die Dornensträucher vielleicht im Zusammenhang stehen mit der in V 14 angekündigten Verwüstung des Landes. Dies würde bedeuten, daß die Verwüstung des Landes nur den Zweck hat, Israel wieder von den Baalim zu Jahwe zu bringen. Es wird hier deutlich, daß Hosea eigentlich nicht an einer Aussage über das Land als solchem gelegen ist. Das wird auch dadurch bestätigt, daß die Aussage über die Verwüstung des Landes in einem gewissen Widerspruch steht zu der Aussage, daß Jahwe Israel aus dem Land heraus in die Wüste führen wird.

Für sein kultisches Treiben, zu dem Jahwe Israel den Weg versperren will, wird er es auch zur Verantwortung ziehen (פקד). Wolff(56) schreibt, daß dabei zwar der Vorgang der Strafe im Vordergrund steht, jedoch der Grundton traurigen Vermissens und sorgenden Sichkümmerns nicht ganz zu überhören ist. Besonders deutlich wird diese Trauer Jahwes in der Schlußbemerkung ".... mich hat sie vergessen." Wie Wolff(57) gezeigt hat, ist dieses שכח Gegenbegriff zu ידע . Dieses שכח kommt in V 10 im Zusammenhang mit den Landesgaben vor: Israel weiß nicht, daß Jahwe sie gegeben hat. Israels Schuld hat somit zwei Aspekte, nämlich das kognitive Nicht-Wissen um etwas, das aber letztlich identisch ist mit dem Vergessen seiner Person. Um diesen beiden Aspekten der Schuld gerecht zu werden, muß Jahwes Strafe auf beides eingehen. Zum einen werden Israel die Landesgaben genommen, damit es erkennt, wem es sie zu verdanken hat; zum anderen aber will Jahwe auch das gute persönliche Verhältnis wiederherstellen. Dazu muß er es von seinen Liebhabern wegbringen und in die Wüste führen, wo er mit ihm allein ist. Dort wird er Israel verlocken und ihm zu Herzen reden. Hosea gebraucht hier sehr gewagte Vorstellungen, um die enge Bindung Jahwes an Israel und sein Ringen um die Wiederherstellung dieser engen Beziehung deutlich zu machen. Die Strafe der Führung in die Wüste geht hier also bereits über in den Beginn eines neuen Heilshandelns. Jahwe will ereichen, daß Israel ihn wieder kennt, und d. h. auch, daß es wieder weiß, wem es den Reichtum des Landes zu verdanken hat. Dann wird Jahwe ihm diesen Reichtum von der Wüste her wieder neu schenken (V 17). Hier ist offensichtlich vorausgesetzt, daß das Land diesen Reichtum behalten hat und Israel nur von dort weggeführt wurde in die Wüste, in der es keine Landesgaben gibt. Es wurde bereits erwähnt, daß diese Vorstellung in einem gewissen Widerspruch steht zu der anderen, nach der Jahwe das Land verwüsten wird. Aber da für Hosea die Aussagen über das Land letztlich zweitrangig sind, kann er sich dabei einmal dieser, einmal jener Vorstellung bedienen. Wichtig ist für ihn dies, daß dem Volk Israel der Reichtum des Landes genommen wird und es so von der Vergötterung dieser Gabe zu Jahwe zurückfindet. Um das auszusagen, legt es sich von Hoseas Geschichtsdenken her näher, Israel noch einmal in die Wüste, in die Situation der ersten Liebe, zurückzubringen, als ohne Rückgriff auf die Geschichte nur von einer Verwüstung des Landes zu reden. Das Erstere ist deshalb sehr viel breiter ausgeführt.

In der neuen Wüstensituation ist Israel fern von allen Fruchtbarkeitskulten und auch fern von allem Reichtum. Es muß hier wieder einsehen, daß es allein auf Jahwe und seine Hilfe angewiesen ist. Damit ist aber dann der Zweck der Wüste erfüllt. Letztes Ziel des Handelns Jahwes ist es, Israel von neuem den Reichtum des Landes zu schenken. Es sind ja "ihre" Weinberge (כרמיה), die Israel wieder bekommen soll, sie stehen der Frau also rechtmäßig zu und werden ihr nur solange genommen (V 14), als sie sie nicht als Jahwes Gaben anerkennen will(58). Allerdings redet Jahwe in V 11 auch von "meinem Korn" und "meinem Wein". Er ist als der Ehemann der, der das Lebensnnotwendige bereitstellt; aber er übergibt es der Ehefrau, so daß es auch deren Eigentum ist. Israel kann die Landesgaben nur als Gaben Jahwes haben, oder es kann sie gar nicht haben. Wenn über der Gabe der Geber vergessen wird, verliert Israel seinen Anspruch auf die Gabe.

Das Ziel von Jahwes Handeln mit Israel ist die erneute Verleihung des Landes mit seinem Reichtum. Hosea bejaht also durchaus das Leben im Kulturland und sieht in ihm eine gute Gabe Jahwes. Seine Predigt ist nicht Kulturland-kritisch(59), sondern kritisch gegenüber Israels Verhalten im Kulturland. Hosea kann auch nicht einer "etwas zurückgebliebenen" Gruppe zugerechnet werden, die sich dem bäuerlichen Leben nicht so recht anpassen konnte und wirtschaftlich weitgehend unabhängig von den Erträgen des Kulturlandes lebte(60), die Jahwe also nicht mit den Gaben des Landes in Verbindung bringen konnte. Hosea kündigt ja nicht die Wegnahme der Landesgaben an, weil er Jahwe mit diesen nicht in Verbindung setzen kann, sondern weil Israel Jahwe nicht als ihren Spender anerkennen will. Die Führung in das fruchtbare Land gehört für ihn zu den grundlegenden Heilstaten Jahwes (Hos 13,4-6) und wurde nicht erst am Ende einer inneren Entwicklung, die Hosea zur Aufnahme kanaanäischen Gedankengutes befähigte, zum Element seiner Eschatologie(61). Hoseas Verkündigung setzt voraus, daß Jahwe schon in der Vergangenheit Israel die Gaben des Kulturlandes gegeben hat. Lediglich Israels Abfall zu kanaanäischen Kultpraktiken machten eine Wegnahme, aber schließlich auch die Verheißung eines erneuten Gebens in der Zukunft erforderlich.

Das erste, was Israel zurückerhalten wird, wenn es mit Jahwe wieder in einem Verhältnis steht wie zur Zeit der ersten Liebe, sind die Weinberge. Ähnlich läßt der Jahwist nach dem Gericht der Sintflut das alltägliche Leben damit beginnen, daß Noah einen Weinberg pflanzt (Gen 9,20), worauf wohl auch schon das Wort Lamechs in Gen 5,29 hinweist(62). Der hier verheißene Trost besteht darin, daß Jahwe dem Menschen den Wein schenkt, denn "der Wein erfreut das Herz des Menschen" (Ps 104,15). Israel wird neben dem Reichtum auch wieder Freude haben (vgl. V 13), wenn es Jahwe als den Spender von beiden ansieht. Daß V 18-25 mit ihrer ausgeprägten Heilshoffnung nicht auf Hosea zurückgehen, wurde bereits erwähnt(63).

Ein Beispiel für eine reine Gerichtsankündigung wegen Israels Teilnahme an kanaanäischen Fruchtbarkeitskulten bietet Hos 9,1-6. Hier dürfte unmittelbarer als in anderen Abschnitten des Hosea-Buches mündliche, öffentliche Rede des Propheten überliefert sein(64). Hoffnung auf ein Heil nach dem Gericht wie in den an Hoseas Schüler gerichteten Versen 2,8 f. 16 f begegnet hier nicht. Hosea kündigt nicht nur einen vorübergehenden neuen Wüstenaufenthalt, sondern das gänzliche Auslöschen der Heilsgeschichte an: Israel muß wieder nach Ägypten (9,3). Wegen der Freude, auf die in 9,1 angespielt wird, ist dabei wohl vorausgesetzt, daß zwar Tenne und Kelter mit den Gaben des Landes gefüllt sind und reichlich Wasser vorhanden ist(65), daß Israel aber diese Dinge nicht genießen kann, weil es das Land verlassen muß.

Das Land, aus dem Israel entfernt wird, war Jahwes Land, das er Israel mit seinen Gaben gegeben hatte, die aber nicht dankbar von ihm angenommen wurden. Ob bei der Formulierung ארץ יהוה ein Zusammenhang mit dem Rechtssatz Lev 25,23 besteht(66), erscheint fraglich; denn während Hosea immer wieder betont, daß Jahwe Israel das Land und seine Gaben gegeben hat - aber eben er hat es gegeben, deshalb ist es ארץ יהוה auch wenn es "ihre Weinberge; (2,17) sind - setzt Lev 25 sehr viel stärker Jahwe als den Besitzer des Landes voraus, das er nur zur Nutznießung überläßt. Hinzu kommt, daß ארץ יהוה bei Hosea das Land Kanaan, in dem Israel lebt, als ein bestimmtes geographisches Gebiet meint, während es in Lev 25 um den Ackerboden als Jahwes Eigentum geht.

Die Nahrungsmittel, die Israel in Ägypten essen wird, sind für Hosea nicht Gaben Jahwes (9,3b-4). Ihm ging es darum, Israel zu zeigen, daß es sein Land mit den reichen Gaben Jahwe verdankt und nicht einem baalisierten Kultbetrieb; aber er hat keinerlei Interesse daran, Jahwe als den hinzustellen, der überall die Nahrungsmittel wachsen läßt. Ägypten ist nicht ארץ יהוה und was dort wächst, ist nicht seine Gabe. Es ist unrein und kann nicht Jahwe als Opfer dargebracht werden. Die Gabe des Landes mit seinem Reichtum war für Hosea genauso wie etwa die Führung aus Ägypten ein Teil von Jahwes geschichtlichem Handeln an seinem Volk, und als solches ist es ein zeitlich und räumlich begrenztes Handeln. Wer dafür sorgt, daß in Ägypten etwas wächst, oder wie es sich mit den Produkten verhält, die weiter in Kanaan wachsen, ist nicht relevant, sondern nur dies, daß Israel nicht mehr in Jahwes Land die Gaben seines Gottes genießen kann, weil es sie nicht dankbar angenommen hat.

Jahwe ist für Hosea Spender auch der Landesgaben, weil er sich in der Geschichte als der einzige Retter erwiesen hat. Was Israel an Gutem empfängt, kann daher nur auf diesen Jahwe zurückzuführen sein. Für Hosea ist keine Versöhnung Jahwes "mit dem chtonischen Geheimnis Ascheras"(67) nötig. Jahwe muß nicht Israel in einer Weise faszinieren, in der "zuvor nur die Götter Kanaans zu faszinieren vermochten"(68). Die neue Faszination Israels geschieht gar nicht im Kulturland, sondern in der Wüste (2,16). Und dafür, daß sich Hosea das Verführen Israels als "astartehafte Epiphanie"(69) denkt, bietet der Text keine Anhaltspunkte. Die Verbindung mit der Geschichte wird auch beim angekündigten neuen Heilshandeln Jahwes nicht aufgehoben; es geht hier nicht um eine "ewige Wiederkehr des Gleichen: Segen Himmels und der Erde, Fruchtbarkeit ..."(70), sondern um Jahwes Reaktion auf Israels williges Folgen. Von den Vorstellungen der kanaanäischen Religion übernimmt Hosea nur das Bild der göttlichen

Ehe, daß er aber dadurch, daß bei ihm das geschichtliche Israel und nicht eine Gottheit Partnerin Jahwes ist, tiefgreifend verändert. Seine Aussagen über Jahwe als den Spender der Landesgaben sind Folge rechten "Wissens um Gott" und nicht Folge einer Angleichung Jahwes an kanaanäische Gottesvorstellungen. Jahwe kann souverän geben und nehmen, je nachdem, wie sich Israel zu ihm und seinen Gaben stellt. Hoseas Kampf gegen eine Kanaanäisierung Jahwes ist auch in seiner Heilsankündigung nicht aufgehoben.

Die große Rolle, die das Thema "Wegnahme der Landesgaben" bei Hosea spielt, macht deutlich, daß es ihm nicht darum geht, die Fruchtbarkeit von Isrels Land aufzuzeigen. Diese Fruchtbarkeit, die in dem Land reiche Gaben wachsen läßt, ist ihm selbstverständliche Voraussetzung seiner Ausführungen, aber kein eigenständiges Thema. Die reichen Erträge des Landes sind für Hosea nur insofern von Bedeutung, als sie Gaben Jahwes an Israel sin. Von seiner Geschichte her müßte Israel wissen, daß es auch diese Gaben nur Jahwe, den es von der Wüste her kennt, zu verdanken hat und nicht einem baalisierten Jahwe. Nur weil Israel dies nicht anerkennen will, werden die reichen Gaben des Landes für Hoseas Verkündigung relevant, und zwar so,daß auf diesem Hintergrund Jahwes Handeln zunächst in einer Wegnahme der Landesgaben besteht.

Entsprechendes war in der Endfassung der Dürreerzählung in 1. Kö 17 f zu beobachten, wo Elias zunächst ein Ausbleiben des Regens ankündigt. Dieses Wegnehmen und Verweigern von Regen und Landesgaben unterscheidet Jahwe grundsätzlich von den kanaanäischen Gottheiten. Nach kanaanäischer Vorstellung bleibt der Regen nur dann aus, wenn Baal bei Mot in der Unterwelt weilt; ist er am Leben, kann er zwar den Zeitpunkt seines Regens festsetzen, aber er kann ihn nicht verweigern. Gibt es keinen Regen, so ist das ein sicheres Anzeichen dafür, daß Baal tot ist. Seine Gegenwart zeigt sich nur, wenn es regnet. Dürrezeiten können deshalb nur mit einer Abwesenheit Baals erklärt werden. Demgegenüber erweist sich Jahwes Macht gerade darin, daß er frei über ein Gewähren und Verweigern von Regen und damit von Landesgaben entscheiden kann(71).

Es läßt sich zusammenfassend feststellen, daß das Reden von den reichen Gaben, die in Israels Land wachsen, bei Hosea gekoppelt ist mit seinem Reden davon, daß Israel diese Gaben nicht als Gaben Jahwes anerkennen will. Nur in diesem Zusammenhang begegnen seine Ausführungen über die Fruchtbarkeit don Israels land, während ein Interesse am Thema außerhalb dieses Kontextes - etwa ein Rühmen der reichen Gaben - nicht anzutreffen ist.

2.3 Jeremia

Jeremia kann hier im Zusammenhang mit der Prophetie des Nordreiches behandelt werden, da sich seine Aussagen über die Gaben des Kulturlandes in der Frühzeitverkündigung konzentrieren, die stark von der Theologie des Nordreichs beeinflußt ist. Diese Beeinflußung erfolgte durch die Abwanderung zahlreicher Nordreichsbewohner nach dem Assyrereinfall in den Süden, die dabei auch ihre theologischen Vorstellungen mitbrachten.

Wie bei Hosea spielen auch bei Jeremia die Landesgaben im Zusammenhang mit Israels Abkehr von Jahwe eine Rolle. Zum einen wird in cap 2 f Israels Schuld aufgezeigt an seiner Haltung zu den Landesgaben, zum anderen wird in der Frühzeit das Gericht als Verwüstung des Landes angedroht.

Die beiden cap 2 und 3 werden allgemein in die Anfangsjahre des Propheten vor der josianischen Reform datiert(1). Dabei wird der Abschnitt 2,4-9 von den meisten Exegeten als die früheste Verkündigungseinheit Jeremias angesehen. Boecker(2) hat gezeigt, das es sich hier um eine Appellationsrede handelt, die der eigentlichen Gerichtsverhandlung vorausgeht und in der der Beschuldigte versucht, sich zu rechtfertigen. Im vorliegenden Abschnitt geht allerdings die eigene Verteidigung allmählich in eine Anklage des Gegners über, in V 9 wird dann die offizielle Anklageerhebung angekündigt. Jahwe zählt auf, was er in der Vergangenheit für Israel getan hat, und zeigt damit, wie unbegründet Israels Abfall von ihm ist. Sein tadelloses Verhalten in der Vergangenheit Israel gegenüber bestand in der Herausführung aus Ägypten, der Führung durch die Wüste und - als Höhepunkt - der Hineinführung in das Kulturland. Aber gerade als dieser Höhepunkt von Jahwes Heilshandeln erreicht war, als Israel also am allerwenigsten Grund dazu hatte, verließ es Jahwe(3) zugunsten von ההבל (4).

Die Zeit der Wüstenwanderung ist für Jeremia die Zeit, in der Israel Jahwe gehorsam war (2,2). Es wußte, daß es auf Jahwes Führung in diesem unwirtlichen Land angewiesen war. Doch obwohl - wie auch für Hosea - die Wüstenzeit für Jeremia die Zeit des guten Verhältnisses zwischen Gott und seinem Volk ist, schildert er den negativen Aspekt der Wüste sehr viel ausführlicher. Bei Hosea ist "dürres Land" (2,5; 13,5), wenn auch mit unterschiedlichem Vokabular, die einzige nähere Kennzeichnung der Wüste, während Jeremia eine ganze Reihe von Schrecknissen aufführt(5).

Das Fruchtgartenland (ארץ הכרמל) aber, in das Jahwe Israel von der Wüste her brachte, konnte Israel nicht mehr mit ihm in Verbindung bringen, zumindest nicht mit dem Jahwe, den es aus der Wüste kannte. Die פרי und טובה des Landes konnte es nur als Gaben Baals annehmen, d. h. bei Jeremia als Gaben eines Jahwe, der mit kanaanäischen Kultpraktiken verehrt wurde(6). Mit diesen Kultpraktiken entweiht Israel Jahwes נחלה (7) und macht sie zum Greuel(8). Das Land und wegen V 7a auch die Gaben des Landes sind für Jeremia in besonderem Maße Jahwes Eigentum, das geschändet wird, wenn es nicht als solches anerkannt und als Gabe von ihm angenommen, sondern mit kanaanäischen Kultpraktiken verunreinigt wird. Dieses Schänden des Landes und seiner Gaben ist ein sehr viel bewußterer Vorgang als das Vergessen Jahwes als Spender der Gaben bei Hosea.

Der Vorwurf des Abfalls von Jahwe trifft bei Jeremia besonders die Führer des Volkes (V 8). Mit dieser Aussage steht Jeremia sehr nahe bei Hosea (bes. cap 4); beide werfen vor allem den Priestern vor, Jahwe nicht (mehr) zu kennen. Die Führer des Volkes hätten die

Aufgabe gehabt, in der neuen Situation nach der Landnahme Israel bei Jahwe zu halten; sie hätten dem Volke sagen müssen, daß Jahwe es war, der sie in das ארץ הכרמל brachte, und daß dieses Land seine נחלה ist. Aber gerade sie haben an dieser Aufgabe versagt und sind zu Baal abgefallen.

Diesen Abfall beschreibt Jeremia in cap 3 mit dem Begriff des Hurens, womit er ebenfalls Hosea folgt(9). Der Ort dieses Hurens ist für Jeremia "auf jedem hohen Hügel und unter jedem grünen Baum". Zwar ist der Abschnitt Jer 3,6-11 nach Meinung der Mehrheit der Exegeten späterer Zusatz(10), denn die Gegenüberstellung von Juda und Israel als treulose Schwestern erscheint bei Jeremia sonst nicht. Die Wendung "auf allen hohen Hügeln und unter jedem grünen Baum" zur Bezeichnung der kanaanäischen Kultstätten wird jedoch auch von Jeremia gebraucht, vielleicht ist sie sogar von ihm geprägt(11). Im deuteronomistischen Geschichtswerk ist sie dann zur bloßen Formel erstarrt(12).

Die Schuld Israels besteht also zumindest in Jeremias Frühzeit einzig darin, daß es das Land "aus Jahwes Verfügungsgewalt herausgerissen"(13) hat, d. h. auch, daß es die Landesgaben nicht als Jahwes Gaben gesehen hat. Die Schuld Israels beginnt somit für Jeremia erst nach der Landnahme und wird dadurch umso unverständlicher. In der Wüste, die Jeremia so ausführlich als das Land vieler Schrecknisse beschreibt, wäre ein Murren Israels verständlicher gewesen; aber hier hat Israel eingesehen, daß es ganz auf Jahwes Führung angewiesen ist. Der Abfall gerade dann, als Jahwe es in seine נחלה brachte, ist dagegen schlechterdings unverständlich. Denn diese נחלה ist ja auch für Jeremia nicht nur eine bestimmte Fläche, sondern sie ist eine ארץ הכרמל, ein Fruchtgartenland, wobei an Obstgärten, Oliven- und Feigenbäume zu denken sein wird(14). In 5,17 wird Jahwes Land - allerdings unter negativen Vorzeichen - als ein Land mit Getreide, Weinstöcken und Feigenbäumen, mit Schafen und Rindern und mit befestigten Städten beschrieben; und Israel kommt in dieses Land, um seine Früchte und Güter zu genießen. Daß Israel ausgerechnet dann abfällt, als Jahwe es mit diesem kostbaren Land beschenkt, kann nur Unverständnis hervorrufen; etwas derartiges ist noch nie geschehen (2,10-13). Gerade das Genießen der Früchte dieses Landes kann Israel eben nicht auf Jahwe zurückführen. Vielmehr verunreinigt es das Land, das bei Jeremia in einer ganz engen Beziehung zu Jahwe steht, nämlich als seine נחלה (15), durch seinen Baalskult.

Es zeigt sich, daß ebenso wie Hosea auch Jeremia nicht von den Gaben, die Israel im Lande erhält, spricht, um zu zeigen, wie fruchtbar Israels Land ist. Das Verweisen darauf ist nur ein Nebenprodukt seiner eigentlichen Absicht, Israels schuldhaften Abfall zu kanaanäischen Fruchtbarkeitskulten anzuklagen. Nur im Zusammenhang mit Israels Schuld in diesem Bereich wird die Fruchtbarkeit von Israels Land thematisiert. Trotz dieser Gemeinsamkeit in der Thematik zwischen der Frühzeitverkündigung Jeremias und der Verkündigung Hoseas ist doch auch eine weitgehende Differenz zu beobachten, die darin besteht, daß bei Jeremia der Akzent stärker auf das Land verlagert ist. Bei Hosea spielt das Land zwar insofern eine Rolle, als in der Gerichtsankündigung teilweise von der Verwüstung des Landes gesprochen wird; aber der Vorwurf gegen Israel lautet bei ihm, daß es die Landesgaben von den Liebhabern, d. h. von der Teilnahme an einem kanaanäisierten Jahwekult erwartet. Für Jeremia besteht Israels Schuld in denselben Praktiken; aber er sieht darin nicht nur ein Vergessen des wahren Spenders der Landesgaben, sondern eine Verunreinigung von Jahwes Eigentumsland. Das Land ist Jahwes נחלה schon bevor sein Volk darin wohnt, es ist allerdings nur für dieses Volk bestimmt, während es eine solche Beziehung Jahwes zum Land bei Hosea nicht gibt. Es sind die Weinberge der Ehefrau (Hos 2,17), die sie zwar von Jahwe erhalten hat, die aber nicht explizit auch unabhängig davon sein Eigentum sind. Jahwe zieht sich vielmehr nach der Zerstörung der Weinberge mit Israel in die Wüste zurück. Der Gedanke an die Verwüstung des Landes spielt in der Gerichtsverkündigung Jeremias eine sehr viel größere Rolle als bei Hosea; auch hier also eine Gewichtsverlagerung zum Land hin. Möglicherweise hängt die Akzentverlagerung auf das Land hin mit Jeremias Herkunft und Leben im Südreich zusammen, wo das Land und seine Fruchtbarkeit in vielen theologischen Entwürfen eine Rolle spielt. Eine sichere Entscheidung ist allerdings kaum möglich, zumal ein Reden von Jahwes נחלה im Südreich sonst nicht begegnet.

Weil Israels Schuld in der Frühzeitverkündigung im Zusammenhang mit den Landesgaben steht, kündigt Jeremia das Gericht in der Form an, daß Jahwe Israel die Landesgaben versagen wird (2,15; 3,3), das Fruchtgartenland wird zur Wüste werden (4,26). Wenn Israel Jahwes Land entweiht, wird es nicht in den Genuß der Gaben dieses Landes kommen. Jahwes נחלה, die er für Israel zum ארץ הכרמל gemacht hatte, wird durch Israels Tun wieder zur Wüste (vgl. 4,26 הכרמל המדבר). Diese Verwüstung des Landes ist allerdings nicht das direkte Ergebnis der Schändung durch Israel. Soweit geht Israels Macht nicht, daß es Jahwes נחלה zerstören könnte, sondern es kann sie nur entweihen. Die Zerstörung des Landes liegt allein in Jahwes Hand; nur der, der die Gaben gibt, kann sie auch wieder nehmen.

Land und Volk sind bei Jeremia aufs engste miteinander verbunden, Jahwes נחלה ist nur für Israel bestimmt. Wenn aber Israel diese נחלה nicht als Jahwes Eigentum ansieht, wird das, was vorher ein herrliches Land war, zur in 2,6 beschriebenen Wüste. Wenn Jahwe die Gaben genommen hat, muß Israel endlich einsehen, wem es sie zu verdanken hatte.

Dieses Zur-Wüste-Werden des Landes geschieht nicht auf einmal, sondern in mehreren Abstufungen. Israel könnte jeweils die weitere Verwüstung abwenden, wenn es zu Jahwe umkehren würde; aber es macht von dieser ihm gegebenen Möglichkeit keinen Gebrauch.

Das Gericht über Israel beginnt damit, daß Jahwe es nicht mehr regnen läßt. Nach 3,3 bleibt der für die Aussaat und das Wachsen des Getreides wichtige Frühregen(16) und der vor der Ernte nötige Spätregen aus. Hier wird erstmals im Nordreich Jahwe mit den regelmäßigen Regenfällen des Jahres explizit in Verbindung gebracht, während Elia sich noch darauf beschränkte, einen konkreten, die lange Dürre abschließenden Regen auf Jahwe zurückzuführen. Nicht mehr nur ein bestimmtes und auch außergewöhnliches Geschehen in der Natur, sondern auch die regelmäßig wiederkehrenden Abläufe werden hier Jahwe zugewiesen. Zwar sagt Jeremia nur, daß Jahwe den Früh- und Spätregen ausbleiben läßt; aber damit ist vorausgesetzt, daß er ihn im Normalfall gewährt.

Wegen Israels Abfall zum Baalskult versagt Jahwe ihm den Regen, den es nur von Baal meint erhalten zu können. Israel müßte dann eigentlich merken, wem es die zum Gedeihen der Früchte des Landes nötigen Niederschläge zu verdanken hat. Aber es tut nur verbal Buße und fährt mit seinen Kultpraktiken fort (3,5).

Jahwe läßt daraufhin noch einmal eine Dürre kommen (cap 14), "offenbar sehr viel schwerer und langanhaltender"(17) als die vorhergehende. Das Fruchtgartenland wird zu einem Land, in dem es kein Wasser mehr gibt und in dem nichts mehr wächst, selbst Tiere können in diesem Land nicht mehr leben (14,5 f). Aber Israel will immer noch nicht einsehen, wem es das Land mit seinen Gaben zu verdanken hat; die Umkehr beschränkt sich wieder auf Worte. Jahwe kann nur die Schuld Israels kontatieren, und diese Schuld wird offenbar in seinem kultischen Abfall, denn dieser ist sicher mit den Worten רגליהם לא חשכו אהבו לנוע gemeint(18). Israel läuft auf jeden hohen Hügel und unter jeden grünen Baum, um mit kanaanäischen Kultpraktken die Fruchtbarkeit des Landes zu sichern; und diese Praktiken sind Sympton für die tiefe Kluft, die zwischen Israel und Jahwe, dem Gott von Ägypten her, herrscht. Wenn aber Israel nicht von diesem Jahwe den Regen für sein Land erwartet, wird er ganz ausbleiben; von einem anderen ist er nicht zu erwarten. Daß die anderen Götter es nicht regnen lassen können, ist der beste Beweis für ihre Ohnmacht(19).

Wenn aber das Ausbleiben des Regens, dieses unmittlbarsten Eingreifen Jahwes zum Gedeihen- bzw. Nichtgedeihen-Lassen der Landesgaben, Israel noch immer nicht zur Umkehr bringt, wird Jahwe das Land durch Menschenhand vollends zerstören lassen (cap 4). Die Zerstörung des Landes, die Jeremia in V 23-27 näher schildert, weist aber deutlich auf Jahwe als den eigentlichen Urheber; nur er kann das Land zu der hier beschriebenen Wüste machen, zu der das Fruchtgartenland wird.

Die Beschreibung dieser Wüste erinnert in V 23 stark an Gen 1, auch wenn תהו ו wohl erst von der Septuaginta eingeführt wurde, um eine volle Übereinstimmung mit Gen 1,2 zu erzielen. Jahwe geht in seinem Gericht über Israel und das Land weit über ein bloßes Verweigern der Landesgaben hinaus; vielmehr führt er das Land in einen Zustand vor Beginn seines Schöpfungshandelns zurück, als noch nicht einmal das Licht geschaffen war. Finsternis ist ebenfalls ein Kennzeichen der Wüste in 2,6, allerdings hier mit צלמות ausgedrückt.

Auch die weiteren Kennzeichnungen der Wüste veweisen zumindest teilweise auf einen vorschöpfungsmäßigen Zustand: Die Berge sind nicht mehr fest gegründet (vgl. Ps 65,7 u. 104,5). Vom Beben der Berge bzw. der Erde ist auch in den Theophaniehymnen die Rede (vgl. Ps 99,1 u. 104,32). Da es in Jer 2 und 4 aber nicht um ein Kommen Jahwes geht und da die anderen hier über die Wüste gemachten Aussagen keine Entsprechung in den Theophanietexten haben, dürfte die Schilderung der Wüste durch Jeremia kaum von daher beeinflußt sein.

Vielleicht kann auch das Nichtvorhandensein von Menschen unter diesem Aspekt gesehen werden. Ebenso begegnet eine Bewässerung des Landes, sei es durch Regen oder durch Flußläufe in Schöpfungsaussagen (Ps 104,10-13). Die Trockenheit der Wüste, die in Jer 2,6 ausdrücklich genannt ist, könnte also eventuell auch als Zustand vor der Schöpfung interpretiert werden(20). Der Umstand, daß in cap 4 von einer zeitweisen Verweigerung des Regens nicht die Rede ist, könnte als Hinweis in diese Richtung gewertet werden. Es muß allerdings mit der Möglichkeit gerechnet werden, daß Jeremia hier einfach ein tatsächliches Kennzeichen der Wüste aufgenommen hat. Man wird wohl sagen können, daß für Jeremia die Wüste ein zumindest noch nicht vollständig geschaffenes Land ist. Jahwes Schöpfungshandeln ist erst im fruchtbaren Land wirklich zu Ende gekommen.

Allerdings begegnen explizite Schöpfungsaussagen bei Jeremia nicht, und der priesterschriftliche Schöpfungsbericht lag ihm natürlich noch nicht vor; aber es kann wohl damit gerechnet werden, daß ihm Vorstellungen, die von der Priesterschrift und den genannten Psalmen verarbeitet wurden, bekannt waren.

Mit der genauen eigenen Kenntnis der Wüste, die durch Jeremias Heimatort Anathot am Nordrand der Wüste Juda gegeben war, läßt sich die ausführliche Kennzeichnung kaum erklären(21); denn weder Finsternis noch ein Wanken der Berge sind Kennzeichen der Wüste Juda, auch daß kein Lebewesen vorhanden ist, trifft nicht zu.

Die Wüste, durch die Israel vor dem Kommen ins Fruchtgartenland zog, wird in 2,6 ähnlich beschrieben wie die durch Jahwes Gerichtshandeln entstandene Wüste. Es gibt zwar kaum einen gemeinsamen Wortschatz, aber auch in cap 2 ist die Wüste finster, ohne Menschen, und die Abgründe (שוחה) könnten den wankenden Bergen entsprechen.

Auch in Bezug auf die Wüste liegt eine Differenz gegenüber Hosea vor, für den zwar auch die Verleihung des Kulturlandes das Ziel von Jahwes Heilshandeln ist, für den aber durchaus auch die Wüste Jahwes Bereich ist, in den er sich mit Israel auch wieder zurückziehen kann. Auch bei Jeremia folgt Israel willig in der Wüste, aber sie ist nicht Jahwes נחלה ; Jahwe führt vielmehr Israel nur durch dieses unwirtliche Land, in dem es eigentlich gar keine Menschen gibt, hindurch.

In der späteren Verkündigung Jeremias wird über die Zerstörung des Landes hinaus auch eine Exilierung des Volkes angekündigt(22). Nur auf diese Weise kann es Jeremia vermeiden, eine völlige Vernichtung des Volkes anzusagen; denn in der Wüste, zu der das Kulturland wird, hätte Israel nicht überleben können. In der von ihm geschilderten Wüste ist ein Überleben nur möglich, wenn Jahwe hindurchführt (cap 2). Von einem Mitgehen Jahwes in die Wüste - wie es ja in der Gerichtsverkündigung Hoseas begegnet - redet Jeremia aber nicht. Die Möglichkeit einer Heilshoffnung bleibt dehalb nur durch eine zeitweilige Exilierung des Volkes. In der Fremde kann das

Volk überleben bis Jahwe das Land wieder aus einer Wüste zum Kulturland macht. Israel wird dort wieder Weinberge pflanzen und seine Früchte genießen können (31,5). Es ist keineswegs eine paradiesische Fruchtbarkeit, die Israel von dem neuen Heilshandeln Jahwes zu erwarten hat, nur dies, daß sich die Lebensbedingungen in dem augenblicklich verheerten Land wieder normalisieren werden und das Leben wieder weitergehen wird(23).

2.4. Die Prophetie des Südreiches

Jahwes Handeln im Zusammenhang mit den Gaben des Landes hat sich als ein beherrschendes Thema der Nordreichsprophetie dargestellt; im Süden tritt es dagegen stark in den Hintergrund.

Zwar kann etwa in Jes 5,10 eine Mißernte angedroht werden; aber das Interesse liegt hier im Bereich des sozialen Geschehens. Weil die Reichen immer mehr Reichtum in ihren Händen anhäufen, wird eine Mißernte sie völlig verarmen lassen. Nichts weist darauf hin, daß - wie es von der Prophetie des Nordreichs her zu erwarten wäre - dadurch Jahwe als der erkannt werden soll, dem die Ernte zu verdanken ist, sondern Jesaja will sagen, daß die Habgierigen ihren Reichtum wieder verlieren werden. Entsprechendes gilt für Am 5,11b und Mi 6,15, dessen Zuweisung zu Micha allerdings umstritten ist.

Amos sieht in der 2. Vision (7,4-6) eine Sonnenglut, die das Wasser des unterirdischen Ozeans (תהום) verzehrt, der die Fruchtbarkeit spendet, und die deshalb auch auf den Grundstücksanteilen des Einzelnen nichts wachsen läßt. Aber auch hier besteht kein eigenständiges Interesse an gerade diesem Handeln Jahwes; die Sonnenglut ist nur eine Möglichkeit neben anderen, mit denen Jahwe Israel vernichten könnte. Wie wenig relevant hier für Amos ein Zusammenbringen Jahwes mit den tatsächlichen Witterungsvorgängen ist, die über das Wachsen der Nahrungsmittel entscheiden, wird zudem schon daran deutlich, daß es in der Vision nicht um ein Ausbleiben des Regens geht, durch das in der Realität Palästinas die Felder ohne Wasser wären, sondern um die Vorstellung von einem unterirdischen Ozean, der die Quellen speist und dessen Vernichtung durch die Sonnenglut z. B. auch in der hethitischen Mythologie eine Rolle spielt(1).

Die Zusammenfassung der Verkündigung des Amos in Am 1,2, die die Vernichtung Israels in Form einer Dürre, die Wälder und Wiesen verdorren läßt(2), ankündigt, steht im Widerspruch zu Am 7,6, nach dem das Ende Israels nicht auf diese Weise kommen wird, und unterscheidet sich auch durch den hymnischen Stil von der Verkündigung des Amos. Sie ist deshalb nicht Amos selbst, sondern wohl einer judäischen Redaktion zuzuweisen(3).

Es läßt sich zusammenfassend feststellen, daß in der Prophetie des Südreiches weder die mangelnde Anerkennung Jahwes als Spender der Landesgaben durch Israel, noch ein Eingreifen Jahwes, durch das diese Anerkennung bewirkt werden soll, eine Rolle spielen. Daß Jahwe in diesem Bereich handelt, ist selbstverständliche Voraussetzung.

3. DIE AUSSAGEN ÜBER DIE FRUCHTBARKEIT DES LANDES IN DEN BEIDEN ÄLTEREN QUELLENSCHRIFTEN

3.1. Der Jahwist und die späteren Erweiterungen seines Werkes

Im jahwistischen Geschichtswerk(1) liegt, auch wenn man von den späteren Erweiterungen absieht, die umfangreichste alttestamentliche Schrift vor, in der Aussagen zur Fruchtbarkeit des Landes eine wichtige Rolle spielen. Es wird sich allerdings herausstellen, daß manche der Aussagen gerade zu dieser Thematik, die traditionell dem Jahwisten zugeordnet werden, sekundäre Zusätze zu seinem Werk sind.

3.1.1. Urgeschichte

Gen 2:

Erstmals für uns greifbar hat in Israel der Jahwist Urgeschichte und Heilsgeschichte miteinander verbunden und somit seine Darstellung des Handelns Jahwes mit der Schöpfung beginnen lassen. In dieser Erzählung von der Schöpfung steht die Erschaffung des Menschen und seiner Umwelt im Mittelpunkt, während das Weltganze nur in 2,4 b in den Blick kommt. Dort wird das im weiteren Verlauf der Erzählung geschilderte Geschehen in der Zeit angesetzt, in der Gott Himmel und Erde machte. Dabei ist zu vermuten, daß dieser Halbvers gar nicht vom Jahwisten selbst stammt, sondern als Überleitung vom P- zum J-Schöpfungsbericht gebildet wurde(2).

Die eigentliche Schöpfungserzählung beginnt mit vier Negationen. Durch sie wird in Gen 2,5 als noch nicht vorhanden eine Umwelt geschildert, wie sie dem Bauern in Palästina täglich vor Augen steht. Sie besteht aus שיח und עשב , wobei das Letztere die Nutz- und Kulturpflanzen meint, während die Bedeutung von שיח umstritten ist. Oft wird an die Strauchgewächse der Steppe gedacht(3). Dagegen spricht aber, daß sowohl für die עשב als auch für die שיח der שדה als Standort genannt wird und daß auch שיח mit der Feldarbeit des Menschen in Verbindung gebracht wird(4). Deshalb legt es sich nahe, in שיח das auf dem Kulturland wachsende Gesträuch zu sehen.

Erforderlich für das Gedeihen dieser Pflanzen ist der Regen Jahwes und die Feldarbeit des Menschen, die beide ebenfalls noch nicht vorhanden sind.

Im weiteren Verlauf der Erzählung geht es aber nicht um die Erschaffung der in Gen 2,5 geschilderten bäuerlichen Umwelt. Es wird vielmehr nur von der Schöpfung des Menschen erzählt und von einem Garten, den Jahwe dem Menschen pflanzt. Bei diesem Schöpfungshandeln wird die Erde nicht vom Regen, sondern von einem wohl ursprünglich aus einer anderen Tradition übernommenen אד befeuchtet(5). Die Übersetzung dieses Wortes ist umstritten. Von Rad schlägt

"Grundwasser" vor(6) und Westermann "Wasserschwall"(7), wofür er auf mesopotamische Entsprechungen verweist(8). Auch lehnt er die Vorstellung ab, der אד habe zur Befeuchtung der Erde bei der Erschaffung des Menschen gedient(9). Nach seiner Ansicht wollte der Jahwist von der Schöpfung ganz unanschaulich berichten und Jahwe nicht etwa als Töpfer erscheinen lassen, weshalb er von der Schöpfung aus Staub(10) vom Erdboden sprach. Aber es wäre dann nicht einzusehen, weshalb der Jahwist den V 6, der ja aus einem anderen Traditionszusammenhang stammt, aufgenommen haben sollte, zumal er sich mit V 5, wo vom Regen die Rede ist, stößt. Der von Jahwe geschaffene Mensch (אדם) steht in einer engen Verbindung zur אדמה (11): Er ist aus ihr gebildet und sie kann nur dann einen Ertrag liefern, wenn sie vom אדם bebaut wird. Die Intensität dieser Zuordnung wird auch deutlich in dem Fluchwort Gen 3,17 ff; denn der, der gestraft werden soll, ist der Mann, verflucht jedoch wird sein Ackerboden, der in der Erzählung vom Sündenfall gar keine Rolle spielt.

Als Umwelt für den Menschen wird zunächst, wie schon erwähnt, nicht die in 2,5 beschriebene, auf den Regen angewiesene Welt mit Nutzpflanzen, aber auch Unkraut bereitgestellt. Jahwe pflanzt vielmehr dem Menschen einen Garten(12). Da die Anlage von Parks im Alten Orient wenig verbreitet war(13), handelt es sich bei dem גן sicher um einen Nutzgarten. Durch den Zusammenhang mit V 9, der ja ursprünglich einem anderen Traditionszusammenhang entstammt, wird der Garten näher als ein Garten mit Bäumen bestimmt. Der Gedanke der Versorgung des Menschen mit Nahrung steht in V 8 auf jeden Fall im Vordergrund. Der für den Menschen gepflanzte Garten wird im Unterschied zu der in V 5 beschriebenen bäuerlichen Welt nicht vom Regen, sondern von einem Strom bewässert (V 10). Auch hat der Mensch nicht, wie es nach V 5 zu erwarten wäre, die Aufgabe, die אדמה zu bebauen; er soll vielmehr den von Jahwe gepflanzten Garten bebauen und bewahren. Diese Wendung erscheint nur in 2,15, während im Zusammenhang mit der אדמה in 2,5 und 3,23 nur vom Bebauen die Rede ist(14). Bewahrt werden kann nur der schon vorhandene Garten, während die אדמה immer wieder neu bebaut werden muß.

Nach der Vorstellung des Jahwisten wuchs allerdings der Garten sicher auf der אדמה , andernfalls wäre der אדם durch das Leben im Garten aus seiner schöpfungsmäßigen Verbindung mit der אדמה herausgerissen. Außerdem wäre der Unterschied zwischen der אדמה vor und nach dem Fluch unklar(15).

Es ist durchaus damit zu rechnen, daß auf einer vorjahwistischen Überlieferungsstufe, deren Anliegen noch nicht die Aussagen über das Leben der Menschen auf der אדמה war, der Mensch aus dem Garten in die Steppe oder Wüste hinaus vertrieben wurde. Eine solche Tradition wäre dann in nomadischen Kreisen anzusiedeln. Der Jahwist will dagegen sicher den Garten in V 8 ganz bewußt in Gegensatz zur in V 5 beschriebenen bäuerlichen Umwelt setzen. Auf sie nimmt er erst mit den Fluchsprüchen wieder Bezug.

Es kann nicht gesagt werden, daß die Angaben in V 5 lediglich der zeitlichen Bestimmung des Nachsatzes in V 7 dienen und daß es nicht so wichtig ist, was in V 5 als noch nicht vorhanden bezeichnet wird(16). Dazu sind die Anklänge an die in den Fluchworten 3,17-19 geschilderte Welt zu groß(17). Für einen vorjahwistischen Zusammenhang, in dem Gen 2,5 stand, mag die eben genannte Auffassung allerdings zutreffend sein.

Auch das Aufgreifen der Formulierung לעבד את האדמה aus 2,5 in 3,23 - mit diesem Vers rundet der Jahwist den Komplex Gen 2 f ab - spricht dafür, daß der Jahwist in 2,5 ganz bewußt die Welt sah, in die der Mensch erst nach dem Sündenfall versetzt ist.

Es läßt sich zusammenfassend feststellen, daß in Gen 2 die Erschaffung des Menschen und die Bereitstellung eines Gartens mit Fruchtbäumen für ihn geschildert wird. Das Thema des Lebensraums, der den Menschen nährt, spielt damit von Anfang an im jahwistischen Geschichtswerk eine Rolle. Dabei ist die in Gen 2,5 geschilderte bäuerliche Umwelt zunächst nicht vorhanden, da der Mensch im von Jahwe gepflanzten Garten lebt.

Gen 3,17 ff

In Gen 3,17 ff wird nach der Unterbrechung durch die Erzählung vom Leben des Menschen im Garten erstmals wieder auf die 2,5 geschilderte bäuerliche Umwelt Bezug genommen. Das Stichwort אדמה wird wieder aufgenommen, es ist die Rede vom עשב השדה und die Disteln und das Dornengestrüpp sind als Präzisierung der שיח von 2,5 anzusehen(18).

Die Welt, wie sie dem Bauern in Palästina täglich vor Augen steht, ist nach der Konzeption des Jahwisten also nicht die vom Schöpfer ursprünglich für den Menschen vorgesehene Umwelt. In sie wird er erst nach dem Sündenfall versetzt. Der 2,5 beschriebene Ackerboden wird jetzt in 3,17 ff als der geschildert, der verflucht ist, im Unterschied zu dem, der dem Menschen den Garten getragen hat. In 2,5 selbst ist dieser negative Aspekt allerdings noch nicht zu spüren. Die אדמה ,die עשב und שיח hervorbringt, erscheint hier nicht als eine אדמה unter dem Fluch. Statt dessen wird das Noch nicht Vorhandensein der geschilderten Umwelt damit begründet, daß Jahwe es noch nicht regnen ließ und daß es zur Bebauung der אדמה den Menschen noch nicht gab. Es ist deshalb damit zu rechnen, daß 2,5 ursprünglich in einer Erzählung von der Erschaffung des Menschen und seiner bäuerlichen Umwelt stand.

Auch an diesem Beispiel wird deutlich, daß der Jahwist in seinem Werk verschiedene Traditionen aufgenommen hat.

Weil der Jahwist den Menschen in enger Verbindung zum Ackerboden sieht, trifft der Fluch, unter dem der Mann zu leiden hat(19), nach der Übertretung von Jahwes Gebot gerade diesen Bereich.

Wiederholt ist der Versuch gemacht worden, den Fluchspruch in eine Bauern- und eine Nomadenversion aufzuteilen(20). Mit den Dornen und Disteln in V 18 sind jedoch - wie die anderen alttestamentlichen Stellen (z. B. Jer 4,3; 12,12; Jes 32,13) nahelegen - die Unkrautpflanzen im Getreidefeld gemeint und nicht die Pflanzen der Steppe, so daß auch bei diesen Worten das Leben des Bauern vor

Augen steht. Es ist deshalb mit einem ursprünglich einheitlichen Fluchwort zu rechnen, dem mehrere Zusätze zugewachsen sind. Dabei griff der Jahwist auf altes, sicher nicht ad-hoc formuliertes Material zurück, das er mit der ursprünglich ohne Fluchwort überlieferten Erzählung vom Sündenfall verband(21). In dieser ersten Sündenfallerzählung wurde das Vergehen des Menschen nur mit der Vertreibung aus dem Garten geahndet. Der Inhalt der Fluchworte jedoch steht in keinem direkten Zusammenhang zum begangenen Unrecht. Vielmehr hat er Grundbefindlichkeiten des menschlichen Lebens zum Inhalt.

Der Fluch bewirkt eine Störung im Verhältnis zwischen dem Menschen und seiner אדמה : Zum einen muß er sich jetzt seinen Lebensunterhalt aus der אדמה selbst beschaffen, zum anderen wird diese Arbeit von Mühe und Mißerfolg begleitet sein(22). In seiner jetzigen Fassung sagt der Fluchspruch auch einen Wechsel in der Nahrung des Menschen aus (V 18)(23). Sie besteht jetzt aus dem Kraut des Feldes(24), das neben den Disteln und dem Dornengesträuch wächst. Die Früchte des Gartens stehen nicht mehr zur Verfügung(25).

Der Jahwist hat in Gen 2 und 3 verschiedene Traditionen aufgenommen und aus diesen teils schon vor ihm verbundenen Elementen einen Gesamtaufriß geschaffen, nach dem der Mensch in enger Beziehung zur אדמה steht, aus der er genommen ist, wobei es ihm aber nicht von Anfang an bestimmt war, sich seine Nahrung aus der אדמה selbst zu beschaffen. Vielmehr pflanzte Jahwe ihm zunächst auf der אדמה einen Garten, der zwar auch bearbeitet werden mußte, der aber ohne Mühsal Nahrung bot. Erst als Folge des Sündenfalls ist der Mensch ohne diese Hilfe Jahwes bei der Suche nach seinem Lebensunterhalt auf die אדמה gewiesen, die zudem jetzt unter dem Fluch Jahwes steht.

Gen 4,2-16

Nach der Entfernung des Menschen aus dem Garten erscheint in Kap. 4 auch die Möglichkeit einer Vertreibung von der אדמה . Es muß dabei beachtet werden, daß für den Jahwisten die אדמה zunächst der Lebensbereich sowohl für Kain als auch für Abel ist. Zwar ist nur Kain ein עבד האדמה ; doch ist die אדמה auch der Raum, auf dem der Kleinviehhirte seine Tätigkeit ausübt. Gegenüber Gen 3,23 ist hier eine fortscheitende soziale Differenzierung zu erkennen. Das Bebauen der אדמה ist nicht mehr Aufgabe aller auf der אדמה lebenden Menschen(26). Aber das מן האדמה erscheint erst bei der Strafe über Kain in 4,11.

Daß der Jahwist auch in der Urgeschichte אדמה nicht nur in der Bedeutung "Ackererde" verwendet wird, abgesehen von Gen 4, vor allem in Gen 7,4 u. 8,21 deutlich, wo der Vernichtungsbeschluß Jahwes ganz eindeutig allen Lebewesen und nicht etwa nur denen des Ackerbodens gilt und wo auch die Aufhebung dieses Beschlusses sich auf die ganze Erde bezieht. Nur in der Wendung עבד האדמה , mit der der Jahwist die Tätigkeit des Bauern umschreibt, und in der Bezeichnung des Bauern als איש האדמה (Gen 9,20) hat אדמה die besondere Bedeutung Ackererde. Dasselbe gilt für die Verwendung des Wortes in den vom Jahwisten aufgenommenen Fluchsprüchen Gen 3,17-19. Der Jahwist selbst sieht jedoch den Fluch nicht als auf die Lebensgrundlage des Bauern beschränkt an; sonst wäre in den Sprüchen eine Strafe für den Bauern und nicht für den Menschen allgemein ausgesprochen. In den Vätererzählungen wird dann in Gen 12,3 nochmals die umfassende Bedeutung von אדמה beim Jahwisten deutlich.

Auch die nomadischen Väter leben nach seiner Vorstellung auf der אדמה ebenso wie alle anderen Menschen, die er unter dem Begriff משפחת האדמה zusammenfaßt, und zwar leben sie alle auf einer אדמה , die von Gen 3,17 her unter dem Fluch steht. Zu den משפחת האדמה , die an Abraham bzw. an seinen Nachkommen Segen gewinnen sollen(27) gehört z. B. auch der Kleinviehnomade Laban, dessen Herden zahlreicher werden (Gen 30,27).

Zu einem Verheißungsinhalt wie teilweise im Dtn (7,13; 11,9.21) kann von diesem Konzept her אדמה beim Jahwisten nicht werden. Die Landverheißung ist bei ihm in Gen 12,1-3 wie an allen anderen Stellen mit ארץ gekoppelt.

Die Verse 11 und 12, die die Strafe Kains zum Inhalt haben, sind aus zwei verschiedenen Elementen zusammengesetzt, nämlich aus dem V 11a u. 12b, deren Fluchworte formal dem Fluch über die Schlange in 3,14 gleichen, und V 11b u. 12a. Auf letztere führt V 10aß.b hin; dabei liegt ein magisches Verständnis der Strafe zugrunde, nach dem die Ackererde das Blut aufgenommen hat und deshalb keine Frucht mehr gibt.

Neben der Strafe, die einmal durch einen magischen Vorgang gewirkt wird, das andere Mal durch ein Fluchwort, besteht in der Erzählung insofern ein Unterschied, als im erstgenannten Vorstellungszusammenhang Kain die אדמה zunächst weiterhin bebaut, sie ihm aber keinen Ertrag mehr gibt, während sich im anderen Zusammenhang Kain von der אדמה entfernen muß. Da die Fluchthematik sich in Gen 3 als für den Jahwisten bezeichnende Zufügung zur vorgegebenen Tradition herausgestellt hat, ist für Gen 4 der analoge Vorgang anzunehmen. Nach dem Konzept des Jahwisten hat die אדמה auch im verfluchten Zustand dem Menschen eine Lebensgrundlage geboten, und sie war Lebensbereich aller Menschen, nicht nur derer, die sie bebauten. Diese Lebensgrundlage wird Kain genommen, womit ihm wegen der umfassenden Bedeutung von אדמה jegliche Lebensgrundlage genommen ist. Er wird von der אדמה fort verflucht und soll in seinem neuen Daseinsraum, der ארץ unstet und flüchtig sein.

Er ist aber nicht etwa zum Nomadendasein verflucht. Diese Deutung liegt zwar nahe, wenn man Gen 4,2-16 stammesgeschichtlich deutet und mit den Kenitern in Verbindung bringt(28). Dafür ist aber "unstet und flüchtig" keine treffende Charakterisierung. Zudem hat sich gezeigt, daß für den Jahwisten die אדמה der Lebensraum auch für die Nomaden ist.

Dieser Fluch weg von der אדמה ist ganz eindeutig eine Strafe, die sich gegenüber dem Leben auf der verfluchten אדמה noch einmal steigert. Jetzt steht erstmals ein Mensch ganz unter dem Fluch und ist damit ausgeschlossen aus dem Lebensraum und der Gemeinschaft aller Menschen; er gehört nicht mehr zu den משפחת האדמה , die nach Gen 12,3 Segen gewinnen sollen. Die Strafe der völligen Entfernung von der אדמה trifft aber im Unterschied zu den in Gen 3 verhängten Strafen nicht den Mann, bzw. die Frau, sondern nur eine bestimmte Person, hier Kain. Es soll hier also nicht eine Grundbefindlichkeit allgemeinmenschlichen Lebens erklärt werden, sondern eine nur in Einzelfällen auftretende Situation völligen Ausgeschlossenseins von jeglicher Lebensgrundlage. Verflucht ist lediglich Kain(29).

Das heißt auch, daß nicht etwa alle im sog. Kainitenstammbaum angeführten Nachkommen Kains unter dem Fluch stehen(30). An der Gestalt des Abel wurde in Gen 4,2 deutlich, daß für den Jahwisten auch der, der kein Bauer ist, nicht unter einem besonderen Fluch steht; die von Gott gewollte menschliche Existenzform ist nicht nur die des Bauern(31). Der Jahwist sah mit Sicherheit nicht die Städter, Musikanten, Nomaden und Schmiede grundsätzlich als verflucht an. Auch Nachkommen Kains können für ihn durchaus wieder Bauern sein, wie an Noah, dem Sohn Lamechs deutlich wird (5,29; 9,20). Auch das Nomandendasein Abrahams kann keineswegs die Lebensweise von verfluchten Kainiten sein(32). Denn zum einen ist Kain nicht zum Nomadentum verflucht, zum anderen ist nur er verflucht - zur Unstetigkeit -; also kann es auch keine zum Nomandentum verfluchten Kainiten geben.

Als einen gegenüber Gen 3,17-19 gesteigerten Fluch, der aber nur jeweils einen einzelnen Menschen trifft, sieht der Jahwist somit den Ausschluß aus der Lebensgemeinschaft der Menschen auf der אדמה . Dem davon betroffenen Menschen ist damit jeglicher Lebensraum, der Nahrung bietet, genommen, nicht einmal mehr die Erträge der mit Mühe zu bearbeitenden, verfluchten אדמה stehen ihm zur Verfügung.

Das Fernsein von allen durch Jahwe den Menchen gewährten Nahrungsmitteln ist für den Jahwisten, für den der Lebensraum des Menschen von Anfang an eine Rolle spielte, die extreme Möglichkeit des Fluches Jahwes.

Gen 8,21 f:

Im Epilog nach der Sintflut gibt Jahwe eine Zusicherung für den Fortbestand der tages- und jahreszeitlichen Ordnungen, zu denen auch der Rhythmus von Saat und Ernte gehört. Er hebt damit den Vernichtungsbeschluß über die אדמה auf.

Wegen des teilweise wörtlichen Anklangs an Gen 3,17 wird von einigen Auslegern die Ansicht vertreten, in Gen 8,21 werde der Fluch über die Ackererde außer Kraft gesetzt(33). Der begründende כי -Satz in V 21 spielt jedoch deutlich auf Gen 6,5 an, also auf den Prolog vor der Sintflut an, so daß auch die vordere Satzhälfte auf den Vernichtungsbeschluß vor der Sintflut zu beziehen ist. Sprachliche Anklänge an Gen 3 sind zudem nur in sehr beschränktem Umfang vorhanden. Sowohl in Gen 3,17 als auch in 8,21 geht es um ein Verhalten Jahwes gegenüber dem Erdboden, das seinen Anlaß in einem

Tun des Menschen hat (האדמה בעבורך bzw. את האדמה בעבור האדם), wobei das Tun, bzw. Nicht-Tun Jahwes aber jeweils mit einem anderen Verb wiedergegeben ist. Das כל ימי in 8,22 erinnert an 3,17. Im einen Fall geht es jedoch um die Lebenszeit des Menschen, im anderen um die der Erde. Die Anklänge sind sicher beabsichtigt, denn Jahwe gerantiert in 8,22 gerade angesichts der Tatsache, daß sich der Mensch sein Leben lang nur mit Mühe von seinem Acker ernähren kann, daß dennoch, solange die Erde besteht, Saat und Ernte nicht aufhören werden. Eine Aufhebung des Gen 3 ausgesprochenen Fluches wird aber keineswegs ausgesagt.

Hinzu kommt der sachliche Einwand, daß die in Gen 3,17 ff bezeichneten Tatbestände ja nach der Flut andauern und durch die Aussage in 8,21 f gar nicht berührt werden.

Umstritten ist die Übersetzung des Verbs קלל pi in V 21, das nur an dieser Stelle mit Gott als Subjekt erscheint(34) und das nie für einen kultischen Fluch gebraucht wird. Völlig bedeutungsgleich mit dem ארור in 3,17 ist es deshalb sicher nicht. Die vorgeschlagenen Übersetzungen variieren jedoch, je nachdem, ob von den Auslegern in 8,21 f ein Rückbezug auf 3,17 ff gesehen wird oder nicht. Ist dies der Fall, wird übersetzt mit "nicht mehr als verflucht betrachten"(35), während Steck vorschlägt: "nicht noch einmal will ich den Erdboden geringschätzig behandeln."(36) Dabei kann er sich z. B. auf Prov 20,20 und 30,11 berufen.

In bezug auf den Vernichtungsbeschluß vor der Sintflut hätte demnach 8,21 a dieselbe Bedeutung wie 8,21 b, nur das eine Mal mehr im Blick auf die Erde, das andere Mal mehr auf die Lebewesen. Beides will Jahwe nicht noch einmal vernichten. Er will dem אדם seine אדמה lassen, die aber durchaus auch jetzt unter dem Fluch von Gen 3 steht.

Die negative Aussage von V 21 wird in V 22 ins Positive gewendet. Jahwe will die Erde nicht nur nicht mehr um des Menschen willen vernichten, sondern er garantiert auch für die Dauer des Bestandes der Erde das Fortbestehen der jahres- und tageszeitlichen Ordnungen, so u. a. den Rhythmus von Saat und Ernte. Dabei ist anzunehmen, daß der Jahwist hier bereits vorgeprägtes Gut übernommen hat.

Von einem Segen, der anstelle des Fluchs von Gen 3 tritt(37), ist in dem Vers jedoch nicht die Rede. Vielmehr wird hier die Dauerhaftigkeit von Tatbeständen ausgesagt, die auch durch den Fluch nicht außer kraft gesetzt waren. Der Wechsel von Saat und Ernte an sich ist noch kein Segen. Zum Segen gehört zudem ein Adressat, dem der Segen zugesprochen wird. In 8,12 f handelt es sich jedoch um ein "Selbstgespräch" Jahwes.

Ob in 8,22 eine Abwehr gegen kanaanäische Fruchtbarkeitskulte zu sehen ist(38), erscheint fraglich. Rendtorff meint, der Jahwist wolle hier gegenüber einer kultischen Sicherstellung der Fruchbarkeit der Erde betonen, der Wechsel der Jahreszeiten und die Fruchtbarkeit der Erde hätten ihren Grund allein in Jahwes Zusage. Diese Frontstellung legt sich vom Textzusammenhang her jedoch nicht nahe; vielmehr ist 8,21 f ganz auf Jahwes Vernichtungsbeschluß vor der Sintflut bezogen. Zudem ist auch sonst beim Jahwisten nirgends eine

Auseinandersetzung mit kanaanäischen Kulten erkennbar. Das schließt nicht aus, daß die Stelle in einer Zeit, in der die Auseinandersetzung mit den Fruchtbarkeitskulten eine größere Rolle spielte, in diesem Sinn interpretiert wurde.

Nicht in Aufhebung, sondern angesichts des Fluches über den Ackerboden von Gen 3 sichert Jahwe nach 8,22 zu, daß es, solange die Erde besteht, immer wieder Saat und Ernte geben wird(39).

Gen 5,29 und 9,20

Die Tradition von Noah, dem Weinbauer, in Gen 9,20 hatte ursprünglich keinen Bezug zur Sintfluterzählung und ist auch unabhängig von der Erzählung 9,21-27 entstanden(40). Vielmehr gehört 9,20 zusammen mit 5,29 zu den Überlieferungen von den Kulturerrungenschaften in der Urzeit. Sie sind eingefügt in die urzeitlichen Genealogien, wobei 5,29 in einen priesterschriftlichen Zusammenhang eingebunden ist. Dafür, daß der Vers dennoch vom Jahwisten stammt, spricht zum einen die Verwendung des Namens Jahwe, zum anderen die Tatsache, daß auch alle anderen Texte von Kulturerrungenschaften dem Jahwisten zuzuweisen sind(41).

5,29 gehörte somit ursprünglich zur Genealogie von 4,17 ff, die mit Lamech, der auch nach 5,28 f der Vater Noahs ist, endet(42). Auffallend ist dabei, daß die Notiz über den Trost, den Noah bringen wird, jetzt im Zusammenhang der priesterschriftlichen Sethitenliste steht, während sie ursprünglich zur jahwistischen Kainitenliste gehörte. Offensichtlich konnte ein Endredaktor des Pentateuch Noah, den Ackermann, nicht als einen Nachkommen des vom Ackerboden weg verfluchten Kain gelten lassen, während der Jahwist diesen Fluch auf Kain selbst beschränkt sah und seine Nachkommen wieder in enger Verbindung mit dem Acker sehen konnte(43).

Da Namenserklärungen immer aus einem einfachen Satz bestehen(44) und nicht wie in 5,29 aus einem Doppelsatz, ist mit einer ursprünglichen Formulierung "der wird uns trösten von unserer Arbeit" zu rechnen, die vom Jahwisten durch einen Bezug auf Gen 3,17 erweitert wurde. Aus dem Vers geht nicht eindeutig hervor, auf welche Weise dieser Trost geschehen wird; aber die Verbindung mit 9,20 legt sich nahe, da an beiden Stellen auf die אדמה Bezug genommen wird. Zwar wird vom Wein sonst nie im Zusammenhang mit dem Verb נחם pi geredet, aber doch mit dem in der Bedeutung nicht allzu weit davon entfernten שמח pi. Ein Bezug auf Gen 8,21 f(45) ist jedenfalls ausgeschlossen, da es hier um ein Tun Jahwes und nicht Noahs geht.

Nachdem die Nahrung des Menschen seit der Vertreibung aus dem Garten auf die עשב השדה beschränkt war, pflanzt Noah nach 9,20 als erster einen Weinberg. Auf demselben verfluchten Ackerboden, der die Dornen und die Disteln trägt, wächst jetzt auch der Weinstock. Die Nahrung ist damit nicht mehr auf das Lebensnotwendige beschränkt, sondern es kommt ein Produkt hinzu, das ein Trost bei der harten Arbeit ist (ähnl. Prov 31,6 f). Der Wein dient dazu, den Menschen zu erfreuen (Ps 104,15), und das Sitzen unter dem Weinstock und Feigenbaum ist Symbol des Lebens in der Messianischen Zeit (z. B. Mi 4,4).

Sieht man 5,29 als Hinweis auf 9,20 an, so zeigt sich, daß für den Jahwisten das Pflanzen des Weinstocks ein Trost ist in der Situation des Fluchs über den Ackerboden. Davon, daß der Anfang des Weinbaus in die Zeit des Segens gehört - so etwa Rendtorff(46) -, ist nicht die Rede. Das Pflanzen eines Weinberges an sich kann nicht als Zeichen eines Segens über die Erde verstanden werden. Segen ist im Bereich der Fruchtbarkeit immer eine Mehrung über das normale Maß hinaus(47). Schon das Verb נחם pi in 5,29 ist ein Hinweis darauf, daß die Situation des Fluches weiterhin andauert. Denn das Trösten hat seinen Sitz im Leben immer in einer Situation des Leides.

Die unter dem Fluch stehende אדמה bringt als Trost für den unter diesem Fluch leidenden Menschen den Weinstock hervor. Das Pflanzen des ersten Weinberges ist das letzte, was der Jahwist in der Urgeschichte über die אדמה sagt.

Der Jahwist hat erstmals in Israel - zumindest soweit das heute feststellbar ist - eine Darstellung der Geschichte Jahwes mit seinem Volk mit der Urgeschichte verbunden. Er hat damit die Geschichte Israels vor den Horizont eines weltumfassenden Handelns Jahwes gestellt. Während er für diese Verbindung keine Vorbilder hatte, waren einzelne von ihm in der Urgeschichte verwendete Traditionen schon vorher in Israel aufgenommen und wahrscheinlich auch zu einem größeren Zusammenhang verbunden worden(48). Die Paradieserzählung mit dem Vorbau der Menschenschöpfung ist ein Beispiel für eine solche dem Jahwisten schon vorgegebene Komposition(49). Sowohl in cap 2 als auch in cap 3 wird die eigentümliche Wendung יהוה אלהים verwendet. Die vorjahwistische Verbindung der beiden Erzählungen dürfte aber eine lockere gewesen sein. Die jetzige kunstvolle Verflechtung ist sicher auf den Jahwisten zurückzuführen.

Während der Gesamtaufriß des Jahwisten mit Urzeit und Flut auf altorientalische Vorbilder zurückgeht, sind für die einzelnen für unser Thema relevanten Elemente seiner Urgeschichte - hier ist besonders an Gen 2 f zu denken - bisher keine direkten Vorbilder bekannt. Auffallend ist die völlige Andersartigkeit der jahwistischen Schöpfungsvorstellung gegenüber den in Ps 89 und 104 greifbaren jerusalemischen Traditionen. Die Beschränkung des Blickfeldes auf die Umwelt des Menschen mit ihren Pflanzen und Tieren machen eine Ansetzung des Jahwisten in einem ländlichen Traditionskreis wahrscheinlich(50). In seinem Geschichtswerk gibt es keinerlei Hinweise darauf, daß ds Zusammenbringen Jahwes mit urzeitlichem Handeln Schwierigkeiten bereitet hätte, etwa indem es anderen Gottheiten hätte abgesprochen werden müssen.

Diese Beobachtung und der bereits erwähnte ihm schon vorgegebene Traditionsprozeß legen es nahe, im Jahwisten nicht den zu sehen, der erstmals das urzeitliche Geschehen und damit auch die Erschaffung und das immer wieder neue Gedeihenlassen der Nahrungsmittel Jahwe zugesprochen hat.

W. H. Schmidt(51) wirft die Frage auf, ob die Überlieferung der jahwistischen Erzählung von Gen 2 nicht weit in die frühisraelititsche Epoche zurückreicht,ohne allerdings deutlich zu machen, ob er an eine genuin israelitische Tradition denkt oder an eine frühe Übernahme. Wallis(52) sieht hinter Gen 2 f eine Tradition vom Schöpfergott

Jahwe, die in aramäischen Halbnomadengruppen erzählt wurde. Seine Ausführungen dazu haben sehr hypothetischen Charakter. Richtig gesehen ist aber, daß die Erzählung vom Paradiesgarten und von der Vertreibung aus ihm ursprünglich wohl die Steppe als Aufenthaltsort des vertriebenen Menschen sah, sie also aus nomadischen Kreisen stammt. Die אדמה ist sicher nicht der ursprüngliche Aufenthaltsort des vertriebenen Menschen. Es hat sich ja gezeigt, daß auch beim Jahwisten die Schwierigkeiten in bezug auf den Aufenthaltsort nicht ganz beseitigt sind(53). Bei der eigentliche Schöpfungserzählung in Gen 2 spricht allerdings nichts für nomadische Herkunft; denn die Erde wird hier nicht vor der Erschaffung des Menschen als Wüste gekennzeichnet(54); Es wird nur gesagt, daß die Gewächse und der Regen, die zum jetzigen Dasein gehören, noch nicht vorhanden waren. Mehr als diese andeutenden Überlegungen über die Herkunft von Gen 2 f sind hier nicht möglich. Offen bleibt auch, ob - wie Wallis(55) annimmt - ursprüngliche Jahwetraditionen verarbeitet sind.

Nach dem Zeugnis des Jahwisten wächst dem aus dem Ackerboden geschaffenen Menschen auf diesem Boden zunächst ein Garten. Nach dem Ungehorsam des Menschen trifft der Fluch den Ackerboden, dessen Fruchtbarkeit nicht aufgehoben wird, der aber auch Disteln und Dornen hervorbringen wird und dessen Bearbeitung mit Mühe verbunden sein wird. Die menschliche Nahrung ist nach dem Fluch beschränkt auf das, was auf diesem Ackerboden wächst. Der Garten, den Jahwe dem Menschen gepflanzt hatte, steht nicht mehr zur Verfügung.

Für die אדמה gilt aber auch die Zusage, daß es, solange die Erde besteht, immer Saat und Ernte geben wird, und auf ihr wächst der von Noah gepflanzte erste Weingarten, dessen Früchte Trost bringen in der Mühe der Arbeit mit diesem Ackerboden. Der Fluch über ihn ist damit keineswegs aufgehoben. Er lastet auch am Ende der Urgeschichte auf der אדמה

3.1.2. Vätererzählungen

Obwohl die Patriarchen nach alttestamentlicher Darstellung Nomaden sind, die noch auf die Seßhaftwerdung im ihnen verheißenen Land warten, ist an zwei Stellen in den Vätererzählungen die Rede davon, daß Jahwe ihrem Ackerbau Gedeihen gibt.

Gen 26,12 ff

Nach Gen 26,12 äußert sich der Segen Jahwes über Isaak u. a. in einem hundertfältigen Ernteertrag, nachdem Isaak in Gerar, wohin er wegen einer Hungersnot gezogen war, ausgesät hatte.

Westermann(1) weist das ganze cap 26 nicht dem Jahwisten zu, sondern einem späteren Redaktor, und zwar mit der Begründung, daß Gen 25,28 zu Gen 27 überleite, Gen 26 wie auch Gen 25,29-34 also spätere Zusätze sein müssen.

Da jedoch - wie unten zu zeigen sein wird(2) - Gen 27 nicht dem Jahwisten, sondern einer späteren Bearbeitungsschicht zuzuweisen ist und damit auch Gen 25,28 als Überleitung dahin als spät anzusehen ist, kann Gen 26 in seinem Grundbestand durchaus auf den Jahwisten zurückgehen. Bei der Erzählung von Isaak und Rebekka in Gerar gibt es keinen Grund, sie dem Jahwisten abzusprechen, während bei der Erzählung vom Streit Isaaks mit den Philistern (V 12-32) Westermann zuzustimmen ist, der sie einem späteren Redaktor zuweist. In V 12-14 spricht die Schilderung des großen Reichtums, der sogar den Neid der Philister erregte, dafür, die Stelle dem Jahwisten abzusprechen, der die Lebensverhältnisse der Patriarchen viel beschränkter sah, wie Gen 13,5-12 oder Gen 30,25 ff, wo jeweils nur eine Einzelperson als Gegenspieler auftritt, deutlich machen. Die Notiz über den hundertfältigen Ernteertrag ist dann nicht Bestandteil des jahwistischen Werkes.

Die Segensverheißung in Gen 26,3a intendiert im Unterschied zu Gen 12,1-3 eine volle Erfüllung bereits zu Lebezeiten Isaaks, die ja auch in V 12-14 berichtet wird, so daß auch sie kaum den Jahwisten zuzurechnen ist. Zudem ist der Verheißungskomplex V 2 f in der Erzählung von Isaak in Gerar störend; denn in dieser Erzählung zieht Isaak nach Gerar. Davon, daß er nach Ägypten will, ist keine Rede. Das Verbot des Ziehens nach Ägypten wurde sicher im Rückgriff auf Gen 12,10-20 gebildet.

Gen 26,3b-5 ist nochmals späterer Zusatz, der thematisch über die alte Erzählung, das Verbot und die Verheißung von V 2.3a hinausgeht. Derselbe Sachverhalt liegt in V 24 vor, und beide Texte sind auch dadurch verbunden, daß in ihnen Isaak als Erbe der Verheißung Abrahams erscheint.

Vom Jahwisten selbst liegen in Gen 26 also keine Aussagen im Zusammenhang mit der Fruchtbarkeit der Erde vor. Erst eine spätere Schicht redet vom Isaak verheißenen Segen, der sich u. a. im hundertfältigen Ernteertrag auswirkt.

Gen 27

In den Segenssprüchen Gen 27,27 ff spielt die Fruchtbarkeit der Felder, die als eine Auswirkung des Segens angesehen wird, eine wichtige Rolle. Die Segenssprüche fügen sich jedoch nicht ohne Widersprüche in die sie umgebende Erzählung ein. Nach dieser ist Jakob Hirte und Esau, dem der Segen ja eigentlich gelten soll, Jäger, während der Segensspruch in V 28 eindeutig bäuerliche Verhältnisse voraussetzt. Auch von einem שדה , das Jahwe gesegnet hat, kann sinnvoll nur geredet werden, wenn mit שדה das Feld im Sinn von Ackerland gemeint ist, während der שדה von 25,27 als Wirkungsbereich des Jägers Esau die Bedeutung "freies, offenes Land" hat(3). Zudem geht es in der Erzählung um das Segnen eines Menschen und nicht wie in V 27 um ein gesegnetes Feld(4). Neben diesen Unstimmigkeiten gegenüber dem Kontext legt es auch der Wechsel vom Gottesnamen Jahwe in V 27 zu האלהים in V 28 nahe, bei den Segenssprüchen mit der Übernahme festgefügter Formulierungen zu rechnen(5).

Dabei fällt eine Ähnlichkeit mit der auch in ugaritischen Texten vorkommenden Wendung tl smm smn ars auf, z. B. in V AB,B 38-41.

Hier legt es sich vom Zusammenhang her nahe, in smn ars eine bildhafte Umschreibung des Regens zu sehen(6) und diese Übersetzung wird von Zobel(7) auch für V 28 vorgeschlagen. Tatsächlich wäre bei einem Segensspruch zum Thema Fruchtbarkeit der Erde gerade in Palästina eine Aussage auch über den Regen naheliegend und die Nennung von Tau und Regen nebeneinander wäre ein guter Parallelismus. Andererseits ist nicht recht einzusehen, weshalb der Tau mit dem Himmel, der Regen aber mit der Erde verbunden wird(8), obwohl es in der ugaritischen Parallelstelle ebenso geschieht. Vielleicht könnte eine Lösung in der Richtung liegen, daß auch טל השמים als Bezeichnung für den Regen gebraucht wird(9), so daß in dem Versteil zwei Aspekte für den Regen genannt würden. Er kommt vom Himmel und er macht die Erde fett, das heißt fruchtbar.

Daneben werden in dem Segensspruch Korn und Wein als die wichtigsten Landesprodukte genannt. Diese Zusammenstellung, oft noch mit Öl als drittem Glied, begegnet auch an anderen Stellen häufig, z. B. Dtn 7,13; 33,28(10) und auch im ugaritischen Keretepos (II K, III,14-16).

Die in V 27 f geschilderte Fruchtbarkeit der Felder ist neben der Herrschaft über die Feinde das beherrschende Thema der Segenssprüche. Daß beides nicht in die Lebenssituation der Patriarchen paßt, liegt auf der Hand. Wenn es dennoch zum Inhalt des Isaak in den Mund gelegten Segens wird, muß der Verfasser von cap 27 an gerade dieser Konkretisierung des Segens ein besonderes Interesse haben.

Kein ganz einheitliches Bild bietet auch die Erzählung in Gen 27. Störend ist vor allem die zweimalige Aussage, daß Isaak Jakob segnet, nämlich in V 23 und dann in Verbindung mit den Segenssprüchen in V 27.

Westermann(11) beseitigt die Schwierigkeit dadurch, daß er den Schluß von V 23 als den Beginn der Segenshandlung deutet und V 27 auf das eigentliche Segenswort bezieht. Er sieht den Aufbau von Gen 27 bestimmt durch die Verwendung eines vorkultischen Segensritus' aus fünf Elementen(12), wobei die Segenshandlung selbst aus der Identifizierung des zu Segnenden (V 24), der Stärkung des Segnenden durch eine Speise (V 25), der Berührung (V 26.27aα) und dem Segenswort besteht. Dazu erheben sich jedoch - neben der grundsätzlichen Frage, ob die Rekonstruktion eines noch vorkultischen und damit sehr alten Ritus' überhaupt möglich ist - einige Bedenken: Der Text selbst bietet keinerlei Anhaltspunkte dafür, daß das ויברכהו in V 23 anders zu verstehen ist als das in V 27. Der Unterschied ergibt sich nur aus dem postulierten Segensritus. Auch die Frage nach der Identität erscheint zweimal, in V 18 und in V 24, wobei der zweiten Frage, wenn man V 23 nicht im Sinn von Westermann versteht, bereits das erste Segnen vorausgegangen ist. In dieser Segenshandlung spielt das Wildpret gar keine Rolle, der Betrug geschieht allein durch das Vortäuschen der Rauheit Esaus. Es muß also zumindest mit der Möglichkeit gerechnet werden, daß in Gen 27 zwei Traditionen verarbeitet sind. Dabei wäre die eine, die in V 11-13.16.18.19a.21-23 vorliegen dürfte, nur bruchstückhaft erhalten, während der anderen, in der das Motiv vom Essen und Segnen

(V 4.7.10.19b.21-23) erscheint und der auch die aufgenommenen Segenssprüche zuzurechnen sind, die restlichen Verse angehören.

Ein weiterer Einwand gegen Westermanns Auffassung soll noch kurz erwähnt werden. Westermann sieht in dem ausschließlichen Segnen des erstgeborenen Sohnes und damit in der Benachteiligung des Jüngeren eine sehr alte Stufe der Segensvorstellung(13). Als alt und vielleicht auch auf die Väterzeit zurückgehend kann aber eher die von Schottroff(14) herausgearbeitete, Gemeinschaft mit dem Angesprochenen stiftende Segensvorstellung gelten. Sie ist z. B. in dem elohistischen Vers Gen 32,1 greifbar. Nach dieser Vorstellung stehen aber alle, die zur Sippe gehören, unter dem Segen, so daß das Motiv des Streites der Brüder um den Segen des Vaters nicht aufkommen kann. Eine konkrete inhaltliche Füllung war mit der Segensaussage hier gar nicht verbunden. Es ist also anzunehmen, daß Gen 27 eine relativ junge Bildung ist, die veranlaßt wurde durch die alte Erzählung Gen 25,29-34 einerseits und durch die Segensthematik des Jahwisten andererseits.

Im allgemeinen wird der Jahwist als der Verfasser der Endgestalt von Gen 27 angesehen(15); aber es lassen sich doch erhebliche sachliche Differenzen zwischen Gen 27 und den anderen Teilen des jahwistischen Geschichtswerkes ausmachen. Die Terminologie der Segenssprüche weicht auffallend von den sonstigen Segens- und Verheißungsformulierungen der Vätererzählungen ab. Außerdem wird beim Jahwisten der Segen immer über einem Menschen ausgesprochen, von einem Feld, das gesegnet ist, redet er nie und ein solches Reden würde auch im Widerspruch zu Gen 3,17 stehen. Auch wenn die beiden genannten Unterschiede sich eventuell mit der Übernahme festgeprägter Formulierungen erklären ließen, bleiben noch wesentliche Punkte: Beim Jahwisten ist Jahwe immer der, der unmittelbar den Segen spendet und eine Verheißung gibt. In Gen 12,3a wird dies durch die Einführung der 1. Person Singular in die vorgegebene Wendung besonders betont. Dagegen wird in Gen 27 der Segen, der zwar auch eine durch göttliches Handeln hervorgerufene Lebenssteigerung umfaßt, vom Vater dem Sohn übermittelt. Jahwe erscheint als handelndes Subjekt, abgesehen von V 20b, in der Erzählung von Gen 27 nicht(16). Außerdem gibt es Widersprüche zu Gen 27 und den folgenden Kapiteln des jahwistischen Geschichtswerkes. cap 27 dient zwar jetzt der Vorbereitung von Jahwes Aufenthalt bei Laban und der Wiederbegegnung zwischen Jakob und Esau; aber in der Erzählung davon ist nirgends ein direkter Bezug auf Gen 27 feststellbar. Im Gegenteil, Esau erscheint in Gen 32 f nicht als einer, auf den die Worte Isaaks Gen 27,39 f zutreffen. Und der von Jakob bei seinem Aufenthalt bei Laban ausgehende Segen (Gen 30,27 ff) hat ebenfalls keinen Bezug zu den Segenssprüchen von Gen 27(17).

Wenn Gen 27 der angeführten Gründe wegen kaum dem jahwistischen Geschichtswerk zugewiesen werden kann, spricht doch auch nichts für die Zugehörigkeit zu einer der anderen großen Quellenschriften. Der Elohist hat an keiner anderen Stelle die Fruchtbarkeit des Israel, bzw. den Patriarchen gegebenen Landes zum Thema(18) und die Priesterschrift bringt die Segnung Jakobs durch Isaak in Gen 28. Da Gen 27 aber das jahwistische Geschichtswerk mit seiner Segensverheißung an Abraham in den Vätererzählungen voraussetzt, ist es naheliegend, das Kapitel einer späteren Bearbeitungsschicht dieses Werkes zuzuweisen. Diese Schicht hätte dann das alte Thema vom Vorzug des jüngeren Jakob gegenüber dem älteren Esau aufgegriffen, es mit der Segensthematik verbunden und diese dabei entscheidend verändert. Einmal dadurch, daß jetzt der Vater Übermittler des Segens ist, vor allem aber dadurch, daß jetzt ein Segen zugesprochen wird, dessen Verwirklichung bereits zu Lebzeiten des jeweiligen Patriarchen zu erwarten ist. In den jahwistischen Texten wird demgegenüber erst im Zusammenhang mit der Landnahme vom Segen für die Nachkommen Abrahams geredet(19). Die Fruchtbarkeit des Erdbodens dient neben anderem hier wie dort zur Konkretisierung des Segens, wobei aber in Gen 27 und ebenso in Gen 26,12 ein derartiger Segen Jahwes bereits in den Zeiten der Patriarchen wirksam ist. Der Entwurf des Jahwisten, der von einem Gesegnet Sein Israels ganz bewußt erst im Zusammenhang mit der Landnahme redet, wurde hier entweder nicht mehr verstanden oder aber bewußt geändert.

Jahwistische Vätererzählungen

Der Jahwist hält sich also an die ihm vorgegebenen Überlieferungen aus der Väterzeit und sieht in den Patriarchen Kleinviehnomaden, die noch keinen Ackerbau treiben. Das Thema "Fruchtbarkeit der Erde" kommt bei ihm in den Vätererzählungen deshalb nicht vor. Allerdings steht bei ihm am Beginn der Erzählungen über die Zeit der Patriarchen betont das Stichwort "Segen". In Gen 12,1-3 gebraucht er es einmal als Verheißungsinhalt für Israel, daneben aber auch als ein Gut, das allen משפחת האדמה offensteht, wenn sie Abraham/Israel als den Gesegneten Jahwes anerkennen. Gen 12,3b ist neben den beiden Stellen in der Genesis, die diese Formulierung wieder aufnehmen (18,18 und 28,14), der einzige Beleg für ברך nif. Das Nifal bezeichnet eine Handlung, die sich am Subjekt vollzieht, ohne daß das Subjekt selbst (Hitp) oder eine andere Person (Pu) als deren Urheber in Betracht gezogen würde. ברך nif heißt somit: Segen erlangen, am Segen teilhaben oder ähnliches, so daß Gen 12,3b zu übersetzen wäre: "in dir sollen Segen gewinnen..."(20).

Als Urheber des Segens für die Völker stellt der Jahwist eindeutig Jahwe und nicht etwa Israel(21) heraus. Er formt die traditionelle Segens- und Fluchankündigung, die in Gen 27,29 und Num 24,9 greifbar ist, zu einem Jahwewort in der 1. Person um(22). V 3b enthält nicht eine gegenüber V 3a neue Aussage, die Israel zum Segensspender macht, sondern die Schlußfolgerung aus dem ersten Halbvers, die besagt, daß dadurch, daß sie Abraham/Israel segnen, alle Sippen Segen erlangen können(23). Wenn V 2b nicht im Widerspruch zu V 3 stehen soll, muß er die Bedeutung haben, daß Abraham eine Verkörperung des Segens sein wird(24). Die Deutung Wolffs "so daß du als Segen wirkst"(25), läßt sich mit V 3 nicht vereinbaren.

Es ist wiederholt behauptet worden, mit Gen 12,1-3 sei der über die אדמה verhängte Fluch außer Kraft gesetzt(26). Ganz abgesehen von der Frage, ob der Abraham/Israel und allen Sippen verheißene Segen grundsätzlich den Fluch Gen 3,17 f aufhebt, auf die in der zusammenfassenden Behandlung des jahwistischen Geschichtswerkes einzugehen sein wird(27), zeigt sich, daß für dem Jahwisten in der Zeit der Patriarchen der verheißene Segen noch gar nicht zur Verwirklichung kommt(28).

Gen 24, wo in V 35 der Reichtum Abrahams als Folge des Segens angesehen wird, erweist sich durch die von den übrigen Vätererzählungen abweichende Art der Darstellung als nicht zum Jahwisten gehörig, sondern jünger(29). Im Abraham-Kreis kommt also, abgesehen von Gen 12,1-3 das Stichwort "Segen" nicht vor. Wichtig ist hier vielmehr die Sohnesverheißung, die aber erst in der Priesterschrift mit der Segensthematik verknüpft ist (Gen 17,16.20).

Für Gen 26 hat sich gezeigt, daß die Aussagen, die in der Fruchtbarkeit der Felder Isaaks eine Auswirkung des Segens sahen, nicht vom Jahwisten stammen.

Im Jakob-Kreis hat sich bereits Gen 27 als nicht-jahwistischer Text herausgestellt und der jahwistische Abschnitt Gen 32,25-33 kann außer Betracht bleiben, da dem Jahwisten hier in der von ihm aufgenommenen Tradition eine Vorstellung vorgegeben war, die im Segensvorgang die Übertragung einer Kraft durch einen Machtträger sah(30).

Die Aufnahme von Gen 12,3 in Gen 28,14 und mit ihr der ganze Verheißungskomplex von 28,12-15 macht den Eindruck einer sekundären "theologischen Überhöhung"(31), die Motive von Gen 12,3 und 13,14-16 aufgreift. Sie stammt deshalb kaum vom Jahwisten selbst(32). Westermann sieht zwar V 15 als jahwistisch an; aber dagegen spricht die Verwendung von אדמה in diesem Vers im Sinne eines bestimmten Gebietes. Sie steht im Widerspruch zu allen sonstigen Aussagen des Jahwisten über die אדמה .

Auch für die Aufnahme von Gen 12,2b in Gen 18,18 besteht in der Forschung weitgehend Übereinstimmung darüber, daß sie nicht vom Jahwisten stammt(33).

Es bleibt also allein 30,27 als jahwistische Aussage über den Segen und hier bewirkt der Segen Jahwes die Fruchtbarkeit der Herden Labans.

In der Josefsgeschichte ist Gen 39,5 heranzuziehen. Dort redet der Jahwist davon, daß Jahwe das Haus des Ägypters um Josefs willen segnet, und dieser Segen besteht in der Mehrung des Reichtums.

So ergibt sich, daß der Jahwist in den Vätererzählungen vom Segen nur in Gen 12,1-3 und 30,27 redet, sowie in der Josefsgeschichte in Gen 39,5. Abgesehen von der Verheißung in Gen 12,1-3 sind es also gerade die Stellen, an denen Außenstehende wegen eines Nachkommens Abrahams Segen erlangen, während von einem Gesegnet Sein der Patriarchen selbst nicht geredet wird.

Dieser Befund ist zunächst einmal überraschend, weil von der breiten Ausführung des Themas in Gen 12,1-3 her in den folgenden Erzählungen eine stärkere Bezugnahme zu erwarten wäre. Offensichtlich wurde dies auch von späteren Redaktionsschichten des jahwistischen Geschichtswerkes so empfunden, da von ihnen dieses Thema immer wieder aufgegriffen wird, wie sich bei der Behandlung von Gen 26 und 27 zeigte.(34).

Es ist aber zu bedenken, daß die in Gen 12,2 verheißene Volkwerdung und der große Name sich nicht in der Väterzeit erfüllen, sondern mit der Landnahme, genauer gesagt, mit der Errichtung des davidischen Großreiches. Wenn mit "segnen" in Gen 12,2 und 12,3 dasselbe gemeint ist - und das kann wohl vorausgesetzt werden -, dann muß das Wort in V 2 neben den beiden anderen Verheißungsinhalten etwas drittes besagen; denn die Volkwerdung und der große Name sind eindeutig auf Israel beschränkt(35). Die Erfüllung dieser dritten Verheißung ist aber dann ebenso wie die der anderen erst im Zusammenhang mit der Landnahme zu erwarten.

Von diesem Ansatz her wird verständlich, daß der Jahwist in den Vätererzählungen und in der Josefsgeschichte den Segensbegriff wenig gebraucht, obwohl er durchaus vom materiellen Wohlstand der Patriarchen redet und ihn auf Jahwe zurückführt. Die beiden Stellen, an denen er es doch tut, reden vom Segen, den andere wegen eines Nachkommens Abrahams erlangen, wobei Segen in Wohlstand und Fruchtbarkeit der Herden besteht.

Es wird an den genannten Stellen nicht gesagt,daß Jakob bzw. Josef gesegnet sind(36).

Die Vätererzählungen boten sich dem Jahwisten an, den Segen, den die Sippen der אדמה erlangen können, zu illustrieren, während sich ihm im Zusammenhang mit der Landnahme dafür keinerlei Möglichkeit bot.

Es wird im Gegenteil von jedem der drei Erzväter auch erzählt, daß die Sicherung seines Lebensunterhaltes mit Mühe verbunden war. Bezeichnenderweise wird nur in den beiden jahwistischen Fassungen der Erzählung von der Gefährdung der Ahnfrau Gen 12,10-20 für Abraham und 26,10-20 für Isaak eine Hungersnot als Grund für das Wandern in ein fremdes Land angegeben. Beim Elohisten in 20,1-18 ist das nicht der Fall. Jakob muß nach Gen 42,2 seine Söhne nach Ägypten schicken, um Getreide zu kaufen. Nur so können sie dem drohenden Hungertod entgehen. Von der Josefsgeschichte her erscheint der materielle Wohlstand der Väter als etwas vorläufiges und jederzeit gefährdetes.

Überhaupt schildert der Jahwist die Hungersnot als sehr viel schwerer als der Elohist, für den es dank Josefs Fürsorge in Ägypten keinen Hunger gibt. Vor allem der vom Jahwisten in die Josefsgeschichte eingefügte Abschnitt Gen 47,13-26(37), der ursprünglich die Entstehung der ägyptischen Agrarverhältnisse klären wollte, dient dazu, die Schwere der Not zu schildern. Vielleicht kann man fragen, ob nicht die wiederholt vorkommenden Worte לחם und אדמה bewußt an Gen 3,17 f erinnern sollen. Auch das Wort אכל fällt sowohl in Gen 3,17 als auch in Gen 47,24. Die אדמה kann nur bestellt werden, wenn das Land dem Pharao verkauft wird und er jähhrlich ein Fünftel des Ertrages bekommt. Könnte hier nicht ein Beispiel vorliegen für die Mühe, mit der sich die Menschen von der אדמה nähren sollen?

Der Jahwist kann bei den Aussagen über die Unterbrechung der Fruchtbarkeit der Felder sogar so weit gehen, daß er fast Jahwes Zusage von Gen 8,22 außer Kraft setzt. Dem זרע וקציר לא ישבתו steht in Gen 45,6 das אין תריש וקציר gegenüber.

Wahrscheinlich darf man die Aussage nicht überbewerten weil sie dem Jahwisten in der Josefserzählung wohl vorgegeben war; aber immerhin hat er sie übernommen.

Von einer Aufhebung des über die אדמה verhängten Fluches kann also weder in den Vätererzählungen noch in der Josefsgeschichte die Rede sein. Die Verwirklichung der Segensverheißung ist ebenso wie die der anderen Verheißungsinhalte von Gen 12,1-3 erst im Zusammenhang mit der Landnahme zu erwarten.

Ein Element der Vätererzählungen ist noch zu berücksichtigen, das in einem, wenn auch nur entfernten Zusammenhang mit Jahwe als dem Spender von Fruchtbarkeit und Reichtum des Landes steht. Westermann(38) hat darauf hingewiesen, daß die meisten Erzählungen in Gen 12-50 Familienerzählungen sind, in denen es ursprünglich um Nachkommen und Besitz(39) für einzelne Familien ging. Dabei muß die Familie als Totalbereich menschlichen Zusammenlebens verstanden werden, neben dem es größere, wie etwa das Volk noch nicht gab(40). Die Vätergötter waren demnach dadurch charakterisiert, daß sie in einer engen Beziehung zum familiären Leben ihrer Verehrer standen und für dieses Leben Verheißungen gaben. Damit hängt zusammen, daß diese Götter sehr viel milder und freundlicher und auch fürsorglicher erschienen als der Jahwe des Exodus und des Sinai(41). Westermann(42) macht darauf aufmerksam, daß in keinem anderen Teil der Bibel so oft wie hier Mutter und Kind begegnen. Gerade in der jahwistischen Fassung der Vätererzählungen spielt dieser Aspekt der Fürsorge für die Familie eine wichtige Rolle.

Dabei erscheint aber beim Jahwisten nie der Segensbegriff im Zusammenhang mit der Fruchtbarkeit von Menschen(43), obwohl diese Füllung des Begriffs sicher alt ist - vgl. den in Gen 24,60 erhaltenen Segensspruch - und auch noch in der späten Priesterschrift zu einer breiten Ausführung kommt.

Zu erklären ist dieser Befund damit, daß für den Jahwisten der verheißene Segen erst im Land verwirklicht wird und nicht bereits in der Mehrung der Patriarchenfamilien.

Der Bereich der Familie gehört damit ebenso wie der der Fruchtbarkeit des Landes im Geschichtswerk des Jahwisten zu den Wirkungsbereichen Jahwes. Deshalb ist anzunehmen, daß in den Kreisen, in denen dieses Werk tradiert wurde, die Anfälligkeit gegenüber kanaanäischer Kulte geringer war als dort, wo Jahwes Zuständigkeit für diese Bereiche nicht so deutlich ausgesprochen war.

3.1.3. Exodus und Landnahme

Während in den Vätererzählungen des jahwistischen Geschichtswerkes ebensowenig wie in den alten Traditionen von den nomadischen Vätern Aussagen über die Fruchtbarkeit des Erdbodens begegnen, kommt der Jahwist im Kontext von Israels Landnahme wieder auf das Thema zurück, das für ihn bereits im Zusammenhang mit dem urgeschichtlichen Lebensraum des Menschen relevant war. Dabei spielt der fruchtbare Lebensraum Israels besonders in der Erzählung von der Aussendung der Kundschafter und im Bileamssegen eine Rolle.

Außerdem wird das Motiv vom Land, das von Milch und Honig fließt, zu berücksichtigen sein.

In den Erzählungen von der Ernährung Israels in der Wüste geht es zwar nicht um das Wachsen von Narungsmitteln, da in ihnen aber die Versorgung von Menschen mit Nahrung wichtig ist, sollen sie hier aufgenommen werden.

Ex 16

Das Kapitel ist zum größten Teil priesterschriftlich. Die der Priesterschrift zuzurechnenden Verse 1-2. 6. 7. 9-27 und 35a(1) sind für uns wegen ihrer zeitlich späten Entstehung nicht relevant, zumal hier keine eigenen alten Traditionen verarbeitet sind, sondern "die überkommene Erzählungstradition zusammengefaßt und vereinfacht wurde"(2). Neben dem priesterschriftlichen Anteil ist aber ein, wenn auch unvollständig erhaltener zweiter Erzählstrang nachzuweisen, der in den Versen 4abα. 5. 29-31 und 35b vorliegt und allgemein dem Jahwisten zugeschrieben wird(3). Im Gegensatz zum priesterschriftlichen Anteil ist hier nur vom Manna die Rede. Die jahwistische Wachtelüberlieferung ist erst Num 11 greifbar.

Beim Manna geht es um eine in der Wüste Sinai tatsächlich zu beobachtende Erscheinung. Es handelt sich um das nach dem Stich einer bestimmten Schildlausart in die Manna-Tamariske (tamarix manifera) abgesonderte Sekret. Mehrere Tropfen dieses Sekrets hängen sich manchmal zu größeren Tropfen zusammen, die auf den Boden fallen(4). Das Aussehen und der Geschmack der auch heute noch von den Beduinen mit m a n bezeichneten Erscheinung stimmen mit der Beschreibung in Ex 16,31 überein(5).

Da die Einführung kein für die Speisungsgeschichte wirklich wichtiges Element ist, kann man annehmen, daß es ursprünglich nicht mit ihr verbunden war. Auf welchem Überlieferungsstadium die Verbindung erfolgte, läßt sich nicht sicher sagen. Fritz(6) schreibt sie dem Jahwisten zu, so daß die diesem vorgegebene Tradition nur in den Versen 4ab und 31 zu greifen wäre. In der diesen Versen zugrunde liegenden mündlichen Tradition war sicher weder von Mose die Rede noch war ein Zusammenhang mit dem Exodusgeschehen zu erkennen. Die ursprüngliche Erzählung würde dann von der auf der Sinaihalbinsel tatsächlich vorkommenden Erscheinung ausgehen und sie als לחם מן השמים deuten.

Ex 17,1-7

Die Erzählung vom Wasser aus dem Felsen ist fast vollständig dem Jahwisten zuzweisen. Lediglich Vers 1ab gehört zum priesterschriftlichen Itinerar und hat zur folgenden Erzählung keinerlei Beziehung. V 3 ist nach Fritz(7) ein nachträglicher Einschub, der das Stichwort לון aus der priesterschriftlichen Variante vom Wasser aus dem Felsen (Num 20,1-13) einbringen will(8). Die Doppelung des Namens in V 7 ist sicher nicht ursprünglich. Die Erzählung war nur auf Meriba bezogen. Fritz hat eine alte Erzählung rekonstruiert(9), die davon berichtete, daß Jahwe in Anwesenheit der Ältesten Wasser aus dem

Felsen geschlagen hat, um das Volk vor dem Verdursten zu retten. Besonders die Erwähung der זקנים in V 5 macht es wahrscheinlich, daß Mose in der Erzählung ursrpünglich nicht vorkam, sondern Jahwe und die Ältesten Hauptpersonen waren. Die Erklärung des Namens Meriba mit Hilfe von ריב ist in dieser Erzählung nicht notwendig vorauszusetzen. In der dem Jahwisten vorliegenden schriftlichen Fassung war sie allerdings bereits vorhanden(10).

Wie bei Ex 16 wird man also auch hier eine alte Erzählung annehmen können, die weder von Mose noch vom Auszug aus Ägypten wußte, sondern die eine bestimmte Quelle(11) auf ein Eingreifen Jahwes zur Rettung seiner Anhänger zurückführen wollte. Dafür, daß ursprünglich ein anderer Gott Schöpfer der Quelle war, wie das in der Erzählung von Hagar am Brunnen (Gen 16) und vom Jakobskampf am Jabbok (Gen 32) der Fall ist, lassen sich in Ex 17 keine Anhaltspunkte finden(12).

Num 11,4-35

Die Verse 4-6. 10. 13. 18-24a und 31-35 gehen auf den Jahwisten zurück, während in 11. 12. 14-17 und 24b-30 eine Sondertradition vorliegt, die von der Anteilgabe des Gottesgeistes an die Ältesten erzählt und die außer acht gelassen werden kann, da sie für unser Thema nicht relevant ist. V 7-9 ist späterer Zusatz mit einer Bescheibung des Manna aus den jahwistischen und priesterschriftlichen Partien von Ex 16(13).

In der jahwistischen Fassung fällt auf, daß an manchen Stellen (4a. 10b. 20. 33. 34) von einer verwerflichen Begierde des Volkes nach Fleisch die Rede ist, während sonst der Bitte des Volkes um Fleisch diese Wertung nicht beigelegt wird, vielmehr Mose die Bitte Jahwe ohne weiteres vorträgt (V 13), dieser auch ihre Erfüllung verheißt (V 18-20a) und diese Erfüllung in V 31 f schließlich eintrifft. Man wird deshalb die Stellen, die von der Begierde des Volkes erzählen und die auf eine Ätiologie von קברות התאוה hinauslaufen, als sekundäre Zufügungen einer ursprünglichen Speisungsgeschichte ansehen können(14).

Dieser Speisungsgeschichte ging es darum, das hilfreiche Eingreifen Jahwes für sein Volk zu schildern, wobei die Größe des Wunders durch den Einwand Moses (V 21 f) noch besonders betont ist. Die Macht Jahwes soll hier geschildert werden, der sein Volk auch in der Wüste überreich mit Fleisch versorgen kann. Fritz(15) weist darauf hin, daß das Eingreifen Jahwes hier keineswegs in der Durchbrechung eines Naturgeschehens besteht; das Wunder liegt vielmehr in der Steigerung des natürlichen Geschehens. Dieses besteht darin, daß die Wachteln auf ihren Flügen von Afrika nach Europa und zurück im Frühjahr bzw. im Herbst die Sinaihalbinsel überfliegen und dort bei der Rast oft so erschöpft sind, daß sie mit der Hand gefangen werden können. Die Untersuchungen von Fritz(16) haben es wahrscheinlich gemacht, daß auch hier in der ursprünglichen Fassung Mose nicht vorkam, sondern nur von der wundersamen Versorgung eines Stammes auf seine Wüstenwanderung mit Wachteln die Rede war. Die Verbindung mit der Namensätiologie von קברות התאוה und die

Einfügung des Motivs der Auflehnung des Volkes wird auf den Jahwisten zurückzuführen sein.

Die drei besprochenen Abschnitte lagen mit größter Wahrscheinlichkeit dem Jahwisten bereits in einer schriftlichen Quelle vor, die außerdem die Überlieferung von der Gewinnung Hababs zum Führer durch die Wüste (Num 10,29-32) und von der Vernichtung Dathans und Abirams (Num 16) enthielt(17). Während der Jahwist die Wüstenüberlieferung unter das Thema des Ungehorsams Israels stellte und Mose stark in den Mittelpunkt rückte, ging es seiner Vorlage in erster Linie darum, die Hilfe Jahwes während des Wüstenzuges zu demonstrieren. Hier erscheint also Jahwe als der, der für die Nahrung seines Volkes sorgt, allerdings mit außergewöhnlichen Handlungen und nur während des Wüstenaufenthaltes nach dem Auszug aus Ägypten. Hinter dieser von Fritz als Protojahwist bezeichneten Schicht ließen sich jedoch Überlieferungen feststellen, die unabhängig vom Exodusgeschehen von der Ernährung der Stämme durch Jahwe berichteten. Wegen der lokalen Haftpunkte sind diese Überlieferungen den Südstämmen zuzuschreiben.

Zwar wird auch hier nicht erzählt, daß Jahwe Tag für Tag für die Nahrung sorgt(18), sondern er tut dies in bestimmten Notsituationen auf dem Wüstenzug seines Stammes. Aber sein Handeln in diesem Zusammenhang besteht keineswegs in einem Wunder, das die Naturzusammenhänge aufhebt, vielmehr bedient er sich der natürlichen Zusammenhänge und steigert allenfalls die gewährte Nahrungsmenge über das übliche Maß hinaus(19). Erst späteren Generationen, die von den Naturerscheinungen der Wüste keine Kenntnis hatten, erschien dieses Handeln Jahwes als ausgesprochenes Wunderhandeln.

In diesem Handeln Jahwes im normalen Naturgeschehen liegt ein grundsätzlicher Unterschied zu den Wundererzählungen des Elisazyklus' vor, denen es ja ebenfalls um eine Versorgung mit Nahrung in Notsituationen geht. Sowohl in der ältesten Elisatradition - der es zudem nur um die Versorgung Einzelner oder allenfalls kleiner Gruppen geht - als auch in den späteren Teilen geschieht das Bereitstellen von Nahrungsmitteln niemals mit Hilfe eines Vorgangs, der auch normalerweise zum Vorhandensein von Nahrungsmitteln führt(20).

Es lassen sich in den drei Erzählungen keine Anhaltspunkte dafür finden, daß hier ursprünglich eine andere Gottheit die Hauptrolle spielte und Jahwe erst sekundär eingesetzt wurde(21). Dafür, daß es sich um ursprüngliche Jahweerzählungen handelt, spricht auch, daß mit großer Wahrscheinlichkeit der Ausgangspunkt der Jahweverehrung südöstlich des Kulturlandes zu suchen ist(22), so daß gerade bei den Südstämmen genuine Jahweüberlieferungen anzutreffen sein werden. Darüber, ob diese Wüstenüberlieferungen der Südstämme mit dem Jahwenamen von den Midianitern übernommen wurden, läßt sich nichts sagen; aber in die Zeit vor der Landnahme der Südstämme weisen die Themen auf jeden Fall(23).

Bei ihnen war somit das alltägliche Leben mit seiner Sorge um Nahrung und Wasser von Anfang an Wirkungsbereich Jahwes, auch wenn die Speisungsgeschichten später diesen alltäglichen Rahmen verloren haben und mit dem Exodusgeschehen verbunden wurden.

Dem Jahwisten war das Thema von Jahwes Sorge für die Nahrung in der Wüste von der Tradition vorgegeben, er macht keine eigenen Aussagen dazu, sondern stellt das Thema sogar in den Hintergrund. Nach seinem Konzept sorgt Jahwe für die Nahrung der Menschen durch das Gedeihenlassen der Früchte des Feldes. Die wunderhafte Ernährung in der Wüste dient ihm nicht dazu, eigene Aussagen über Jahwes fürsorgendes Handeln zu machen. Bei ihm sind diese Erzählungen vielmehr überlagert durch das Motiv des Murrens, mit dem er den Ungehorsam des Volkes gegenüber Jahwe zeigen will.

Ex 3,8.17

Bei der Berufung des Mose und bei der damit verbundenen Verheißung des Exodus wird in Ex 3,7 f auch das Kommen in ein Land verheißen, das mit zwei Wendungen als ein fruchtbares Land beschrieben wird.

Es ist in der Forschung allerdings umstritten, ob die beiden Schilderungen des Landes dem Jahwisten zuzuweisen sind oder ob es sich um spätere Zusätze wohl aus dem dtn/dtr Bereich handelt. Das erstere wird von Westermann vertreten, der an dieser Stelle ein Zusammenkommen von Heilsankündigungen und Heilsschilderung sieht(24). Weimar(25) sieht in der Beschreibung des Landes als gut und weit eine genuin jahwistische Konstruktion, während er die zweite Beschreibung einer dtr Schicht zuweist(26), was W. H. Schmidt(27) für beide Schilderungen annimmt.

Mit Sicherheit kann die dritte Beschreibung des Landes durch die Liste der in ihm wohnenden Völker als sekundärer Zusatz gestrichen werden. Eine dreifache Zielangabe hat der Jahwist kaum geboten. Die Völkerliste erscheint in wechselnder Reihenfolge im dtn/dtr Schrifttum (z. B. Dtn 7,1; 20,17; Jos 24,11), ist aber möglicherweise älter(28). Im Unterschied zu den genannten Stellen ist die Liste in Ex 3,8.17 aber nicht mit einer Aussage über die Vernichtung dieser Völker verbunden, so daß mit der Möglichkeit eines vor-dtn Zusatzes in Ex 3 zu rechnen ist, für den die festgeprägten Formulierungsmuster der dtn/dtr Sprache noch nicht maßgebend waren. Die Vernichtungsaussage hätte sich auch mit dem Konzept des Jahwisten gestoßen, nach dem die Völker an Israel Segen gewinnen sollen.

Die Bezeichnung des Landes als ארץ זבת חלב ודבש, die im Dtn wiederholt verwendet wird, begegnet in Ex 3 zum ersten Mal. Im Dtn wird sie durchweg als Apposition gebraucht (Dtn 6,3; 11,9; 26,9.15; 27,3; 31,20), so daß sie mit Sicherheit nicht zu den ältesten Schichten gehört. Außer im Dtn selbst kommt die Wendung auch in anderen Texten aus dem dtn/dtr Sprachbereich vor, so in Ex 13,5, Lev 20,24, Jos 5,6, Jer 11,5 und 32,22. An nahezu allen bisher genannten Stellen ist sie verbunden mit dem Schwur an die Väter und/oder mit dem Verb נתן.

Außerhalb eines dtn/dtr Kontextes erscheint die Formel in Num 13,27; 14,8; 16,13 f und eben in Ex 3,8.17. Dabei handelt es sich in Num 14,8 wegen der nachhinkenden Stellung sicher um einen Zusatz. Im übrigen liegt hier die einzige Stelle in einen nicht-dtn/dtr Kontext vor, an der die Formel wie dort mit dem Verb נתן verbunden ist.

In Num 13,27, wo die Worte locker mit וגם angeschlossen sind, dürfte ebenfalls ein Zusatz zum sonst jahwistischen Text vorliegen(29); denn bei den Angaben der Kundschafter über das Volk und die Städte (V 28) werden jeweils Formulierungen der Fragen von V 18 f aufgegriffen, während dies bei der Angabe, daß Milch und Honig in dem Land fließt, nicht der Fall ist. Die ursprüngliche Antwort auf die in V 20 gestellte Frage war wohl allein das Vorzeigen der Früchte. Da die Bezeichnung des Landes mit der genannten Wendung in Num 13,27 durch den unmittelbaren Kontext nicht vorbereitet ist, dürfte sie als Rückverweis auf Ex 3,8.17 zu verstehen sein. Dort war das Kommen in ein Land, das von Milch und Honig fließt, verheißen worden, und bei der Erkundung des Landes wird jetzt festgestellt, daß es sich tatsächlich um ein solches handelt.

Schwieriger ist die Entscheidung bei Num 16,13 f, der einzigen Stelle, an der nicht das Land Israel, sondern Ägypten als Land, das von Milch und Honig fließt, bezeichnet wird. Num 16,12-15 wird im allgemeinen dem Jahwisten zugeschrieben(30), doch herrscht keine Einigkeit darüber, ob die Bezeichnung des Landes als ארץ זבת חלב ודבש auch auf ihn zurückgeht(31) oder einer nachträglichen Überarbeitung zuzuweisen ist. Die Formel allein läßt sich auf jeden Fall nicht aus dem Kontext herauslösen, aber möglicherweise der gesamte V 14, da hier im Unterschied zu den anderen jahwistischen Erzählungen vom Murren des Volkes der Vorwurf gegen Mose inhaltlich nicht ganz zum Kontext paßt.

In Ex 14,11 ff z. B. wird ihm im Augenblick der Todesgefahr durch die verfolgenden Ägypter vorgeworfen, das Volk in die Wüste geführt zu haben, um es dort sterben zu lassen, und Num 11,4 f, wo das Volk Hunger hat, bezieht sich der Vorwurf auf das reichliche Essen in Ägypten. In Num 16,12 ff ist die Empörung gegen den Befehl des Mose sinnvoll, aber nicht der Vorwurf, Mose habe das Volk nicht in ein Land, das von Milch und Honig fließt, gebracht, zumal das Hinaufziehen in ein solches Land in den jahwistischen Versen von Num 13,31 bis 14,4 abgelehnt wurde. In V 14 kann also mit der Möglichkeit eines Zusatzes gerechnet werden, der die Wendung ארץ זבת חלב ודבש aufgenommen hat und vielleicht aus Num 20,17 die Formulierung "Feld und Weinberg". In V 13 dagegen wird die Bezeichnung Ägyptens als Land, das von Milch und Honig fließt, auf den Jahwisten zurückgehen. Daß die Wendung hier auf Ägypten bezogen ist, kann nicht als Argument dagegen angeführt werden(32); denn hier liegt ja gerade der Unterschied zwischen dem Sprachgebrauch des Jahwisten und dem anderer Schichten.

Auch daß Mose als Subjekt mit עלה (hi) beim Jahwisten nur an dieser Stelle vorkommt, spricht nicht gegen eine Zuweisung zu dieser Schicht(33). Hier wird Mose ja gerade vorgeworfen, Israel aus eigener Machtvollkommenheit aus Ägypten geführt zu haben. In Num 16,13 liegt aber wohl die einzige Stelle mit der Wendung ארץ זבת חלב ודבש beim Jahwisten vor und, wie sich gezeigt hat,mit erheblicher Abweichung vom sonstigen Sprachgebrauch.

In Ex 3,8 dagegen legt es sich wegen der Verbindung mit der Völkerliste und auch, weil die Wendung zur Bezeichnung des von Jahwe gegebenen Landes beim Jahwisten sonst nicht belegt ist, nahe, einen

Zusatz zum jahwistischen Text anzunehmen. Allerdings dürfte dieser Zusatz nicht erst von einer Redaktion eingetragen sein, die ältere Pentateuchtraditionen mit Intentionen deuteronomisch/deuteronomistischer Literatur vermittelt(34). Denn gegenüber dem festgelegten dortigen Sprachgebrauch, der die Wendung nahezu immer mit נתן und/oder שבע verbindet(35), sind die Zusätze zu den jahwistischen Texten freier formuliert, und zwar ist die Wendung in Ex 3,8.17 mit עלה, in Num 13,27 und 16,14 mit בוא (hi) kombiniert. Es liegt hier also wohl ein älterer, noch weniger formelhafter Sprachgebrauch vor, der Kreisen zuzuweisen sein wird, die das jahwistische Geschichtswerk weitertradierten und teilweise eben auch überarbeiteten und die später auch bei der Überarbeitung des Dtn beteiligt waren(36). Daß die Formulierung in den ältesten Schichten des Dtn nicht begegnet, wurde bereits erwähnt. Ebenso fehlt sie in sämtlichen Texten aus dem Nordreich(37).

Die Formulierung ארץ זבת חלב ודבש konnte also zur Zeit des Jahwisten beliebig angewandt werden, wie Num 16,13 zeigt, wurde dann angewandt auf das Land, in das Jahwe Israel bringt und in dieser Verwendung schließlich fest mit נתן / שבע verbunden. Der Jahwist benutzt sie lediglich als Bezeichnung für Ägypten im Vorwurf gegen Mose Num 16,14. Zur Beschreibung von Israels Land und seiner Fruchtbarkeit dient sie ihm nicht. Auf die Bedeutung der Formulierung wird im Zusammenhang mit dem Dtn, wo ihr Vorkommen weit verbreitet ist, einzugehen sein.

Die Beschreibung des Landes als טובה ורחבה ist im Alten Testament singulär. Das macht ihre Zuordnung zu einer bestimmten Schicht schwierig. Vergleichbar ist allenfalls die im Dtn wiederholt vorkommende Wendung הארץ הטובה (38). Daneben erscheint die Beschreibung des Landes - allerdings nur des Siedlungsgebietes der Daniten - als gut und als weit, aber verteilt auf verschiedene Verse, noch in dem späten Text Ri 18,9.10(39), auch hier in Verbindung mit עלה. Da der Jahwist sonst an keiner Stelle das Land als gut und weit bezeichnet und da an der jahwistischen Stelle Ex 1,10 עלה ohne Zielangabe gebraucht wird, spricht vieles dafür, auch die erste Beschreibung des Landes in Ex 3,8 einer Bearbeitungsschicht des Jahwisten zuzuweisen, und zwar wohl derselben, die auch die beiden anderen Landbeschreibungen hinzufügte und die damit ein besonderes Interesse am von Jahwe gegebenen Land erkennen läßt. Der Jahwist selbst dagegen läßt noch die ursprüngliche Trennung zwischen der Exodus- und der Landnahmetradition erkennen, wenn er bei der Ankündigung des Exodus noch nicht die Führung ins Land im Auge hat(40).

Num 13 f

Um die Fruchtbarkeit des Landes, in das Israel kommen wird, geht es beim Jahwisten erstmals in der Erzählung von der Aussendung der Kundschafter in Num 13 f. Die Erzählung besteht aus einer jahwistischen und aus einer priesterschriftlichen Fassung, wobei dem Jahwisten die Verse 13,17b-20. 22-24. 26b. 27a. 28. 30. 31; 14,1b. 4. 8a. 9. 11. 22-24. 25b. 39-44a. 45 zuzuweisen sind(41). Innerhalb dieser jahwistischen Version sind die Verse 20. 23. 24. 26b eine

Variante(42). Während nach dem jahwistischen Grundbericht die Kundschafter nach Hebron gelangen (V 22) und darauf auch im weiteren Verlauf der Erzählung (14,24) Bezug genommen wird, redet V 23 f vom Kommen ins Traubental. Da bei den Fragen nach dem Land in V 18 f und 20 Doppelungen bestehen (V 18 את הארץ מה הוא, V 20 ומה הארץ) und in V 20 die Früchte des Landes eine Rolle spielen, wird dieser Vers der Variante vom Traubental zuzuweisen sein, ebenso wie V 26b(43).

Dem Jahwisten dient Num 13 f dazu, den weiteren Aufenthalt Israels in der Wüste zu begründen. Zu diesem Zweck hat er eine kalebitische Landnahmeerzählung verarbeitet, deren ursprüngliches Anliegen, nämlich die Erklärung für den kalebitischen Besitz von Hebron, bei ihm zu einem Nebenmotiv verkümmert ist. Das ursprüngliche Ziel der Erzählung wird gar nicht berichtet. Der Gehorsam Kalebs dient dem Jahwisten nur als Kontrast zum Ungehorsam der Israeliten, durch den die Landnahme verzögert wird. Im Unterschied zu der Version des Jahwisten dürfte allerdings in der alten Landnahmeerzählung der Besitz Hebrons durch Kaleb nicht mit dessen Gehorsam gegen Jahwe, sondern mit einem Sieg über die Enakiter begründet worden sein. Hinweise darauf liefern Jos 14,12 und besonders Ri 1,20. Daß die alte Erzählung zwei Gründe für die Landnahme Kalebs kannte - Gehorsam gegenüber Jahwe und Sieg über die Enakiter - ist sehr fraglich, auch wenn die beiden Gründe nicht unverbunden nebeneinander stehen müssen, sondern in einen Zusammenhang gebracht werden können. Hier spielt die völlig unerklärte Frage hinein, ob die ursprünglichen Landnahmetraditionen der Südstämme überhaupt eine theologische Deutung der Landnahme in Form einer Landverheißung oder Landgabe durch Jahwe enthielten.

Wahrscheinlich gab es ein vorjahwistisches Überlieferungsstadium, in dem die Beschränkung auf den kalebitischen Stammesbereich bereits aufgehoben war und in dem die Erzählung dazu diente, den Besitz des bedeutenden Hebron gerade durch Kaleb und eben nicht durch einen anderen der Südstämme zu erklären(44). Dann wäre dem Jahwisten bereits das Motiv der Gegenüberstellung Kalebs und anderer israelitischer Gruppen vorgegeben gewesen.

Für unser Thema von Bedeutung ist die Variante vom Kommen der Kundschafter ins Traubental, das sich durch seinen besonderen Fruchtreichtum auszeichnet. Zwar kann nicht mit letzter Sicherheit entschieden werden, ob die Verse 20. 23 f. 26b schon vor dem Jahwisten mit der kalebitischen Landnahmeüberlieferung verbunden waren. Aber die Varianten dieser Überlieferung in Jos 14 und Ri 1, die beide das Traubental-Motiv nicht enthalten, machen deutlich, daß diese Verbindung nicht allgemein verbreitet war, so daß es naheliegend ist, sie erst dem Jahwisten zuzuweisen. Dtn 1 setzt bereits in seinem Grundbestand die Kombination voraus, da wie in Num 13 Traubental und Landnahmeverweigerung eng verbunden sind(45).

Auf jeden Fall kann zunächst festgestellt werden, daß zur Begründung des weiteren Wüstenaufenthaltes Israels die Aufnahme der Traubentalvariante durch den Jahwisten nicht erforderlich gewesen wäre. In der Priesterschrift-Version von Num 13 f fehlt sie. Diese Feststellung führt zu der Frage, weshalb die beiden Erzählungen dennoch miteinander verbunden wurden. Unbefriedigend bleibt die Erklärung durch die geographische Nähe(46) oder gar Identität(47) zwischen Hebron und Traubental. Zwar ist auch die Gegend um Hebron reich an Wein und dieser Sachverhalt hat die Verbindung der beiden Erzählungen zweifellos erleichtert. Es bliebe aber die Frage, weshalb von den beiden fast identischen Orten, die sich dann auch beide im Besitz desselben Stammes befunden haben müßten, zwei so verschiedenartige Erzählungen im Umlauf sein sollten. Gegen eine Identifizierung spricht auch, daß in der Hebron-Überlieferung das Gebiet als ההר bezeichnet wird (Num 13,17; Jos 14,12), während es sich im Traubental um ein נהל handelt. Es muß deshalb damit gerechnet werden, daß sich das Traubental gar nicht im kalebitischen Stammesgebiet um Hebron befand und die Identifizierung erst auf den Jahwisten zurückgeht. Hebron ist sehr viel fester mit Kaleb verbunden als das Traubental, vgl. Jos 14,13 f; Ri 1,20; Dtn 1,24 (Traubental ohne Kaleb).

Durch die Identifizierung von Hebron mit dem Traubental, die wohl auf den Jahwisten zurückzuführen sein dürfte, wird in der jetzigen Fassung der Kundschaftererzählung die reiche Fruchtbarkeit als ein hervorragendes Kennzeichen des Landes, das Israel gegeben werden soll, erkannt. In dem Bericht vom Kommen nach Hebron lag dagegen der Akzent mehr auf der Frage nach den Bewohnern des Landes und der Befestigung ihrer Siedlung. Daß auch in den jahwistischen Bileamssprüchen die Fruchtbarkeit von Israels Land eine wichtige Rolle spielt, kann als Hinweis darauf gewertet werden, daß der Jahwist ein Interesse an dieser Thematik hatte, ebenso wie das Eingehen auf den fruchtbaren Lebensraum des Menschen in der Urgeschichte. Von diesem Interesse her fände die Aufnahme der Traubental-Variante eine Erklärung.

Da er keine weitere Landnahmeerzählung überliefert, muß Num 13 f beim Jahwisten einen doppelten Zweck erfüllen: Die Begründung für den weiteren Wüstenaufenthalt und das Aufzeigen der Fruchtbarkeit von Israels Land, obwohl Letzteres sinnvoller in einer Erzählung von der Einnahme des Landes unterzubringen wäre. Mit der Bileam zugewiesenen Segensschilderung in Num 24 macht der Jahwist allerdings unmißverständlich klar, daß Israel das fruchtbare Land schließlich doch erhält.

Durch die Aufnahme der Traubental-Variante erscheint der übergroße Reichtum an Wein als ein herausragendes Kennzeichen von Israels Land. Auch in der jahwistischen Urgeschichte spielte der Wein eine Rolle, und zwar als das Gewächs, das dem Menschen Trost spenden sollte bei der mühevollen Arbeit auf der אדמה (Gen 5,29; 9,20). Der Wein gehört nicht zu den עשב השדה, die nach dem Fluchspruch von Gen 3 eigentlich die Nahrung des Menschen sein sollen, sondern er ist etwas darüber hinaus den Menschen Gewährtes. Durch die Hervorhebung des Reichtums gerade an Wein ist das von den Kundschaftern gesehene Land im Gesamtaufriß des Jahwisten deutlich anders gekennzeichnet als die verfluchte אדמה, auf der die עשב השדה wachsen.

In Num 13,23 sind neben der großen Weintraube auch Granatäpfel und

Feigen als Früchte des Landes erwähnt. Weil in V 23a und V 24 nur von der Traube die Rede ist und die alte Erzählung auf eine Ätiologie von נהל אשכל hinauslief, gehörten Feigen und Granatäpfel wahrscheinlich nicht ursprünglich zur Traubental-Tradition, zumal ihr Anschluß auch grammatikalisch nicht ohne Härte ist durch das מן , während Weinranke und -traube Akkusativobjekte sind.

Möglicherweise ist auch die Erwähnung der Bäume in V 20 erst durch V 23b veranlaßt. Ob auch diese Zufügungen auf den Jahwisten zurückgehen, ist kaum mehr zu entscheiden. Falls er sie vorgenommen hat, hätte er damit bewußt Baumfrüchte als Produkte des Israel gegebenen Landes genannt(48), die nach seinem Konzept im von Jahwe gepflanzten Garten als Nahrung dienten, aber nicht mehr nach der Vertreibung von dort. Israels Land wäre damit in eine Verbindung gebracht mit dem urgeschichtlichen Garten: Das Land, in das Israel kommen soll, hätte Ähnlichkeit mit dem Garten, der von Jahwe ursprünglich als Wohnort der Menschen bestimmt war. Eine sichere Entscheidung ist hier allerdings nicht mehr möglich(49).

Im Unterschied zur jahwistischen Urgeschichte, nach der Jahwe einen Baumgarten gepflanzt hatte und nach der Jahwe es auf die Erde regnen läßt, wird in Num 13 nirgends gesagt, jahwe habe die Weintrauben bzw. die Feigen und Granatäpfel wachsen lassen. Die Tat Jahwes ist das ringen Israels in das Land, nicht das Gedeihenlassen der Früchte dieses Landes.

Auf dem Hintergrund seiner Urgeschichte ist für den Jahweisten Jahwe sicher der, dem die Fruchtbarkeit dieses Landes zu verdanken ist. Dort, wo es ihm aber nicht wie in der Urgeschichte von den verarbeiteten Traditionen her vorgegeben ist, redet der Jahwist nicht ausdrücklich davon, daß Jahwe in den Vorgängen von Wachsen und GEdeihen der Nahrungsmittel am Werk ist. Er übernimmt zwar ganz bewußt Überlieferungen, die Israels Land als ein fruchtbares darstellen, aber Jahwes expliziter Handlungsbereich ist nicht dir Fruchtbarkeit dieses Landes, sondern die Geschichte, d. h. das Bringen Israels in dieses Land. Es wird bei ihm nicht wie in der Prophetie des Nordreichs das Geben der Güter des Landes ausdrücklich in Parallele gesetzt zur Befreiung aus Ägypten und dem Bringen ins Land.

Num 24,5-7

In der ersten Hälfte des in die jahwistische Bileamserzählung eingefügten Segensspruches wird die Schönheit und Fruchtbarkeit des Landes Israel gepriesen. Im Unterschied zu den elohistischen Bileamssprüchen, die zusammen mit der sie umgebenden Erzählung entstanden sind(50), sind die Sprüche Num 24,3-9 und 15-19 älter als die jahwistische Erzählung. Der Inhalt der Sprüche läßt keinen direkten Zusammenhang mit der Erzählung erkennen, und sie haben im Unterschied zu den Sprüchen in Num 23 eine eigene Einleitung. Ob die Sprüche von Anfang an mit dem Namen eines Gottesmannes Bileam verbunden waren, von dem erzählt wurde, daß er Israel segnete(51) (vgl. Jos 24,10), ist fraglich, weil es sich nicht um Segensworte, sondern um Segensschilderungen handelt. Wahrscheinlich galt der

Nichtisraelit Bileam zur Zeit des Jahwisten als berühmter Seher, so daß ihm die Sprüche in den Mund gelegt wurden(52); die älteste Bileamsüberlieferung zeichnet ihn allerdings durchweg negativ (Num 31,8-16; Dtn 23,5).

Eine Ansatzmöglichkeit zur Datierung der Sprüche liefert V 7. Hier wird Agag erwähnt, der als Amalekiterkönig nach 1 Sam 15 von Saul besiegt wurde, so daß als Entstehungszeit die Zeit des Königtums Sauls anzunehmen ist. Das schließt nicht aus, daß in der Schilderung des Landes in V 5-7a auch ältere Elemente aufgenommen sein können. Da die Amalektier südlich des Kulturlandes lebten, legt sich eine Entstehung des Spruches unter den Südstämmen nahe. Darauf könnte auch die Bezeichnung ganz Israels als "Jakob" weisen, die wahrscheinlich nicht auf den Entstehungsbereich der Jakob-Tradition zuückgeht, sondern erstmals Gen 49,7 greifbar wird und auch später bei Jesaia und Micha. Die Verwendung in den elohistischen Bileamssprüchen (Num 23,7.10.21.23) könnte auf das jahwistische Vorbild zurückgehen.

Offensichtlich waren die beiden Themen des Spruches Num 24,5-9 schon vor der Aufnahme in das jahwistische Geschichtswerk fest miteinander verbunden; denn für ein eigenständiges Interesse an der Gestalt Sauls gibt es beim Jahwisten keine Anhaltspunkte.

In Vers 5 f werden die Wohnstätten Israels in ihrer Schönheit mit Gärten, bzw. Bäumen am Wasser verglichen. Dabei sind mit den אהלים und משכנת kaum die Zelte selbst gemeint; denn, sie mit Gärten und Bäumen zu vergleichen, gäbe keinen Sinn. Vielmehr dienen die Worte als Umschreibung für das vom Volk Israel bewohnte Land(53). Wie aus dem gestörten Rhythmus zu schließen ist, ist in V 6a ein Wort ausgefallen. Auch vom Inhalt her legt sich die Annahme einer Lücke nahe, da in den drei anderen Zeilen jeweils etwas Gepflanztes als Vergleichspunkt dient, hier aber nur die Bachtäler. Charakteristisch für die Schönheit von Bäumen am Wasser - ein Garten bestand im Alten Orient in erster Linie aus Bäumen - ist dies, daß sie nicht vertrocknen und verwelken, sondern in ihrem Gedeihen Bestand haben, also ständig grünen (vgl. Ps 1,3).

Die Aussage von V 6ba, nach der Israels Land mit von Jahwe gepflanzten Bäumen verglichen wird, könnte in einem Zusammenhang stehen mit Gen 2,8 f und wäre dann ein Hinweis darauf, daß die Erzählungen von Schöpfung und Vertreibung aus dem Garten bereits zur Zeit Sauls in Israel im Umlauf waren. Aber die Vorstellung kann in Num 24,6 auch aus einer anderen Tradition eingedrungen sein.

Es wird in V 5 f nicht gesagt, daß das Land Israel ein Garten am Wasser ist und daß es dort Ahalbäume und Zedern(54) gibt; vielmehr wird das Land ganz allgemein als ein wie Bäume am Wasser zu jeder Zeit grünendes und blühendes Land beschrieben. Mit V 7 wird die Ebene des Vergleichs verlassen, und es wird ausgeführt, weshalb das Land mit ständigem Gedeihen gesegnet ist, nämlich wegen seines Wasserreichtums. Dieser wird hier in seiner zentralen Bedeutung für die Fruchtbarkeit des Landes gesehen; das Gesegnet Sein Israels äußert sich u. a. darin, daß es ein Land mit reichlich Wasser erhält. Das Überfließen der Schöpfeimer ist Zeichen für den Wasserreichtum in Grundwasserbrunnen und Zisternen, aus denen man schöpft, und dieser Reichtum hängt vom Regen ab, der in Israel auch für das Gedeihen der Aussaat auschlaggebend ist(55).

Dabei ist in dem Vers die Beständigkeit des Wasserreichtums über das ganze Jahr hin ausgedrückt; denn bei dem Wasser für die Saaten ist an den Regen des Winterhalbjahres gedacht, während das in den Brunnen gespeicherte Wasser in der sommerlichen Trockenheit wichtig ist. Israel hat also, obwohl auf den Regen angewiesen, wie ein Garten am Strom ständig Wasser. Hier wird noch einmal deutlich, wie wenig in V 5 direkte Aussagen über die Fruchtbarkeit Israels gemacht werden. Es geht hier vielmehr nur um einen Vergleich seiner Schönheit mit den immergrünen Bäumen. Denn während für die Bäume in V 5 f das Wasser der Flüsse und Bäche der Grund für das gute Gedeihen ist, ist es für die Saaten Israels das Wasser des Regens. Auch der Wechsel von der 2. zur 3. Person zwischen V 6 und V 7 läßt erkennen, daß es jetzt um etwas anderes geht als vorher.

Die Frage tut sich auf, ob der Jahwist bei dem Vergleich des Landes mit einem Garten, bzw. mit Bäumen am Fluß nicht auch den Garten mit Bäumen am Paradiesesstrom vor Augen hatte(56). Auch von Num 13,23 her legte sich diese Annahme nahe, falls die Erwähnung der Feigen und Granatäpfel auf den Jahwisten zurückgeht; denn die Kundschafter finden nicht עשב השדה , von dem sich die Menschen nach Gen 3,18 nähren sollen, und auch nicht nur Weintrauben, sondern Feigen und Granatäpfel, also Baumfrüchte.

Aber auch, wenn dieser Zusatz erst nachjahwistischen Ursprungs ist, hat der Jahwist durch die Traubentalvariante in Num 13 bereits angedeutet, daß sich Israels Land von der verfluchten אדמה unterscheidet. Durch den Vergleich mit einem Baumgarten am Wasser wird es noch weiter in die Nähe des urzeitlichen Gartens gerückt. Der Segen, den Jahwe Israel gewährt und den Bileam schildert, wirkt sich also neben der ganzen Fülle politischer Wohlfahrt auch in der Verleihung eines Landes aus, das Ähnlichkeit hat mit dem Garten, der dem Menschen ursprünglich als Lebensraum zugedacht war(57).

Vielleicht kann auch V 7b-9 in Verbindung gebracht werden mit dem Vergleich in V 5 f; denn Bäume am Wasser sind nicht nur schön, weil sie zu jeder Zeit grünen, sondern auch weil es kräftige und mächtige Bäume sind(58). Bei den Zedern klingt dieser Gedanke besonders an. Das Volk wäre dann schön wie Bäume am Wasser, weil es ein kräftiges und mächtiges Volk ist. Allerdings läge bei diesem zweiten Vergleich der Akzent von אהלים und משכנת mehr auf dem Volk als auf dem Land; aber diese Bedeutung von אהל ist auch an anderen Stellen zu beobachten, so z. B. Ps 78,67 und Jer 30,18. Möglicherweise ist in V 5 mit אהל ganz bewußt eine "ziemlich bedeutungslose Umschreibung" (Gesenius S.14) gewählt, die nach beiden Seiten hin offen ist. Bei einer Ausweitung des Vergleichs wäre auf jeden Fall die Schwierigkeit beseitigt, die darin liegt, daß sich der breit ausgeführte Vergleich nur auf einen einzigen Halbvers bezieht, während dann ganz ohne stilistischen Wechsel ein völlig neuer Gedanke kommt.

Vetter(59) spricht den jahwistischen Bileamssprüchen jeden Bezug auf die Fruchtbarkeit des Landes ab und sieht in V 5 nicht die Schönheit des Landes, sondern das Wachstum der Stämme angesprochen. Für ihn fehlt in den Sprüchen das Thema "Land" völlig. Bei V 7, der im masoretischen Text eindeutig eine Aussage über das Land macht, gibt er der stark abweichenden Version der LXX den Vorzug. Wegen des fehlenden Bezugs zum Land setzt Vetter die Sprüche in der Zeit vor der Landnahme an, in der sich das Gesegnet Sein des Stammes in erster Linie in der Mehrung der Zahl seiner Männer zeigte. Der Gedanke der Mehrung paßt jedoch weder zu dem גן noch zum Vergleich mit den Bäumen am Wasser. Außerdem hätten sich als Vergleich für das Zahlreichwerden eines nomadischen Stammes sicher andere Motive angeboten als die Gärten des Kulturlandes, das angeblich gar nicht im Blickfeld der Sprüche liegt(60).

Mit der Anordnung der Bileam-Erzählung und besonders der Sprüche unmittelbar vor dem Bericht über das Hineinkommen ins Kulturland stellt der Jahwist den Segen, der Israel im Kulturland zuteil wird, eindeutig als Werk Jahwes hin. Zwar fällt in den Sprüchen nirgends der Name Jahwe, aber die vorhergehende Erzählung betont, daß Bileam in seinem Auftrag redet. Dabei ist das, was er spricht, wie schon erwähnt, nicht eigentlich ein Segenswort, was als Gegenteil zu dem von Balak erwünschten Fluch zu erwarten wäre. Vielmehr schildert Bileam in einer Weissagung das Gesegnet Sein Israels im Lande. Der Segensspruch, auf den dieser Segenszustand zurückzuführen ist, wurde bereits von Jahwe in Gen 12,1-3 gesprochen. Israel ist schon gesegnet(61); deshalb kann Bileam es nicht verfluchen. In der elohistischen Fassung wird dies noch deutlicher. Hier sagt Gott zu Bileam: "Du sollst das Volk nicht verfluchen, denn es ist gesegnet." (Num 22,12)

Der jetzt von Bileam geschilderte Segenszustand kann nur im Zusammenhang gesehen werden mit der Segensverheißung in Gen 12,2. Es hat sich gezeigt, daß in den Vätererzählungen selbst der Jahwist nicht vom Gesegnet Sein der Patriarchen redet; aber jetzt, im Zusammenhang mit der Landnahme, läßt er Bileam das Gesegnet Sein Israels, also der Nachkommen Abrahams in seherischer Weise schildern.

Das heißt, daß die Segensverheißung an Abraham, ebenso wie ja auch die des großen Namens und des großen Volkes, für den Jahwisten erst mit dem Seßhaftwerden im Land ihre Erfüllung erfährt. Das sichere Leben (Num 24,9) als mächtiges Volk (Num 24,7b-8) im fruchtbaren Land ist für Israel die Verwirklichung des Abraham zugesagten Segens(62), wobei sich dieses fruchtbare Land auszeichnet durch seine Ähnlichkeit mit dem Paradiesgarten, in dem die Menschen vor der Vertreibung auf die verfluchte אדמה lebten.

3.1.4. Zusammenfassung

Die Aussagen des Jahwisten, die Jahwe in Zusammenhang bringen mit der Fruchtbarkeit des Erdbodens, reichen vom Wohnen der ersten Menschen in dem ihnen von Jahwe gepflanzten Garten über die Vertreibung aus diesem Garten und die Verfluchung der אדמה bis zur Schilderung des Israel gegebenen Landes in den Bileamssprüchen.

Die urzeitlichen Traditionen vom Pflanzen des Gartens und der Vertreibung der Menschen aus ihm waren dem Jahwisten schon vorgegeben wie auch die in Num 13 verarbeitete Landnahmetradition, die vom besonderen Traubenreichtum des Tales um Hebron erzählte, sowie die in die Bileamsperikope aufgenommene Segensschilderung. Zwischen diesen vorgegebenen Texten war insofern eine Spannung gegeben, als die urzeitlichen Texte auf die Vertreibung des Menschen aus dem fruchtbaren Garten hinausliefen, dem Jahwisten aber Texte vorlagen, die die besondere Fruchtbarkeit Israels konstatierten(1). Diese Spannung hat der Jahwist aufgegriffen und verarbeitet: Neben die Vertreibung aus dem Garten, erweitert um die Verfluchung der אדמה, stellt er die Segensverheißung von Gen 12,2, zu deren Erfüllung das Leben im fruchtbaren Land gehört. Dieses Land wird in dem Segensspruch, den der Jahwist in die Bileamserzählung einführt, verglichen mit einem Garten am Wasser, und vorher bei der Erkundung des Landes in Num 13 werden Weintrauben gefunden, die gerade nicht zu den eigentlich für die verfluchte אדמה charakteristischen Lebensmitteln gehören, sondern das Leben auf ihr erleichtern sollen (Gen 5,29; 9,20). Falls auch die Zufügung der Feigen und GRanatäpfel in Num 13,23 auf den Jahwisten zurückgeht, würden von den Kundschaftern auch Baumfrüchte als Früchte des Landes gefunden, die ja durch den Fluch von Gen 3, der die Nahrung auf das Kraut des Feldes beschränkte, den Menschen genommen worden waren.

Es legt sich nahe, daß der Jahwist mit Num 13 und 24 bewußt an den Garten von Gen 2 erinnern wollte. Nach seinem Konzept hätte demnach das Israel von Jahwe gegebene Land Ähnlichkeit mit dem Garten, aus dem die ursprünglichen Menschen vertrieben wurden(2).

Es wurde wiederholt angenommen, daß der Fluch von Gen 3,17-19 mit Gen 12,2 ff außer Kraft gesetzt ist(3); aber der Jahwist hebt den Fluch über die אדמה nicht auf, und er macht auch die Vertreibung aus dem Garten nicht ausdrücklich rückgängig. Zwar erscheinen in Gen 12,3 die Stichworte ברך und אדמה, aber nicht die אדמה, sondern die משפחת האדמה sollen gesegnet werden. Zwar muß bedacht werden, daß der Fluch über die אדמה um des Menschen willen verhängt ist (Gen 3,17), er also eine Strafe für die Menschen sein soll. Wenn jetzt den auf der אדמה lebenden Menschen Segen verheißen wird, kommt das einer Aufhebung des Fluches sehr nahe. Er bleibt zwar grundsätzlich bestehen; aber für Israel und diejenigen, die Israels Gesegnet Sein anerkennen, ist der Segen Jahwes und nicht der Fluch über die אדמה das, was das Leben bestimmt. Daß aber das Israel gewährte Leben im fruchtbaren Land nicht einfach identisch ist mit dem Leben im urzeitlichen Garten, daß es also nicht um eine Wiederherstellung des Urzustandes geht, wird schon daran deutlich, daß diese urzeitliche Lebensweise vor dem Sündenfall der "Normalzustand" war, jetzt aber ein Leben im fruchtbaren Land nur in Auswirkung des Segens Jahwes möglich ist.

Urgeschichte hat auch beim Jahwisten den Sinn, Gegenwärtiges von seinem Ursprung her zu erklären, und zur Wirklichkeitserfahrung des Jahwisten und seiner Zeitgenossen gehörte eben beides, die Güte des von Jahwe gegbenen Landes und die Mühe bei der Feldarbeit. In allen drei Fluch- bzw. Strafworten von Gen 3 werden Tatbestände angesprochen, die auch für das Israel nach der Landnahme zum alltäglichen Erfahrungshorizont gehören und die keineswegs als beseitigt anzusehen sind(4). Bei den die Schlange und die Frau betreffenden Worten ist noch eindeutiger als bei den Worten, die den Mann betreffen, daß der Jahwist hier gegenwärtige Zustände ansprechen will. Weil urgeschichtliches Geschehen die Gegenwart bestimmt, ist es grundsätzlich falsch, in Gen 12 ff Aussagen über die Aufhebung der negativen durch urzeitliches Geschehen begründete Tatbestände zu erwarten. Eine eschatologische Hoffnung auf die Aufhebung alles Negativen kennt der Jahwist nicht.

Der Fluch über die אדמה ist die einzige der urzeitlichen Lebensminderungen,die durch den Segen Jahwes für Israel und in der Zukunft für alle Sippen zwar nicht aufgehoben ist, aber an Bedeutung verliert. Weder auf den Fluch über die Schlange noch auf die Sprachverwirrung wird im weiteren Verlauf des jahwistischen Geschichtswerkes Bezug genommen. Bei der über die Frau in Gen 3,16 verhängten Strafe macht der Jahwist explizit deutlich, daß sie weiterhin Gültigkeit hat, und zwar in Gen 25,22 und 35,16-20(5). Zwar wird Abraham zu einem großen Volk. Aber gerade bei diesem Prozeß wird die unverminderte Gültigkeit von Gen 3,16 spürbar, die Mehrung bedeutet keineswegs eine Überwindung der Strafe, die ja auch nicht in der Kinderlosigkeit bestand. Nur der Fluch über die אדמה wird überlagert durch Jahwes Segen, also der Fluch, durch den alle Menschen am stärksten betroffen waren. In den anderen Bereichen bestehen die in der Urzeit entstandenen Lebensminderungen unverändert fort.

Es mag durchaus zutreffend sein, daß für den Jahwisten die Landverheißung an Interesse verliert(6), und auch für den Vorgang der Landnahme im einzelnen dürfte das zutreffen. Möglicherweise hängt das damit zusammen, daß der Jahwist in der Errichtung des davididischen Großreiches und noch nicht in der Landnahme der israelitischen Stämme das Ziel der dem Abraham gegebenen Verheißung sah(7). Aber das Land als der den Menschen von Gott gegebene Lebensraum ist ihm auf jeden Fall ein wichtiges Thema, das das Geschichtswerk vom Anfang bis zum Ende umspannt: Das Land, in das Israel kommt, ist ein fruchtbares Land, das Ähnlichkeit hat mit dem paradiesischen Aufenthaltsort der ersten Menschen.

Nicht in das aufgezeigte Konzept des Jahwisten passen die beiden Stellen in den Vätererzählungen, in denen bereits von der Fruchtbarkeit der Felder der Patriarchen die Rede ist (Gen 26,12; 27,27 f), und ebenso nicht die Beschreibung des Landes in Ex 3,8.17, bei der es keine Anklänge an den Garten gibt.

Auf die Differenzen zwischen Gen 27 und dem jahwistischen Geschichtswerk wurde bereits hingewiesen(8), und auch für Gen 26,12 legt es sich nahe, eine sekundäre Herkunft anzunehmen(9). Ebenso dürfte die Landbeschreibung in Ex 3,8.17 wegen der Nähe zum dtn/dtr Sprachgebrauch nicht dem Jahwisten selbst zuzuweisen sein(10). Es ist bezeichnend, daß der Jahwist die Wendung ארץ זבת חלב ודבש , die ihm ja - wie Num 16,13 zeigt - bekannt war, nicht zur Beschreibung von Israels Land verwendet, sondern dieses Land nur so kennzeichnet, daß dabei Ähnlichkeiten mit dem vorzeitlichen Garten hervortreten (Bäume, Garten am Wasser).

Offen bleibt die Frage, ob sowohl Gen 27 als auch Ex 3,8.17 der gleichen Bearbeitungsschicht des jahwistischen Geschichtswerkes zuzurechnen ist. Gegen eine Identifizierung kann angeführt werden die unterschiedliche Bearbeitungsweise. Denn während mit Gen 27 eine ganze Erzählung eingefügt wurde, sind es in Ex 3 nur Zusätze zu einzelnen Versen. Das gleiche Verfahren liegt allerdings möglicherweise in Gen 26,12 vor. Dagegen spricht auch die in Ex 3, nicht aber in Gen 27 vorliegende Nähe zum deuteronomischen Sprachgebrauch.

Bei den Segenssprüchen in Gen 27 gibt es jedoch auch Anklänge an diesen Sprachgebrauch, wie die Formulierung דגן ותירש zeigt(11). Für eine Identität beider Bearbeitungsschichten könnte verwiesen werden auf das gleiche Anliegen sowohl der Segenssprüche von Gen 27 als auch der Zufügungen in Ex 3; denn in beiden Fällen wird Jahwe in Verbindung gebracht mit der Fruchtbarkeit der Erde: In Gen 27 (und 26,12) wirkt sich sein Segenshandeln schon gegenüber den Patriarchen in der Weise aus, daß er ihren Feldern einen besonders hohen Ertrag gibt und in Ex 3 wird schon im Zusammenhang mit der Verheißung des Exodus das Kommen in ein fruchtbares Land in Aussicht gestellt. Es wäre dann anzunehmen, daß dem Redaktor die Erzählung von Gen 27 schon in Verbindung mit den Segenssprüchen vorlag und er sie ihretwegen aufgenommen hat; denn die Erzählung selbst läßt keinen Zusammenhang mit Themen und Sprachgebrauch deuteronomischer Kreise erkennen.

3.1.5. Jahwe und die Fruchtbarkeit des Landes beim Jahwisten und den späteren Eweiterungen seines Werkes.

Es wurde bereits im Zusammenhang mit Num 13 darauf hingewiesen, daß Jahwe nicht explizit als der genannt wird, der die Früchte des Landes wachsen läßt, während in der Urgeschichte durchaus davon die Rede war, daß er den Garten pflanzte. Es bedarf deshalb einer genaueren Analyse, wie Jahwe jeweils mit dem Geschehen in der Natur in Verbindung gebracht wird.

Zur näheren Beschreibung von Israels Land hat der Jahwist ihm vorgegebene Traditionen aufgenommen, nämlich die vom Kommen der Kundschafter nach Hebron, bzw. ins Traubental und die Bileam in den Mund gelegte Segensschilderung. In beiden Fällen handelt es sich um Überlieferungen, die im Kreise von Jahweverehrern formuliert wurden: Bei der erstgenannten weist schon die Gattung Landnahmeerzählung darauf hin, denn etwas entsprechendes ist von den anderen Landesbewohnern nicht überliefert, sie fühlten sich als von Urzeit an im Lande ansässig. Zudem sind zumindest in einer der beiden jetzt in Num 13 vorliegenden Erzählungen die Kalebiter verwurzelt, die zu den Jahweverehrern gehörten. Nicht so alt wie die Landnahmetraditionen dürfte die Schilderung des fruchtbaren Landes in Num 24,5-7a sein. Für sie legte sich eine Entstehung in der Ära Sauls nahe(1). Die Nennung Israel/Jakobs in V 5 und die israelitische Thematik in V 7-9 sprechen für eine Formulierung in israelitischen Kreisen. Weder in Num 13 noch in Num 24 wird ausdrücklich erwähnt, daß die hier beschriebene Fruchtbarkeit des Landes auf Jahwe zurückzuführen ist.

Es wird lediglich konstatiert, daß das Land, in das Israel, bzw. zunächst die Kalebiter kommen werden, ein fruchtbares ist. In Num 24 wird Israels Land zwar mit von Jahwe gepflanzten Bäumen verglichen. Aber daß das reichliche Wasser, das für die Saat im Lande zur Verfügung steht, von Jahwe kommt, wird nicht gesagt.

Bei den vom Jahwisten aufgenommenen urzeitlichen Traditionen dürfte es sich im Gegensatz zu den eben angesprochenen zumindest zum überwiegenden Teil um ursprünglich nicht mit Jahwe verbundenes Material handeln. Für die Erzählung von der Vertreibung aus dem Garten, die wahrscheinlich die Steppe als den nachparadiesischen Aufenthaltsort des Menschen ansah, kann die Entstehung in nomadischen Kreisen nicht ausgeschlossen werden(2). Dort, wo das אדמה -Motiv eine vorherrschende Rolle spielt - in der eigentlichen Schöpfungserzählung, in den Fluchsprüchen Gen 3,17-19, in der ursprünglichen Kain- Erzählung, in der es um die Verweigerung des Ertrags der אדמה ging, und in der Tradition von Noah, dem Weinbauern -, wird es sich dagegen um im Kulturland entstandenes Material handeln. Die Traditionsgeschichte besonders von Gen 2 f machte es wahrscheinlich, daß nicht erst der Jahwist Jahwe mit urzeitlichen Themen in Verbindung brachte. Mit der Übernahme dieser urzeitlichen Texte in Israel dürfte die früheste ausdrückliche Verbindung Jahwes mit dem Vorgang von Wachsen und Gedeihen in der Natur erfolgt sein. In diesen Erzählungen war schon immer eine Gottheit als handelndes Subjekt wichtig, so daß hier nach der Übernahme in israelitische Kreise Jahwe eingeführt werden mußte, was offensichtlich auch ohne Problem möglich war.

Bei den Texten, die die Fruchtbarkeit von Israels Land zum Thema haben, erschien dagegen Jahwe nicht als Subjekt, das diese Fruchtbarkeit bewirkt. Aber es scheint, daß bei den Stämmen des südlichen Kulturlandes die Fruchtbarkeit dieses Landes in den umlaufenden Traditionen eine nicht unbedeutende Rolle spielte. Sie wurde als ein herausragendes positives Kennzeichen des Landes angesehen. Daß sie noch nicht ausdrücklich auf Jahwe zurückgeführt wurde, bedeutet nicht, daß sie mit einer anderen Gottheit in Verbindung gebracht wurde. Dafür lassen sich keinerlei Anhaltspunkte finden. Es ist eher anzunehmen, daß es nach der Landnahme einer gewissen Zeit bedurfte, ehe sich die Frage stellte, wem denn der Reichtum des Landes, den man als dessen hervorragendes Kennzeichen ansah, zu verdanken sei. Als etwas dem Jahweglauben grundsätzlich Fremdes wurde das Naturgeschehen hier aber wohl zu keinem Zeitpunkt angesehen, sonst ließe sich die unproblematische Freude an der Fruchtbarkeit des Landes kaum verstehen. Durch die alten Traditonen von der Ernährung der Stämme in der Wüste war das natürliche Geschehen - wenn auch nicht die Fruchtbarkeit des Landes - und die Sorge für den Lebensunterhalt bereits lange vor der Landnahme Bestandteil des Jahweglaubens.

Durch den jahwistischen Kontext wurde die vorher nicht gegebene ausdrückliche Verbindung Jahwes mit der Fruchtbarkeit von Israels Land hergestellt: Aufgrund der Verheißung des Segens in Gen 12,2 wird das Leben in einem fruchtbaren Land als Erfüllung einer Zusage Jahwes angesehen. Die Segnung durch Bileam geschieht jetzt ausdrücklich im Auftrag Jahwes, und Kaleb betont in Num 14,8a, daß Jahwe

Israel in das Land bringen wird, als dessen besonderes Kennzeichen sich vorher der Fruchtreichtum erwiesen hatte. Von einem direkten Tätigsein Jahwes im Naturgeschehen ist allerdings beim Jahwisten nur in der Urgeschichte die Rede. Dort wird gesagt, daß Jahwe es regnen läßt; dort pflanzt er einen Garten, spricht einen Fluch über die אדמה aus und garantiert den Fortbestand der tages- und jahreszeitlichen Rhythman. Diese Vorgänge sind von Jahwe in Kraft gesetzt und werden von ihm aufrecht erhalten. Von einem je und dann erfolgenden Eingreifen Jahwes in den Vorgang des Gedeihens der Nahrungsmittel redet der Jahwist nicht.

Daß an einigen Stellen des jahwistischen Geschichtswerkes von einer zeitlich begrenzten Hungersnot die Rede ist (Gen 12,10; 26,1; 47,13) spricht nicht dagegen; denn es ist für den Jahwisten Bestandteil des regelmäßig in der Natur ablaufenden Geschehens, daß es hin und wieder Hungersnöte gibt. Deshalb tritt beim Jahwisten nie die Formulierung auf, daß Jahwe eine Hungersnot schickt, sondern sie kommt (Gen 12,10; 26,1), bzw. sie lastet schwer auf einem Land (Gen 47,13). Es ist beim Jahwisten auch nie davon die Rede, daß Jahwe zu einer bestimmten Zeit Regen oder Dürre schickt, aber nicht, weil dieses natürliche Geschehen für ihn nicht von Jahwe käme, sondern weil Jahwe von Urzeit her festgelegt hat, daß dieses Geschehen immer wieder abläuft. Bei der Verneinung von Gen 2,5 ist ja nicht ein einzelner, zu einer bestimmten Zeit fallender Regen gemeint, sondern sie besagt, daß der gegenwärtige Zustand, der dadurch gekennzeichnet ist, daß Jahwe es immer wieder regnen läßt und der Mensch die אדמה bebaut, noch nicht war. Die einzige Stelle, an der explizit davon die Rede ist, daß Jahwe es zu einem bestimmten Zeitpunkt regnen läßt, ist Gen 7,4, also bei der Einleitung der Sintfluterzählung, und hier handelt es sich ja um ein über das normale Geschehen hinausgehendes Ereignis(3).

Das urzeitliche Handeln durch das die für das Gedeihen der Nahrungsmittel wichtigen Naturvorgänge in Kraft gesetzt sind, ist nicht auf Israel und sein Land beschränkt, sondern gilt allen Menschen. Im Zusammenhang mit Israels Land redet der Jahwist dagegen - wie erwähnt - nicht davon, daß Jahwe dieses Land fruchtbar macht, etwa gar durch eine Außerkraftsetzung des Fluches von Gen 3, sondern hier geht es ausschließlich um ein Handeln Jahwes an seinem Volk. Diesem Volk wird Segen verheißen, der sich dann auch in einem Leben im fruchtbaren Land auswirkt. Wie Jahwe Israels Land zu einem fruchtbaren, gartenähnlichen Land macht, nachdem er ja in Gen 3 die אדמה verflucht hatte, wird nicht thematisiert. Natürlich kann kein Zweifel darüber bestehen, daß für den Jahwisten die Fruchtbarkeit von Israels Land auf Jahwe zurückzuführen ist. Schließlich ist das Leben in eben diesem fruchtbaren Land die Realisierung des von Jahwe verheißenen Segens. Aber es ist doch festzuhalten, daß der Jahwist nicht ausdrücklich davon redet, daß Jahwe diese Fruchtbarkeit geschaffen hat. Sein Segenshandeln wirkt sich nicht darin aus, daß das Land Israel an sich ein fruchtbares Land ist, sondern darin, daß sein Volk in einem fruchtbaren Land lebt. Durch die vorgeschaltete Urgeschichte ist Jahwe beim Jahwisten der, der es immer wieder auf die Erde regnen läßt und der den Ablauf der Jahreszeiten garantiert. Aber der

Jahwist spricht nicht aus, daß Jahwe durch ein über dieses die ganze Menschheit betreffende Handeln hinausgehendes Tun die Fruchtbarkeit von Israels Land bewirkt.

Wo dem Jahwisten also nicht, wie in der Urgeschichte, durch die Tradition ein unmittelbares Tätigsein Jahwes in den Naturvorgängen, die im Zusammenhang mit dem Wachsen und Gedeihen von Nahrungsmitteln stehen, vorgegeben war, redet er auch nicht von einem solchen. Diese Differenzierung in der Handlungsweise Jahwes hat er sehr geschickt für seine Konzeption genutzt. Mit ihrer Hilfe kann er von der Segnung Israels, die sich im Leben im fruchtbaren Land äußert, sprechen, ohne den Fluch über die אדמה aufzuheben.

Ein anderes Bild bietet sich dagegen bei den Texten, die sich bereits von anderen Gesichtspunkten her als spätere Erweiterungen des jahwistischen Geschichtswerkes erwiesen hatten; hier ist besonders an Gen 26 f zu denken. Daß hier von der Fruchtbarkeit des Erdbodens nicht erst im Zusammenhang mit Israels Landnahme geredet wird, wurde bereits festgestellt; auch die Felder der Patriarchen zeichnen sich durch große Fruchtbarkeit aus. Ebenso wurde darauf hingewiesen, daß in Gen 27,27 im Gegensatz zum Jahwisten von einem Feld, das Jahwe segnet, geredet wird. Aber auch eine Aussage ähnlich der von Gen 27,28, der Segenswunsch nämlich, daß Jahwe reichlich Regen und Ernteerträge geben möge, kommt beim Jahwisten nicht vor. Für ihn besteht zwar seit der Vertreibung des Menschen aus dem Garten der Zustand, daß Jahwe es regnen läßt und der Mensch die אדמה bebaut; aber ein darüberhinausgehendes Eingreifen Jahwes in diesen Vorgang, etwa daß er zu einer bestimmten Zeit und an einem bestimmten Ort durch besonders reichlichen Regen große Fruchtbarkeit schafft, wird beim Jahwisten nicht explizit ausgesprochen. Bei ihm ist Israels Land ein fruchtbares Land mit reichlich Wasser; aber Jahwes Tat ist das Bringen in dieses Land und nicht die reichliche Bewässerung dieses Landes. Es ist bezeichnend, daß in Gen 27,28 im Unterschied zum vorhergehenden Vers nicht Jahwe, sondern האלהים genannt wird. Von daher ist mit einer Übernahme der Formulierung aus der Umwelt Israels zu rechnen. Dafür sprechen auch die in dem Vers verwendeten Wortzusammenstellungen(4). Während der Jahwist selbst aus seiner nichtisraelitischen Umwelt Aussagen über das Wirken einer Gottheit im Naturgeschehen nur im Zusammenhang mit der Urgeschichte übernahm, erfolgte hier eine solche Übernahme auch bei Aussagen, in denen es um ein gegenwärtiges, je und dann erfolgendes Eingreifen einer Gottheit geht. Um ein solches geht es auch in Gen 26,12, wo sich der Segen Jahwes in der reichen Ernte Isaaks auswirkt. Zwar hat auch der Jahwist in Gen 39,5 u. a. den reichen Ernteertrag vor Augen. Aber es liegt hier eine größere Zurückhaltung gegenüber dem direkten Zusammensprechen Jahwes mit dem konkreten Geschehen von Saat und Ernte vor. Der Jahwist spricht in Gen 30,26 ff auch nicht direkt davon, daß Jahwe Labans Herden anwachsen ließ, sondern Laban selbst wird gesegnet, und dieser Segen wirkt sich in einem Anwachsen seiner Herden aus.

Während also der Jahwist sich darauf beschränkte, die besondere Fruchtbarkeit von Israels Land im Zusammenhang mit der Landnahme zu konstatieren, ohne ausdrücklich davon zu sprechen, daß Jahwe diese Fruchtbarkeit bewirkt hat, wird in der Bearbeitungsschicht von

Jahwe in stärkerem Maß - bedingt durch den Einfluß der Umwelt Israels - ein unmittelbares Eingreifen in das Naturgeschehen ausgesagt. Die Beschränkung auf den Zusammenhang mit der Landnahme entfällt.

Eine explizite Auseinandersetzung mit dem Kanaanäertum(5) um die Frage, wem die Fruchtbarkeit des Erdbodens zu verdanken ist, gibt es bei den später zugefügten Texten ebensowenig wie im jahwistischen Geschichtswerk.

Die urzeitlichen Traditionen konnten offensichtlich ohne Schwierigkeiten auf Jahwe übertragen werden und im Zusammenhang mit der Landnahme wurden Texte aufgenommen, die von der Fruchtbarkeit dieses Landes reden, ohne daß sich der Jahwist genötigt sah - wie etwa Hosea - diese Fruchtbarkeit ganz entschieden auf Jahwe zurückzuführen.

Darauf, daß in dem ganzen Aussagekomplex für den Jahwisten kein aktuelles Problem lag, weist auch der in den Bileamssprüchen aufgenommene Vergleich des Landes mit einem Garten am Wasser, der ja von der tatsächlichen geographischen Lage her gar nicht zutreffend ist. Der Regen, der später in der Auseinandersetzung mit dem Baalskult eine wichtige Rolle spielt, wird beim Jahwisten der anfangs dem Menschen nicht zugedachten bäuerlichen Umwelt zugeordnet (Gen 2), während der Garten von einem Fluß bewässert wird. Man vergleiche dazu die ganz andere Aussage in Dtn 11,10.

Bei den Texten, die später dem jahwistischen Geschichtswerk zugefügt wurden, war besonders in Gen 27,28 eine Übernahme von Formulierungen zu beobachten, die auch in Israels kanaanäischer Umwelt begegnen. Zudem läßt sich allgemein sagen, daß das Wirken Jahwes hier stärker in den Bereich des Naturgeschehens verlegt ist. Es liegt hier also eine verstärkte Öffnung gegenüber kanaanäischen Vorstellungen vor, die aber zugleich eine Opposition bedeutet, insofern das Wirken im Naturgeschehen jetzt Jahwe zugesprochen wird. Dafür, daß dieser Vorgang mit großen Schwierigkeiten verbunden war, finden sich keinerlei Anhaltspunkte.

Aufschlüsse über die derzeit ja völlig offene Ansetzung des Jahwisten lassen sich aus den wenigen behandelten Abschnitten naturgemäß kaum gewinnen. Es hat sich allerdings gezeigt, daß die Auseinandersetzung mit dem Kanaanäertum um den Spender der Fruchtbarkeit des Landes für den Jahwisten noch keinerlei Rolle spielt. Er wird also vor Jeremia anzusetzen sein, der sich in seiner Frühzeit im Südreich mit dieser Frage auseinandersetzte. Auf der anderen Seite legen es die Zusätze in Ex 3,8.17 und Num 13,27b, die in ihrem Sprachgebrauch Ähnlichkeiten mit den späteren Schichten des Dtn haben, nahe, keinen zu langen Zeitraum zwischen der Entstehung des jahwistischen Geschichtswerkes und diesen Zusätzen anzunehmen. Auch die vom Jahwisten vorgenommene Verbindung der verschiedenen Traditionen aus der Frühzeit Israels mit der Urgeschichte und ihre theologische Durchdringung sprechen eher für eine nicht zu frühe Ansetzung. Es wäre deshalb zu überlegen, ob nicht auch von anderen Texten her Gründe für eine Ansetzung im 8. Jahrhundert gefunden werden könnten.

3.2. Das Fehlen der Thematik beim Elohisten

Es hat in der Forschung nicht an Stimmen gefehlt, die die Existenz einer selbständigen elohistischen Quelle bestritten und in den elohistischen Fragmenten nur redaktionelle Ergänzungen zum Jahwisten sehen, zu verweisen ist hier vor àllem auf Volz und Rudolph(1). Diese These hat sich jedoch nicht bewährt, so daß es immer noch am wahrscheinlichsten ist, mit der Existenz einer elohistischen Quelle zu rechnen(2). Verschiedene Indizien, vor allem die Unkenntnis des Abraham-Lot-Sagenkranzes und die Bevorzugung von Bethel, Sichem und Beerseba, das nach Am 5,5 und 8,14 besondere Beziehung zum Nordreich hatte, weisen darauf hin, daß der Elohist wohl aus dem Nordreich stammt(3). Zeitlich dürfte er zwischen Elia und Hosea einzuordnen sein, also in der ersten Hälfte des 8. Jahrhunderts(4).

Urgeschichte und Landnahme sind die beiden großen Themenbereiche, in denen der Jahwist seine Aussagen über das Wachsen der Nahrungsmittel auf dem Erdboden und speziell in Israels Land unterbringt. Etwas Analoges ist beim Elohisten nicht zu beobachten. Als gravierender Unterschied gegenüber dem jahwistischen Geschichtswerk fällt zunächst das völlige Fehlen einer Urgeschichte auf, und es herrscht in der Forschung weitgehende Übereinstimmung darüber, daß eine solche auch nicht vorhanden war und nicht etwa nur bei der Verbindung mit dem Jahwisten verloren ging. Über den genauen Einsatzpunkt des Elohisten herrscht keine Übereinstimmung, mit Sicherheit greifbar wird er erstmals in der Erzählung von der Gefährdung der Ahnfrau Gen 20.

Bei der Frage nach den Gründen für das Nicht-Vorhandensein einer Urgeschichte spielt die andere Frage hinein, ob der Elohist das jahwistische Geschichtswerk kannte, er also in bewußter Opposition dazu auf die Schilderung der Urzeit verzichtete oder ob er nur eine Aneinanderreihung der Ereignisse aus Israels Geschichte kannte, der keine Urgeschichte vorgeschaltet war. Für Letzteres ließe sich anführen, daß auch in anderen Texten aus dem Nordreich - verwiesen sei hier vor allem auf Hosea - jeder Bezug zur Urgeschichte fehlt.

Anhand einiger Textkomplexe - vor allem der Berufung des Mose(5) und der Sinaitheophanie(6) - wurde versucht, nachzuweisen, daß das elohistische Geschichtswerk eine Änderung und Aktualisierung des jahwistischen darstellt. Ist dies zutreffend, wäre das Weglassen der Urgeschichte wohl eine bewußte Distanzierung Jahwes von den Gottheiten der Umwelt, denen auch weltumfassendes und andere Bereiche als die Geschichte betreffendes Handeln zugeschrieben wurde.

Im Zusammenhang mit der Landnahme betonte der Jahwist an mehreren Stellen die besondere Fruchtbarkeit von Israels Land, während beim Elohisten jeder Bezug darauf fehlt. Hierin unterscheidet er sich auch von späteren Nordreichtexten wie etwa von Hosea, für den Israel in dem Land mit den reichen Gaben satt wird. Allerdings sind aus dem Nordreich weder in alten Landnahemtraditionen noch in sonstigen Zusammenhängen Überlieferungen aus der Zeit vor dem Elohisten bekannt, in denen die Fruchtbarkeit von Israels Land thematisiert wird. Falls es zutreffend ist, daß der Elohist das jahwistische Geschichtswerk gekannt hat und ihm von daher Aussagen über die

Fruchtbarkeit von Israels Land vorgegeben waren, wäre der Verzicht darauf auch hier als bewußte Korrektur zu werten, die wohl Natur und Fruchtbarkeit als die traditionellen Wirkungsweisen kanaanäischer Gottheiten als für Jahwe nicht kennzeichnend ausklammern wollte.

Wie anders gelagert das Interesse des Elohisten gegenüber dem des Jahwisten ist, wird besonders deutlich bei einem Vergleich der Bileamssprüche (Num 23 E - Num 24 J). Während Bileam in der Fassung des Jahwisten die Schönheit und Fruchtbarkeit des Landes Israels und die Macht seines Königs preist, geht es dem Elohisten um die Erhabenheit des Gottes dieses Volkes, das abgesondert wohnt(7).

In den Vätererzählungen redet der Elohist zwar an einzelnen Stellen wie auch der Jahwist vom Reichtum der Väter, nämlich Gen 20,14 und besonders im Jakob-Laban-Kreis Gen 31. Aber während beim Jahwisten der Reichtum Labans auf den Segen Jahwes zurückgeht und Jakob sich seinen Anteil an diesem Reichtum durch eine List erwirbt (Gen 30,25 ff), erhält Jakob beim Elohisten seinen Reichtum durch ein wunderhaftes Handeln Gottes (Gen 31,8.21)(8). Nicht das natürliche Anwachsen der Herden wird hier auf Gott zurückgeführt, sondern die Tatsache, daß die Lämmer immer gerade so gemustert sind, daß sie Jakob zufallen müssen(9). Auf derart wunderhafte Weise geschieht auch die Versorgung Jakobs mit dem Lebensnotwendigen, die Gegenstand des Gelübdes von Gen 28,20.22 war(10). Allgemein läßt sich sagen, daß die Vätererzählungen des Elohisten sehr viel stärker theologisiert und ethisiert sind als die des Jahwisten, so daß der Aspekt von Jahwes Fürsorge für das alltägliche Leben der Familie mehr in den Hintergrund tritt.

Die in den Vätererzählungen zu beobachtende Tendenz zu einem wunderhaften Handeln Jahwes in der Natur ist auch im Zusammenhang mit dem Exodus zu beobachten. Der Elohist schildert dieses Geschehen als ein Spalten des Wassers, während beim Jahwisten viel natürlicher Jahwe durch einen Ostwind das Wasser zurückweichen läßt. In den Teilen der Plagenerzählungen, die dem Elohisten zuzuweisen sind - im wesentlichen Ex 9,22-24. 35; 10,12. 13a. 14a. 15b. 20. 23. 27(11) - erscheint das Geschehen mehr als Machtdemonstration des Mose denn als Handeln Jahwes im Naturgeschehen; und es handelt sich nur um einmalige und außergewöhnliche Ereignisse.

Bei der Schilderung der Sinaitheophanie bringt der Elohist das Erscheinen Jahwes mit dem Naturgeschehen des Gewitters in Verbindung. Dabei werden ihm ziemlich einmütig Ex 19,16 f. 19 zugewiesen. Wie die jahwistische Schilderung der Sinaitheophanie (Ex 19,18-20) zeigt, war sie nicht immer mit Gewittererscheinungen verbunden, sondern wurde auch in der Form eines Vulkanausbruchs gedacht. Dabei dürfte mit Noth(12) der Hinweis auf einen Vulkanausbruch gegenüber dem auf ein Gewitter "gewiß ungewöhnlicher und origineller" sein, so daß die Vulkanvorstellung die ursprünglichere Ausprägung der Sinaitradition sein wird.

Das Erscheinen im Gewitter war charakteristisches Attribut Baals, wie z. B. die Verse II AB, V 65 ff im Baalsmythos oder das Textfragment RS 24.245(13) zeigen. Die Übertragung dieser Vorstellung auf Jahwe dürfte somit nach der Landnahme und Kontaktaufnahme zum kanaanäischen Bevölkerungsteil erfolgt sein. Daß die Übertragung dem Elohisten bereits vorgegeben war, macht Ps 29 deutlich(14), aber auch der in Ri 5,4 f und Ps 68,8 f verarbeitete Theophaniehymnus, der zwar nicht ausdrücklich vom Gewitter redet, aber vom Regen.

Wiederholt wurde die Meinung vertreten, die Übertragung der Gewitterphänomene auf die Sinaitheophanie durch den Elohisten hätte dem Zweck gedient, den Bereich der Fruchtbarkeit des Erdbodens Baal abzusprechen und Jahwe zuzuweisen(15). Es ist jedoch schwer verständlich, weshalb der Elohist, nachdem er in Korrektur des jahwistischen Geschichtswerkes - und davon gehen sowohl Jeremais als auch Zenger aus - die dortigen Aussagen über die Fruchtbarkeit von Israels Land nicht übernommen hat, denn in Verbundung mit der Sinaitheophanie, der dieses Thema ja völlig fremd ist, Jahwe nun doch als den Spender dieser Fruchtbarkeit herausstellen wollte. Auch wenn er stärker als der Jahwist den Geber dieser Fruchtbarkeit betonen wollte, dürften sich andere Möglichkeiten nähergelegt haben. Vor allem aber spricht gegen einen Zusammenhang zwischen der Sinaitheophanie und der Fruchtbarkeit des Erdbodens, daß auch im Baalsmythos die Texte, die von seinem machtvollen Auftreten im Gewitter reden, nicht im Zusammenhang mit der Fruchtbarkeit des Bodens stehen. Wo es um diese geht, liegt das Gewicht auf dem Regen Baals als einem Zeichen dafür, daß er wieder lebt und nicht auf seinem erschreckenden Auftreten in Donner und Blitz.

Auch bei den Theophaniehymnen und bei Ps 29, in denen ja ebenfalls erschreckende Wetterphänomene, die Baals Erscheinen begleiten, auf Jahwe übertragen werden, wird sich ein Zusammenhang mit der Fruchtbarkeit des Landes nicht nahelegen, und im Zusammenhang mit diesen Texten wird auch näher auf die unterschiedlichen Aspekte Baals einzugehen sein(16).

Auch in den Elia-Erzählungen waren Jahwes - und nicht Baals - Machterweise im Senden des Blitzes (1 Kö 18) und sein Regnenlassen nach der Dürre in ursprünglich völlig getrennten Überlieferungseinheiten erzählt, wobei beim Gottesurteil auf dem Karmel die Frage nach Regen und Dürre keine Rolle spielte(17). Ebenso unterscheidet Ps 68,8-10 zwischen dem Regenguß beim Erscheinen Jahwes (V 9) und seinem Regen, der das Land fruchtbar macht (V 10)(18). Der Regen, der für die Fruchtbarkeit eine viel größere Bedeutung als Blitz und Donner hat, wird bei der Sinaitheophanie gar nicht erwähnt.

Es dürfte durchaus zutreffend sein, daß es dem Elohisten bei der Übertragung der Gewitterphänomene auf die Sinaitheophanie darum ging, deutlich zu machen, daß der Gott, dessen Erscheinen diese Phänomene begleiten, Jahwe ist und nicht Baal(19). Aber auch, wenn in Palästina die Fruchtbarkeit des Erdbodens in erster Linie vom Regen abhängig ist, ist weder in der kanaanäischen Mythologie noch im Alten Testament ein unmittelbarer Zusammenhang zwischen dem Erscheinen der Gottheit im Gewitter und ihrer Funktion als Spender der Fruchtbarkeit zu beobachten. Es ist von daher wenig wahrscheinlich, daß der Elohist - zumal er auch sonst in seinem Werk nirgends auf die Fruchtbarkeit von Israels Land eingeht - durch die Übertragung der Gewitterphänomene auf die Sinaitheophanie Jahwe als den Spender dieser Fruchtbarkeit aufweisen wollte.

Es läßt sich somit abschließend feststellen, daß weder die Fruchtbarkeit der Erde allgemein noch die von Israels Land für den Elohisten von Interesse ist. Wenn es zutreffend ist, daß der Elohist das Werk des Jahwisten kannte und für seine Situation aktualisierte, ist dieser Tatbestand besonders auffallend. Er könnte dann nicht damit erklärt werden, daß das Thema Fruchtbarkeit des Landes in dem von ihm verarbeiteten Material nicht vorkam und es auch für seinen theologischen Entwurf nicht relevant war, sondern er könnte dann nur verstanden werden als ein bewußter Verzicht auf das Thema. Von da her stellt sich die Frage, ob etwa der Elohist Kreisen nahestand, die ähnlich wie Elisa und die Träger der Überlieferung von ihm oder wie die Rekabiter Jahwe mit der Fruchtbarkeit des Landes nicht in Verbindung bringen konnten und wollten. Eine Entscheidung dieser Frage ist hier nicht möglich, ihre Beantwortung hängt ganz wesentlich davon ab, wie das Verhältnis des Elohisten zum Jahwisten tatsächlich zu bestimmen ist.

Soviel wird man wohl sagen können, daß durch das Schweigen des Elohisten zu den Fragen nach der Fruchtbarkeit von Israels Land, die sich einem Großteil der seßhaft gewordenen Bevölkerung zweifellos stellten, keine Alternative zu den kanaanäischen Kulten aufgezeigt wurde, der Zustrom der Israeliten dazu wohl sogar ungewollt gefördert wurde.

4. DIE FRUCHTBARKEIT DES LANDES IN STAMMESSPRÜCHEN HYMNEN UND PSALMEN

4.1. Stammessprüche

4.1.1. Der Juda-Spruch von Gen 49

Der Juda-Spruch von Gen 49 - nicht aber der von Dtn 33 - ist verbunden mit einer Aussage über eine übergroße Fruchtbarkeit. Den ältesten Bestandteil des Spruches bildet der Tiervergleich in V 9, während in V 10-12, in denen es um den Reichtum des Landes geht, eine Erweiterung vorliegt. Das jüngste Element ist V 8(1).

Nicht ohne Schwierigkeit ist die Übersetzung von שילה in V 10, das aber für die Datierung des Spruches den wichtigsten Anhalt bietet. Oft wird ein Bezug auf den Ort Silo angenommen. Der Spruch würde dann also ein Kommen Judas, genauer gesagt, seines Herrschers nach Silo erwarten, so daß eine Datierung von V 10-12 in der Zeit Davids in Hebron anzunehmen wäre, zu einer Zeit also, in der bestimmte Kreise offensichtlich sein Kommen in den alten Mittelpunkt des Stämmeverbandes erwarteten(2). Gegen die Zeit vor der Zerstörung Silos im Jahre 1050(3) spricht die Verwendung der königlichen Topik, mit der Juda-S Vormachtsstellung beschrieben wird.

Der Zusammenhang von שילה mit יבא legt es allerdings eher nahe, in dem Wort eine Bezeichnung für eine Person und nicht einen Ortsnamen zu sehen, so daß wohl משלה zu lesen ist(4). Auch unter dieser Voraussetzung legt sich eine Datierung in der Frühzeit Davids nahe, als eine weitere Ausdehnung seiner Königsherrschaft erwartet wurde(5).

Das Kommen des Königs und damit seiner Machtstellung ist nach V 11 f mit einer übergroßen Fruchtbarkeit verbunden. Der Esel ist für seine Freßlust bekannt. Er würde einen Weinstock, an dem er festgebunden ist, auf jeden Fall abfressen. V 11a soll also den übergroßen Reichtum an Weinstöcken deutlich machen, der vorhanden sein wird, wenn David seine Königsherrschaft aufgerichtet haben wird. Er wird so groß sein, daß man die Weinstöcke sogar zum Anbinden von Eseln benutzen kann. Die Fortführung in V 11b legt die Deutung auf die große Fruchtbarkeit hin auf jeden Fall nahe. Als Bild für ein schonungsloses, brutales Auftreten des triumphierenden Fürsten - so Zobel(6) - hätten andere Motive sicher näher gelegen. Wenn der kommende König sein Gewand in Wein waschen(7) wird, hat auch das seinen Grund im übergroßen Reichtum an Wein. Von V 11 her legt es sich nahe, auch in V 12 einen Hinweis auf den großen, natürlichen Reichtum zu sehen. Die Augen des Herrschers werden also trübe vom Wein und weiß von Milch sein, eben weil beides in überreichem Maße vorhanden ist(8).

Zwar kann מן auch Steigerungspartikel sein, so daß zu übersetzen wäre: "seine Augen sind trüber als Wein ...."; aber damit wäre das Thema von V 11 verlassen. Zudem ist das Trübesein der Augen sicher kein Schönheitsideal. Sinnvoll wäre ein Vergleich allenfalls, wenn man חכלילי mit "dunkel" übersetzt(9). Aber dagegen spricht die Verwendung von חכלילי in Prov 23,29. Abgesehen von der Erwähnung der Milch in V 12b beziehen sich die Aussagen damit alle auf den besonderen Reichtum an Wein, und sie zeigen den erwarteten Herrscher selbst im Genuß dieses Reichtums. Im Mosesegen von Dtn 33 erscheint keine vergleichbare Aussage über Juda, obwohl zu der dortigen Segensthematik die Schilderung der reichen Fruchtbarkeit gut gepaßt hätte. Das Fehlen dürfte wohl damit zu erklären sein, daß in Dtn 33 keinerlei Interesse am Königtum vorliegt.

Nach Gen 49,10-12 ist die Regierungszeit des Herrschers durch einen übergroßen, natürlichen Reichtum gekennzeichnet. Dieser Befund legt einen kurzen Vergleich mit ähnlichen alttestamentlichen Aussagen nahe. Auch Ps 72 kennt den Zusammenhang zwischen der Herrschaft des Königs und der Fruchtbarkeit des Landes(10); aber abgesehen von der Schwierigkeit, wie diese aus Jerusalem übernommene Vorstellung in einen Stammesspruch gelangt sein sollte, der aus der Zeit vor der Eroberung Jerusalems durch David stammt, - die besondere Hervorhebung des Reichtums an Wein weist auch eher auf Hebron (vgl. Num 13) als auf Jerusalem -, so besteht auch insofern ein Unterschied, als im Ps 72 der natürliche Reichtum dem ganzen Lande zugute kommt, während in dem Stammesspruch allein der Herrscher im Genuß des Reichtums erscheint. Diese Differenz ist auch vorhanden bei einem Vergleich des Stammesspruches mit Am 9,11-15 und Ez 34,23-31. Beide Texte verbinden das Kommen eines messianischen Herrschers mit einer übergroßen Fruchtbarkeit im Land; aber neben dem schon genannten Unterschied zum Juda-Spruch kommt hinzu, daß in diesen Texten sowohl das Kommen des Herrschers als auch die Fruchtbarkeit des Landes eindeutig auf Jahwe zurückgeführt wird, während im Juda-Spruch von ihm gar nicht die Rede ist. Es ist im Stammesspruch, genau genommen, auch nicht gesagt, daß ein Zusammenhang besteht zwischen dem Regierungsantritt des erwarteten Herrschers und dem Reichtum des Landes. Dieser kann durchaus schon vorher vorhanden sein, so daß es dem Spruch darum ginge, die sowieso vorhandene Fruchtbarkeit des Reiches des erwarteten Herrschers darzustellen, die so groß ist, daß er in dem Reichtum geradezu schwelgen kann(11). Der Herrscher erscheint fast als "dionysische Gestalt"(12), eine im Alten Testament sonst nicht begegnende Vorstellung. Auffallend ist auch das schon angesprochene völlig untheologische Reden vom Reichtum. Er wird weder mit Jahwe noch mit einer anderen Gottheit in Verbindung gebracht. Die übergroße Fruchtbarkeit des Herrschaftsbereiches des Königs wird gerühmt, ohne daß der Urheber dieser Fruchtbarkeit dabei in den Blick kommt.

4.1.2. Der Joseph-Spruch von Gen 49 und Dtn 33

Im Unterschied zum Juda-Spruch weist der Joseph-Spruch in Gen 49 und Dtn 33 manche Gemeinsamkeiten auf. Beide reden, teilweise mit den gleichen Wendungen, vom Segen, der dem Land Josephs reiche Fruchtbarkeit schenkt. Daß in Gen 49,25-26a eine eigenständige Einheit vorliegt, macht vor allem die direkte Anrede in V 25 und 26a im Unterschied zu den umgebenden Versen deutlich. Außerdem kommt der Gedankengang von V 23 f mit V 24 zu Ende, auch wenn V 25 nochmals mit מן und einer Gottesbezeichnung beginnt, die aber jetzt in Bezug steht zum Geschehen von V 25b und nicht zu dem von V 24a. V 26b gehört zwar jetzt zur Einheit von V 25 f, die aber auch ohne diesen Halbvers abgeschlossen wäre. Er bezieht den Gedankengang von V 25.26a auf Joseph und dürfte deshalb angefügt worden sein, als diese Verse, die keinen ursprünglichen Stammesspruch, sondern einen Segensspruch bilden, mit dem Joseph-Spruch verbunden wurden.

Die Bedeutung von נזיר in V 26b ist nicht ganz klar. Vielleicht steht dahinter die Vorstellung, daß Joseph ein Erwählter ist, weil die wichtigsten Kultstätten, wie etwa Bethel, in seinem Bereich lagen(1). In Dtn 33 bilden die Verse 13-16 thematisch eine Einheit, die mit denselben Worten über das Nasiräat Josephs abschließt wie Gen 49,25 f.

Es ist in der Forschung umstritten, welche der beiden Fassungen des Joseph-Spruches die ältere ist. Zwar ließe sich für das höhere Alter von Dtn 33,13-16 der Gebrauch des seltenen מגד gegenüber ברכת , das sich nach מברכת nahelegt, anführen(2); andererseits sprechen wichtige Gründe für eine umgekehrte Entstehungsgeschichte. Der Aufbau von Dtn 33,13-16 ist wesentlicher klarer und einheitlicher als der von Gen 49,25-26. Es dürfte hier also ein fortgeschritteneres Stadium der Traditionsentwicklung vorliegen(3). Diese Vermutung wird durch eine andere Beobachtung gestützt: In Gen 49,26 legt es der Vergleich mit den "Segnungen deines Vaters" nahe, in den Segnungen der Berge bzw. dem Angenehmen der Hügel an die Wohltaten kanaanäischer Gottheiten, die auf Bergheiligtümern verehrt wurden, zu denken(4). Dies wurde bei der Formulierung des Joseph-Spruches von Dtn 33 offensichtlich nicht mehr verstanden, und die köstlichen Gaben der Berge bzw. Hügel wurden in Parallele gesetzt zu denen der Erde(5). Weil mit dem Verständnis von Berg und Hügel als Ortsangabe das Schwergewicht des Spruches auf die Fruchtbarkeit des Landes gelegt war, wurde, vielleicht um die ganze Einheit unter dieses Thema zu stellen, das letzte Glied von Gen 49,25 ersetzt durch Dtn 33,14.

Es ist zudem kaum anzunehmen, daß Jahwe als Spender des Segens in Dtn 33 später ersetzt wurde durch andere, ungewöhnlichere Gottesbezeichnungen(6). Dabei muß man allerdings fragen, welche der vier Gottesbezeichnungen in V 24b.25a ursprünglich mit dem Segenswunsch verbunden war. Es ist anzunehmen, daß es die beiden Letztgenannten waren. שדי steht dem Spruch am nächsten und ist mit dem Verb ברך verbunden und auf den Vätergott wird in V 26 Bezug genommen. Da שדי und Vätergott in dem Spruch als identisch vorausgesetzt werden, könnte allerdings die ausdrückliche Erwähnung des Vätergottes in V 25 auch sekundär sein.

In Gen 49,25 wird die Hilfe des Vatergottes bzw. der Segen El Schaddajs auf Joseph herabgewünscht. Dieser Text wirft so viele Probleme auf, die in der Forschung auch auf ganz unterschiedliche Weise gelöst werden, so daß auch hier keine sicheren Entscheidungen getroffen, sondern nur Vermutungen geäußert werden können.

Die Herkunft und die genaue Bedeutung der Bezeichnung El Schaddaj, die auch ohne den Bestandteil El vorkommt(7), ist nach wie vor ungeklärt. Der Zusammenhang mit El legt es nahe, in ihr ein

Epitheton dieses Gottes zu sehen. Für die Priesterschrift ist El Schaddaj der Name, mit dem sich Jahwe den Vätern offenbarte, und auch im vorliegenden Text, der ja um vieles älter als die Priesterschrift ist, werden El Schaddaj und der Vätergott in Parallele gesetzt. Weippert(8) folgert daraus, daß einer der Vätergötter den dem Großgott zugehörigen Namen El Schaddaj trug. Ob der Name im Alten Testament immer als Bezeichnung Jahwes gebraucht ist, kann nicht mit letzter Sicherheit gesagt werden. Weippert(9) formuliert vorsichtig, daß er in der uns vorliegenden Gestalt des Alten Testamentes durchweg so verstanden ist. Betrachtet man dagegen Gen 49,25 f isoliert, kann nur festgestellt werden, daß El Schaddaj mit dem Vätergott in Parallele gesetzt ist(10). Jahwe erscheint in den Stammessprüchen von Gen 49 nicht.

Die auf El Schaddaj zurückgehende Segensfülle wird im Stammesspruch durch vier Angaben konkretisiert. Sie soll sich erstrecken auf die Segnungen des Himmels, der Fluten, der Brüste und des Mutterleibes. Wiederholt wurde vorgeschlagen, die vier Angaben als Bezeichnungen für kanaanäische Gottheiten aufzufassen(11). Bei Brust und Mutterschoß wird in erster Linie an Ashera und Rahmy gedacht, auf jeden Fall an die für die Fruchtbarkeit von Mensch und Vieh zuständigen weiblichen Gottheiten. Hinter den Segnungen des Himmels könnte Baal, der den Regen vom Himmel sendet, stehen, und die Nennung der תהום wird auf Tiamat bezogen. Ganz ausgeschlossen werden kann dieses Verständnis des Textes nicht. Andererseits wird aber deutlich El Schaddaj bzw. der Vätergott als Segensspender genant, so daß der Text - wenn man die vier Bezeichnungen auf Gottheiten bezieht - aussagen würde, El Schaddaj solle segnen mit den Segnungen, die eigentlich von diesen Gottheiten ausgehen. Von einem solchen Ersatz kanaanäischer Gottheiten durch El Schaddaj bzw. durch den Vätergott ist in V 26 aber gerade nicht die Rede, sondern von einem Übertreffen.

Es ist also näherliegend, in den vier Begriffen von V 25 Näherbestimmungen des von El Schaddaj ausgehenden Segens zu sehen, wobei wohl die ersten beiden Begriffe die Fruchtbarkeit des Landes vor Augen haben, die durch den Regen vom Himmel und das Wasser der Fluten gewirkt wird. תהום ist keineswegs in den alttestamentlichen Bezeugungen Element des Chaos(12), und sie ist auch nicht stark mythologisch personifiert vorgestellt(13), sondern sie gehört hier - wie an allen anderen Stellen, abgesehen von Gen 1,2, wo sie aber auch nicht personifiziert ist, - zur geschaffenen Welt und ist z. B. auch Dtn 8,7(14) Quelle des Reichtums des Landes(15). Daneben sind Brust und Mutterschoß Ausgangspunkte für die Fruchtbarkeit von Mensch und Tier. Mit dieser alle Bereiche umfassenden Segensfülle soll also El Schaddaj bzw. der Vätergott Joseph segnen. Und diese Segnungen werden in V 26 als überlegen gegenüber denen der Berge und Hügel dargestellt. Der Vers ergibt nur dann einen Sinn, wenn in den Bergen und Hügeln Segenspender analog dem Vater - und das heißt sicher dem in V 25 erwähnten Gott des Vaters - gesehen werden, also wohl die auf Hügeln und Bergen verehrten kanaanäischen Gottheiten(16), und er ist auch nur dann sinnvoll, wenn mit den Segnungen des Vaters(17) die vorher genannten Segnungen im Bereich der Fruchtbarkeit gemeint sind, das heißt, wenn in V 26 die

Aussage von V 25 fortgesetzt wird.

Das Reden von den Segnungen deines Vaters macht deutlich, daß in V 25 mit der Hilfe des Vatergottes und den Segnungen El Schaddajs dasselbe gemeint war. Die Segnungen des Vatergottes, deren Inhalt in V 25 beschrieben ist, sind also stärker als die der kanaanäischen Gottheiten, deren Wirkungsbereich ja traditionell eben diese Segnungen waren.

Inwieweit in V 25 geprägtes kanaanäisches Material übernommen wurde, ist schwer zu entscheiden. Stolz spricht sich für den gesamten Vers, abgesehen von מאל אביך ויעזרך aus. Das ist möglich unter der Voraussetzung, daß die genannten Segnungen auch in der kanaanäischen Umwelt auf El Schaddaj zurückgeführt wurden. Ist dies nicht der Fall, kann sich die Vorlage auch auf die drei mit ברכת eingeleiteten Wendungen beschränken.

Auf jeden Fall handelt es sich um eine im Alten Testament singuläre Aussage. Denn während sonst immer kanaanäische Gottesvorstellungen auf Jahwe übertragen wurden (vgl. Ps 29 und 68), sie also nur gebraucht wurden, um Jahwes Macht darzustellen oder die alleinige Macht Jahwes und damit die Machtlosigkeit kanaanäischer Gottheiten direkt ausgedrückt wurde, wird im Joseph-Spruch von Gen 49 die Wirksamkeit kanaanäischer Gottheiten verglichen mit der El Schaddajs bzw. des Vatergottes, wobei letztere als überlegen hingestellt wird.

Weippert datiert, allerdings ohne nähere Begründung, den Joseph-Spruch von Gen 49 "in seinen wesentlichen Elementen" spätestens ins 11. Jahrhundert(18). Wenn es zutreffend ist, daß die Komposition von Gen 49 zur Zeit von Davids Herrschaft in Hebron entstanden ist(19), also Anfang des 10. Jahrhunderts, muß der Joseph-Spruch auch spätestens aus dieser Zeit stammen. Auch die Deutung des Nasiräats Josephs auf das Vorhandensein besonders bedeutender Kultorte in seinem Gebiet weist auf die Zeit vor der Eroberung Jerusalems durch David(20). Daß sich in dem Spruch Hinweise auf den Gott Jakobs finden, kann nicht als Anzeichen dafür gewertet werden, daß hier ein sehr junges Element der Spruchsammlung vorliegt(21). Die Weise, in der hier vom Gott Jakobs geredet wird, läßt eher auf ein hohes Alter schließen.

Als Entstehungsort zumindestens der ersten Formulierung von Gen 49,25-26a muß nicht unbedingt der Stamm Joseph angenommen werden, der hier gar nicht erwähnt wird. Der Name Joseph kommt sogar nur ganz am Anfang und am Ende des Stammesspruches vor, so daß für V 23-26a mit der Möglichkeit gerechnet werden kann, daß die Verse mit dem Stamm Joseph ursprünglich nichts zu tun hatten. Andererseits ist es ausgeschlossen, analog zum Juda-Spruch auch hier die Verse mit der Fruchtbarkeitsthematik dem Redaktor der Sammlung zuzuweisen. Dafür ist die Differenz zwichen dem untheologischen Reden in V 10-12 und der Häufung von Gottesbezeichnungen in V 25 f zu groß. Hinzu kommt, daß nur im Joseph-Spruch die Segensthematik erscheint und daß nur hier auch die menschliche Fruchtbarkeit angesprochen wird. Ob der Redaktor die Verse schon in Verbindung mit dem Joseph-Spruch vorfand oder ob sie ihm unabhängig davon überliefert wurden und er sie benutzte, um den materiellen Reichtum Josephs herauszustellen, muß offen bleiben. Da im Zusammenhang mit der ostjordanischen Gestalt des Bileam ebenfalls von El Schaddaj und einem Segensvorgang die Rede ist (Num 24,1-4) - auch wenn die jetzt dort eingefügten Segenssprüche ursprünglich nicht in diesen Zusammenhang gehören -, könnten die Verse 23-26a oder Teile davon ebenfalls im Ostjordanland entstanden sein(22), zumal auch die Jakobstradition (vgl. V 24b) teilweise dort zu lokalisieren ist, die weitere Überlieferungsgeschichte von V 25 f weist allerdings in den südlichen Bereich des Kulturlandes. Der Text wurde in eine mit großer Wahrscheinlichkeit im Süden entstandene Sammlung aufgenommen, und auch seine in Dtn 33,13-16 vorliegende Weiterbildung ist wohl im Süden entstanden(23).

Trotz des teilweise gleichen Wortlautes liegt im Joseph-Spruch von Dtn 33 eine ganz andere Aussage vor. Es wurde bereits erwähnt, daß Berge und Hügel hier nicht mehr als Umschreibungen für kanaanäische Gottheiten angesehen werden, sondern als reine Ortsangaben, wobei offen bleiben muß, ob die Formulierung von Gen 49,26 einfach nicht mehr verstanden wurde oder ob sie bewußt umgedeutet wurde. Das erstere hat eine größere Wahrscheinlichkeit für sich. Für eine bewußte Uminterpretation wäre die Gefahr eines Mißverständnisses wohl zu groß gewesen. Auf jeden Fall war durch das neue Verständnis das Schwergewicht des Spruches auf das Land gelegt. Über dem Joseph-Spruch steht jetzt als Überschrift die Aussage, daß Josephs Land von Jahwe gesegnet ist, während in der Fassung von Gen 49 zwar die Segnungen des Himmels und der תהום auf die Fruchtbarkeit des Landes zielten, in der folgenden Zeile aber auch die von Mensch und Tier angesprochen wurde.

Weil in Dtn 33,13-16 eine Aufnahme und Veränderung von Gen 49,25 f vorliegt, kann es als sicher angesehen werden, daß die Aussage für den Joseph-Spruch des Mosessegens formuliert wurde und nicht ein ursprünglich davon unabhängiger Text verwendet wurde.

Wie Josephs Land gesegnet werden soll, wird im Folgenden näher ausgeführt. Dabei tritt an die Stelle von ברכת von Gen 49 das seltene מגד , was aber keinen Schluß auf das höhere Alter von Dtn 33 gegenüber Gen 49 nahelegt(24), sondern aus der gegenüber Gen 49 veränderten Aussage des Spruches zu erklären ist: Als einziger Segensspender tritt jetzt Jahwe auf, alle anderen Angaben bezeichnen Orte, von denen diese Segenswirkung Jahwes ausgeht, die sich in den köstlichen Gaben eben dieser Orte konkretisiert. Diese Orte sind aber nicht selbst Spender eines Segens, das macht die Unterscheidung zwischen ברך in V 13a und מגד in den folgenden Versen ganz deutlich.

An erster Stelle wird die Gabe des Himmels(25) und der תהום genannt, wobei entweder an das für das Gedeihen der Früchte notwendige Wasser oder auch an die durch dieses Wasser gewachsenen Früchte gedacht werden kann. Wohl in erster Linie um die Zahl von drei Zweierreihen in Gen 49 (Himmel - Tehom, Brüste - Mutterschoß und Hügel - Berge) beizubehalten, werden dann die Gaben genannt, die von der Sonne und den Jahreszeiten hervorgebracht werden. Es handelt sich hier natürlich um denselben Reichtum des Landes wie in V 13, 15 und 16; für das Gedeihen der Früchte ist auch die Sonne wichtig und das ganze Jahr mit seinen klimatisch unterschiedlichen

Jahreszeiten. Es folgt die Nennung der Berge und Hügel, die jetzt nicht mehr Ausgangspunkt eines Segens sind, sondern durch den Segen Jahwes köstliche Früchte hervorbringen. Dabei handelt es sich in erster Linie sicher um die auf den Höhen wachsenden Früchte, vielleicht ist aber auch - wie in Dtn 8,9 - an Bodenschätze gedacht. In V 16a wird das vorher Genannte noch eimal zusammenfassend umschrieben. Josephs Land ist gesegnet mit dem Köstlichen der Erde und ihrer Fülle.

In Dtn 33,13-16 wird vorgegebenes, teilweise ursprünglich kanaanäisches Material benutzt und so verändert, daß es jetzt dazu dient, das Gesegnetsein des Landes unter den verschiedenen Aspekten darzustellen, nämlich Zusammenwirken von Waser, Sonne, jahreszeitlichem Ablauf und fruchtbaren Orten, die alle ihr Bestes geben.

In diesem Reden vom Gesegnet-Sein des Landes liegt ein weiterer Unterschied gegenüber dem Joseph-Spruch von Gen 49. Während dort Empfänger des Segens die angeredete Person war (vgl. Gen 49,25a), d.h. im jetzigen Kontext der Stamm Joseph, empfängt jetzt ein Land den Segen Jahwes. Älter ist sicher der Bezug auf eine Person(26). Die Vorstellung vom Gesegnet-Sein des Landes dürfte sich entwickelt haben aus der Konkretisierung des Segens über eine Person.

Das Gesegnet-Sein des Landes durch Jahwe ist das beherrschende Thema von Dtn 33,13-16a, andere Gottheiten als Urheber eines Segens wie im Joseph-Spruch von Gen 49 kommen dabei nicht in den Blick. Während es in Gen 49 darum ging, die Überlegenheit des Vatergottes bzw. El Shaddajs in bezug auf die Fruchtbarkeit von Mensch, Tier und Land gegenüber den kanaanäischen Fruchtbarkeitsgottheiten herauszustellen, wird in Dtn 33 ganz ohne diesen Kontext geredet. Das Spenden von Segen, der sich in reicher Fruchtbarkeit äußert, ist ganz selbstverständlich der Wirkungsbereich Jahwes. Für die Kreise, in denen Dtn 33,13-16a formuliert wurde, bereitet es offensichtlich keinerlei Schwierigkeiten, die Fruchtbarkeit des Landes in Verbindung mit der Segensthematik auf Jahwe zurückzuführen. Ein Zusammenhang mit der Landnahme Israels wird dabei nicht hergestellt. Die an sich völlig unbestimmte Segensschilderung erhält nur dadurch, daß sie im Stammesspruch über Joseph erscheint, eine zeitliche und örtliche Konkretisierung.

In Gen 49 ging es somit primär um eine Aussage über den Spender des Segens, in Dtn 33 dagegen darum, den selbstverständlich von Jahwe dem Land gespendeten Segen in seiner ganzen Fülle darzustellen.

Gen 49 ist dabei die einzige alttestamentliche Stelle, an der eine Aussage über mehrere in Betracht komende Spender des Segens gemacht wird. Dort, wo - wie in der Prophetie des Nordreichs - Jahwe als der alleinige Spender der Landesgaben betont wird, sind die Aussagen über diese Gaben des Landes nicht mit de Segensthematik verbunden, und dort, wo im Zusammenhang mit einem Segen von der Fruchtbarkeit des Landes geredet wird - wie im jahwistischen Geschichtswerk und seiner späteren Bearbeitung - ist jeweils Jahwe als Spender dieses Segens selbstverständlich vorausgesetzt.

Möglicherweise liegt auch diese Besonderheit des Joseph-Spruches von

Gen 49, die einen erheblichen Unterschied sowohl zum Material des Nord- als auch des Südreichs darstellt(27), eine Entstehung im Ostjordanland nahe, auf die ja bereits andere Gesichtspunkte hinwiesen.

4.1.3 Datierung

Das Ergebnis, das in Bezug auf die relative Chronologie von Gen 49,25 f und Dtn 33,13-16 erzielt werden konnte, läßt sich auch auf die beiden Sammlungen übertragen. In Gen 49 liegt die ältere Komposition vor, weil die dortige Reihenfolge der Stämme die ältere ist, die sogar noch von Levi als weltlichem Stamm redet(1). Auch die einzelnen Sprüche sind in Dtn 33 weiterentwickelt, während z. B. in Gen 49 Jahwe gar nicht erwähnt wird. Ebenso ist die Gesamtkomposition weiterentwickelt. Das Segensmotiv, von dem in Gen 49 ausdrücklich nur im Joseph-Spruch die Rede ist, während etwa in V 7 f ein Fluchwort vorliegt, bildet in Dtn 33 den Rahmen und bestimmt auch einen großen Teil der Sprüche(2).

Betrachtet man die Gesamtheit der Stammessprüche von Gen 49, so ist auffallend, daß bei den Südstämmen Juda in herausragender Weise positiv gesehen wird, während die anderen Südstämme mehr oder weniger negativ dargestellt werden und daß in der ganzen Spruchsammlung ein Königtum nur in Juda vorausgesetzt ist. Die Stämme im Norden und allen voran Joseph werden positiv gesehen. Von daher hat die These Lindbloms eine gewisse Wahrscheinlichkeit, wonach die Komposition der Sprüche von Gen 49 auf einen Hofpropheten Davids in Hebron zurückgeht, der David eine große Zukunft voraussagen und zugleich die Sympathie der Nordstämme für David gewinnen wollte(3). Die besondere Hervorhebung des Reichtums an Wein im Juda-Spruch von Gen 49 wurde bereits als möglicher Hinweis auf eine Entstehung zumindest dieser Formulierung in Hebron erwähnt. Im Unterschied zum Joseph-Spruch sind die Verse 10-12, die die Fruchtbarkeitsthematik in den Juda-Spruch einbringen, dann nicht älter als die Sammlung selbst.

Kittel weist Gen 49 dem Jahwisten zu(4), der die Sammlung seinem Werk einfügte, um einen Übergang zwischen den Erzählungen von Jakob und seinen Söhnen in der Genesis und dem Reden vom Volk Israel in Exodus 1 herzustellen. Die Sammlung enthält aber keinerlei Hinweise auf den Jahwisten(5), in dessen Werk zudem Israel nie als Verbund von zwölf Stämmen erscheint. Es ist durchaus möglich, daß eine kurze jahwistische Überleitung von den Jakobssöhnen zum Volk Israel vorhanden war, die aber bei der Zusammenarbeitung mit der Priesterschrift verloren ging. Im jetzigen Gesamtzusammenhang erfüllt der priesterschriftliche Abschnitt Ex 1,1-7 diese Aufgabe. Die Spruchsammlung in Gen 49 dokumentiert auf jeden Fall einen Zustand, in dem Juda zwar die größere politische Macht, Joseph aber wohl den größeren Reichtum hatte.

Auch als Entstehungsort von Dtn 33 wurde die Umgebung Davids angenommen(6) und zwar in der Zeit nach dem Beginn des Aufstands von Absalom. Der Zweck der Sprüchesammlung sei die Werbung der königlichen Politik um die Stämme gewesen. Dafür wird angeführt, daß die Sprüche, abgesehen von dem über Juda und Levi, alle den Charakter eines "gut sitzenden höfischen Komplimentes"(7) haben. Richtig gesehen ist dabei die durchweg positive Bewertung der Stämme; doch fehlt jeder Hinweis auf die Formulierung der Sprüche in höfisch-königlichen Kreisen.

Von anderer Seite wurde auch die Orthographie der Spruchsammlung dem 10. Jahrhundert zugewiesen, ihre mündliche Überlieferung soll aber bis ins 11. jahrhundert zurückgehen(8). Es ist jedoch wenig wahrscheinlich, daß die Entstehungszeiten von Gen 49 und Dtn 33 so nahe beieinanderliegen und die beiden Sammlungen auch noch auf dieselben Kreise zurückgehen. Dafür sind die Differenzen zwischen den Einzelsprüchen zu groß.

Kittel(9) führt die Komposition von Dtn 33 - teilweise auch die Formulierungen und die Einfügungen in den jetzigen Zusammenhang - auf den Deuteronomisten zurück, der im Buch Josua von der Landnahme der zwölf Stämme erzählt, von denen im Dtn aber noch nicht die Rede war. Deshalb sei die Einfügung der Stammessprüche am Ende des Dtn notwendig gewesen. Das Josuabuch schildert aber trotz der in ihm vorhandenen Aufteilung Israels in zwölf Stämme die Landnahme zunächst als Unternehmen Gesamtisraels. Sinnvoller wäre eine Einfügung der Stammessprüche deshalb eher am Ende der Landnahme, wenn jeder Stamm sein Gebiet in Besitz hat. Für den Deuteronomisten und seine Leser war es ja selbstverständlich, daß das im Dtn angesprochene Israel das aus den zwölf Stämmen bestehende ist. Eine ausdrückliche Nennung aller Stämme vor Beginn der Landnahme war deshalb nicht nötig.

Vielleicht ergibt sich ein Hinweis auf den Entstehungsort von Dtn 33 aus der Beobachtung, daß neben dem Spruch über Joseph der Spruch über Ascher der einzige ist, bei dem in den beiden Sammlungen Gemeinsamkeiten vorhanden sind. Es ist auffallend, daß es gerade die Sprüche sind, in denen vom natürlichen Reichtum des Stammes die Rede ist, und es tut sich die Frage auf, weshalb gerade diese Thematik in Dtn 33 übernommen wurde und andere nicht. Da in Gen 49 der Juda- und der Ascher-Spruch Hinweise auf das Königtum enthalten, legt sich für diese Sammlung die Ansetzung in höfischen Kreisen nahe. In Dtn 33 dagegen fehlen derartige Hinweise - im Ascher-Spruch, der in beiden Fassungen ein annähernd gleiches Thema hat, fehlt der Bezug zum Königtum in Dtn 33 -, vielmehr kommt hier entsprechend der Überschrift in vier der Sprüche das Stichwort "Segen" vor, das jeweils als natürlicher Reichtum konkretisiert wird; ohne den Segensbegriff ist davon auch im Spruch über Sebulon und Ischsakar die Rede. Ein derartiger Segensbegriff ist auch für die Bearbeitungsschicht des Jahwisten wichtig, auf die Gen 27 zurückgeht(10). Zwischen den dortigen Segenssprüchen und dem Joseph-Spruch von Dtn 33 gibt es auch in Einzelheiten Übereinstimmungen: In Gen 27,27 ist vom Feld, das Jahwe gesegnet hat, die Rede und in Dtn 33,13 vom durch Jahwe gesegneten Land. Auch wurde bereits darauf hingewiesen, daß שמים מטל in Dtn 33,13 analog zu Gen 49,25 in שמים מעל zu ändern ist. Die Einführung von מטל in Dtn 33,13 ist nicht recht verständlich, weil sich durch das תחת am Ende des Verses מעל nahelegt. Vielleicht könnte die Änderung durch das מטל השמים in Gen 27,28 veranlaßt sein. Auch das wäre dann ein Hinweis auf die Entstehung von Dtn 33 in den Kreisen, die auch das jahwistische Geschichtswerk überlieferten und erweiterten. Es stellt sich somit die Frage, ob die Spruchsammlung von Dtn 33 auf ländliche Kreise im Südreich zurückgeführt werden kann, deren Blickfeld allerdings ebensowenig wie das des Jahwisten und der Bearbeitungsschicht seines Werkes auf den Süden beschränkt war. Mehr als eine Vermutung ist aber auch hier nicht möglich. Ist diese Herleitung zutreffend, wäre die Sammlung etwa in dieselbe Zeit wie die Bearbeitungsschicht des jahwistischen Geschichtswerkes zu datieren, frühestens gleichzeitig mit dem Jahwisten.

4.2. Theophaniehymnen und Psalmen aus dem Nordreich

4.2.1. Ri 5,4 f und Ps 68,8-10

Frühe Belege, die Jahwe zwar nicht mit dem Gedeihenlassen von Nahrungsmitteln, aber mit dem in Palästina dafür notwendigen Regen in Verbindung bringen, liegen in den in Ri 5,4 f und Ps 68,8 f verarbeiteten Theophaniehymnus vor. Hinter beiden Texten ist eine gemeinsame mündliche Überlieferung anzunehmen(1), die die sonst nicht bezeugte Gottesbezeichnung זה סיני (2) enthält. Da Ps 68 zum elohistisch redigierten Psalter gehört und in Ri 5,4 f die Gottesbezeichnung Jahwe verwendet wird, hat der Hymnus neben זה סיני diese Bezeichnung auch ursprünglich enthalten.

Nach diesem Hymnus wird das Erscheinen Jahwes zur Hilfe für sein Volk von einer Erschütterung der Natur begleitet. Da das Beben der Erde bzw. der Berge deutliches Indiz für einen Aufruhr der Natur ist, steht hinter der Aussage vom Triefen der Himmel sicher die Vorstellung von einem heftigen Gewitterregen, der ebenfalls die Natur in Aufregung versetzt(3). Wie vor allem an Ri 5 deutlich wird, war der ursprüngliche Sitz im Leben derartiger Hymnen die Siegesfeier nach einem Jahwekrieg(4). Der Hymnus ist zwar ein selbständiges Element innerhalb des Deborahliedes; aber er kann nicht von diesem getrennt werden, auch im Lied selbst wird die Befreiungstat immer wieder als Tat Jahwes hingestellt (V 11. 13. 20 f. 23). Damit hat der Hymnus ebenso wie das Lied seinen Entstehungsort im Nordreich(5). Für den Hymnus selbst sind zwei Elemente konstitutiv, nämlich die Aussage über das Kommen Jahwes und die schon erwähnte über den Aufruhr in der Natur. Jeremias hat gezeigt, daß dabei das erste Element aus der Sinaitradition übernommen wurde, das zweite aber aus der Umwelt Israels(6). Da vom Erscheinen einer Gottheit, und zwar Baals im Gewitterregen in ugaritischen Texten die Rede ist (z. B. II AB V 65 ff und RS 24.245), dürften die entsprechenden alttestamentlichen Aussagen aus der kanaanäischen Umwelt übernommen sein. Allerdings werden in den genannten Texten die eigentlichen Gewitterphänomene Blitz und Donner stärker betont.

Da das Erscheinen Jahwes in Ri 5,4 f und Ps 68,8 f von einem heftigen Regen begleitet ist, läßt sich fragen, ob die Übernahme derartiger Aussagen auch dazu dienen sollte, den Regen, dem Israel seine Fruchtbarkeit verdankt, auf Jahwe zurückzuführen. Die Begrenzung derartiger Aussagen - zumindest soweit sie uns erhalten sind - auf die Theophaniehymnen macht es jedoch wahrscheinlich, daß es bei ihnen primär darum ging, die Erschütterung der gesamten Natur beim Erscheinen Jahwes auszudrücken. Vom Zusammenhang der Theophanietexte mit dem Jahwekrieg her legt sich eine Aussage über die Fruchtbarkeit der Erde auch nicht gerade nahe. Es ist leicht einzusehen, daß für die Vorstellung von einem Kommen Jahwes vom Sinai zur Hilfe für sein Volk - im Unterschied zur Pentateuchtradition, die von einem Erscheinen Jahwes am Sinai redet - die nicht an einen festen Ort gebundenen Elemente der Theophanieschilderung aus Israels Umwelt besser geeignet waren als die aus dem südlichen Bereich des Kulturlandes stammende Schilderung der Sinaitheophanie mit Elementen eines Vulkanausbruches.

Noch etwas spricht dafür, daß mit der Übernahme der Aussage vom Triefen der Himmel noch nicht die Vorstellung gegeben war, daß der Regen Jahwe zu verdanken ist. In Ps 68,10; Ps 65,10 f; 1.Kö 18,1 und Dtn 11,11 und 14, also bei den Stellen, die davon reden, daß Jahwe Israel seinen Regen gibt, wird immer auch das Land, auf das dieser Regen fällt, erwähnt, während in den Theophanieschilderungen das Triefen der Himmel als Symbol der aufgewühlten Natur wichtig ist, aber nicht der Ort, auf den der Regen fällt. In beiden Texten erscheint das Begriffspaar שמים - ארץ , mit dem die Gesamtheit der Welt bezeichnet wird. Sie gerät ganz in Aufruhr, wenn Jahwe zur Hilfe für sein Volk erscheint, und dieser Aufruhr äußert sich im Beben der Erde und im Triefen der Himmel. Wie wenig in den Hymnen ein Zusammenhang mit dem für das Kulturland wichtigen Regen gesehen wurde, wird darin deutlich, daß in Ps 68,9 das Triefen der Himmel im Zusammenhang mit den Heilstaten in der Wüste(7) genannt wird, während davon der Regen von V 10(8) unterschieden wird, den Jahwe triefen läßt und der nicht mit einer Anspielung auf eine Theophanie Jahwes verbunden ist (נטף kal in V 9 und נטף hif in V 10). Auch der Elohist, der Jahwe ja nicht wie die Theophaniehymnen vom Sinai ausziehen läßt, sondern die Theophanie am Sinai, also in der Wüste lokalisiert, kann das Gewitter - und damit auch einen Regen, auch wenn dies nicht ausdrücklich genannt ist - als Begleiterscheinung Jahwes in der Wüste stattfinden lassen.

Zusammenfassend läßt sich sagen, daß in den Theophaniehymnen Vorstellungen aus Israels Umwelt aufgenommen wurden, in denen es um den Aufruhr der Natur beim Erscheinen einer Gottheit geht, wobei sich dieser Aufruhr u. a. im Triefen der Himmel äußert. Aber es spricht vieles dafür, daß es Israel bei diesen Aussagen nur darum ging, den Aufruhr der Natur beim Erscheinen Jahwes auszudrücken, und noch nicht darum, ihn als den Spender des Regens in Erscheinung treten zu lassen.

Im Unterschied dazu ist in Ps 68,10 davon die Rede, daß Gott den Regen auf das Land triefen läßt. Hier muß aber zunächst auf das Alter von Ps 68 eingegangen werden. Denn wenn auch in ihm ein aus der Richterzeit stammender Theophaniehymnus verarbeitet ist, ist damit noch nichts über die zeitliche Ansetzung des ganzen Psalms gesagt. Die Meinungen reichen hier von sehr alt - Albright z. B. sieht in dem Psalm einen Katalog altkanaanäischer Dichtung aus dem 10.-13. Jahrundert(9) - bis zur Datierung in nachexilischer Zeit(10). Sicher ist zunächst einmal, daß er jünger sein muß als das Deborahlied, weil im Psalm die Theophanie Jahwes von ihrem ursprünglichen Kontext, dem Jahwekrieg gelöst und mit den Heilstaten Jahwes in der Wüste verknüpft wird(11). Ein weiterer Anhaltspunkt ergibt sich aus V 28, wo von einer Führungsrolle Benjamins die Rede ist. Da eine solche nur zur Zeit Sauls gegeben war, dürfte die Entstehung des Liedes in dieser Zeit anzusetzen sein(12). Spätere Zufügungen liegen vor in V 30 in der Übernahme in jerusalemische Kulttradition und in den nachexilischen Versen 31-36(13).

In Ps 68,10 findet sich die im Alten Testament singuläre Aussage, daß Gott seine erschöpfte נחלה durch den Regen wieder aufrichtet. Mit dieser Angabe beginnt die Schilderung von Jahwes Heilstaten im Kulturland, während vorher von denen in der Wüste die Rede war. Zwar spricht auch Jeremia von der נחלה Jahwes (Jer 2,7; 12,7-9 und 10,16) und auch von ihrer Zerstörung, aber diese geschieht bei ihm in Folge des Götzendienstes Israels. Der ganze Gedankengang von Ps 68,10 f, daß nämlich das Land, bevor Israel in es einzog, erschöpft war und dann von Jahwe durch einen Regen wieder aufgerichtet wurde, begegnet an keiner anderen Stelle, und es ist offensichtlich, daß es sich hier auch nicht gerade um eine sehr einleuchtende Vorstellung handelt; viel verständlicher wäre die, daß Jahwe Israel in ein fruchtbares Land bringt.

Da in Ps 68 kanaanäische Vorstellungen verarbeitet sind, abgesehen vom Theophaniehymnus z. B. die Aussage vom Einzug der Gottheit auf dem Gottesberg (V 16 ff), und sich für die hinter V 10 stehende Vorstellung keine alttestamentlichen Bezüge feststellen lassen, liegt es nahe, nach kanaanäischen Vorbildern zu suchen. Natürlich erlaubt das in V 11a angesprochene Thema des Kommens in das Land keine direkten Parallelen; aber möglicherweise kann die Aussage von V 10 in einen Zusammenhang gebracht werden mit dem Text II K, III 7 ff, nach dem der Regen eine Wonne für die Erde war. Hier ist offenbar vorausgesetzt, daß die Erde am Ende der Trockenzeit, vor Einsetzen des Regens, in einem unbefriedigten Zustand war und durch den Regen wieder ein guter Zustand hergestellt wird. Ein derartiger Zusammenhang mit dem klimatischen Jahreskreislauf könnte auch für die hinter Ps 68,10 stehende Aussage maßgebend gewesen sein. Es wäre also möglich,daß bei der Formulierung von Ps 68,10 f aus der kanaanäischen Umwelt die Vorstellung von der in jedem Jahr neu geschehenden Erquickung des Erdbodens durch den Regen Baals aufgegriffen und durch die Verbindung mit der Landnahme Israels aus den jahreszeitlichen Bezügen gelöst und historisiert wurde. Die durchaus vorhandenen Differenzen zwischen dem alttestamentlichen Vers und der ugaritischen Aussage - hier wird das Land z. B. nicht als Erbbesitz Baals bezeichnet - lassen aber nicht mehr als eine Vermutung zu.

Ist die oben vorgenommene Datierung des Psalms zutreffend, würde in Ps 68,10 die älteste Aussage aus dem Bereich des Nordreichs vorliegen, in der Jahwe als der Spender des für die Fruchtbarkeit des Landes wichtigen Regens hingestellt wird(14). Die Formulierung dieser Aussage wäre - unter der Voraussetzung, daß die oben gezeigte Herleitung richtig ist - hier dann in derselben Weise erfolgt, wie es auch im Theophaniehymnus und in den anderen Versen von Ps 68 zu beobachten ist, nämlich durch Übertragung kanaanäischer Aussagen auf Jahwe, die allerdings tiefgreifend verändert wurden durch die

Verbindung mit der Geschichte Israels.

4.2.2. Psalm 29

Ein weiteres Beispiel für eine Übertragung kanaanäischer Aussagen liegt in Psalm 29 vor.

Es ist hier nicht der Ort, auf alle mit dem Ps 29 verbundenen Probleme einzugehen(1). Weitgehend herrscht in der Forschung Übereinstimmung darüber, daß in dem Psalm kanaanäisches Material verwendet wird. Umstritten ist allerdings der genaue Herkunftsort des Psalms und im Zusammenhang damit die Frage, ob es sich um einen ursprünglich Baal oder El zuzuweisenden Hymnus handelt. Weil der Tempel von Jerusalem als der Ort gilt, an dem der כבד Jahwes wohnt (vgl. Ps 26,8), ist wiederholt Jerusalem als der Entstehungsort des Pslams und die dortigen Übertragung von Baal-Motiven auf El behauptet worden(2). Allerdings haben die meisten Stellen, die vom כבד Jahwes reden, keinen Bezug zum Gewitter und weisen im Unterschied zu den Gewitterversen El-Motive auf, z. B. das Thronen inmitten eines himmlischen Hofstaates(3). Davon, daß der כבד die Lichterscheinung des Gottes bezeichnet, der sich im Blitz zu erkennen gibt(4), ist im Psalm keine Rede. In V 7 kommt das Stichwort כבד nicht vor. V 3ab nimmt eine Sonderstellung ein. Nur hier ist der כבד mit dem Gewitter in Zusammenhang gebracht, aber gerade nicht mit der Lichterscheinung, sondern mit dem Donner. Und nur hier erscheint die Gottesbezeichnung El und nicht Jahwe. Es ist problematisch, von diesem Halbvers aus El mit Gewittererscheinungen in Verbindung zu bringen, zumal diese Verbindung sonst nirgends bezeugt ist. V 3ab dürfte eher eine sekundäre Erläuterung des Zusammenhangs zwischen V 1 f und 3 ff sein(5). Wegen des fehlenden Zusammenhangs zwischen den Aussagen vom כבד Jahwes und von der Gewittererscheinung sind auch V 1 f und V 9c mit großer Wahrscheinlichkeit als Zusätze anzusehen, die durch die Jeursalemer El-Tradition geprägt sind und die das Thronen der Gottheit als Gegenwart im Jerusalemer Tempel deuten(6).

Als Ort, an dem der Psalm seine heutige Gestalt erhielt, ist deshalb Jerusalem anzunehmen; aber die Schilderung der Erscheinung einer Gottheit im Gewitter ist von dieser Endgestalt zu trennen; und es spricht immer noch am meisten dafür, sie mit Baal in Verbindung zu bringen. Dann aber stammt dieser Teil des Psalms nicht aus Jerusalem, sondern aus dem Nordreich; denn von einer Baalsverehrung in Jerusalem ist nichts bekannt(7). Vielmehr findet die prophetische Auseinandersetzung mit dem Baalskult im Nordreich statt.

Auf jeden Fall hat der Hymnus vom Erscheinen der Gottheit im Gewitter große Ähnlichkeit mit Texten wie RS 24.245(8), wo eine Epiphanie Baals geschildert wird. In den dem Psalm zugrunde liegenden kanaanäischen Text wurde nur wenig eingegriffen, was für eine frühe Ansetzung des Psalms spricht. Es dürfte sich um einen der ältesten Psalmen des Alten Testamentes handeln(9).

4.2.3. Theophanie und Fruchtbarkeit des Landes

Psalm 29 bescheibt das machtvolle Auftreten Jahwes im Gewitter und überträgt damit eine Erscheinungsweise Baals auf Jahwe. Obwohl das Gewitterthema den ganzen Psalm beherrscht, redet er nicht von dem damit verbundenen Regen, der dem Lande Fruchtbarkeit gibt. Offensichtlich ging es dem Lied - ebenso wie dem in Ri 5,4 f und Ps 68,8 f überlieferten Theophaniehymnus - darum, zu zeigen, mit welcher Mächtigkeit sich Jahwes Erscheinen in der Natur offenbart, wobei derartige Vorstellungen von einer göttlichen Erscheinung aus der kanaanäischen Umwelt entnommen wurden. Es ging aber in diesen Texten nicht darum, eine Antwort auf die Frage zu geben, ob der für die Fruchtbarkeit des Landes wichtige Regen Baal oder Jahwe zu verdanken ist. Es ist im Gegenteil sogar so, daß die Wirkung in der Natur hier eher eine zerstörende ist(1).

Auch im ugaritischen Vergleichsmaterial läßt sich eine Trennung beobachten zwischen den Texten, die von Baals Erscheinen im Gewitter reden - hier ist auf den oben genannten Text RS 24,245 zu verweisen oder auf II AB, V 68 ff - und denen, die die Fruchtbarkeit schaffende Wirkung seines Regens zum Thema haben, z. B. I AB, III-IV oder II K, III 4-9(2). Bei den erstgenannten Texten kann zwar auch vom Regen die Rede sein, vgl. RS 24.245; aber es wird hier nie das Land, dem dieser Regen Fruchtbarkeit geben soll, erwähnt(3). Dasselbe galt auch für die in dem Theophaniehymnus Ri 5,4 f und Ps 68,8 f aufgenommene kanaanäische Aussage.

Hinter dieser Zweiteilung steht die Verbindung von Hadad- und Daganfunktionen in der Gestalt des ugaritischen Baal(4). Das Wort Baal, das ja kein Eigenname ist, sondern "Herr", "Gebieter" bedeutet, war schon früh zur Bezeichnung des Gewitter- und Sturmgottes Hadad geworden. Dieser Aspekt von Baal ist beherrschend in den Texten, die von der machtvollen Theophanie der Gottheit reden, die zu einer Erschütterung in der Natur führt; und der Aspekt fand auch Eingang in die Theophanieschilderungen des Alten Testamentes. Da es hier um das machtvolle Auftreten einer Gottheit ging, war die Übertragung auf Jahwe relativ problemlos.

Baals Fruchtbarkeit schaffendes Wirken dagegen ist in erster Linie mit Funktionen des Vegetationsgottes Dagan verbunden, der sich in der regenlosen Zeit in die Unterwelt begibt, um mit dem Regen im Herbst wieder aufzuleben. Es liegt auf der Hand, daß diese Vorstellung nicht auf Jahwe übertragen werden konnte; vielmehr mußte hier nach neuen Wegen gesucht werden, um zwar die Fruchtbarkeit des Erdbodens als Werk Jahwes aussprechen zu können, ihn aber dennoch nicht zu einer sterbenden und auferstehenden Vegetationsgottheit werden zu lassen(5). Dafür, daß die Lösung dieser Aufgabe nicht problemlos vor sich ging, bietet die Prophetie des Nordreichs ein anschauliches Bild.

4.3. Psalmen aus dem Südreich

Neben den Psalmen aus dem Nordreich, die eine Verbindung herstellten zwischen Jahwe und dem Geschehen des Regens, in denen die Fruchtbarkeit des Landes aber nur in dem einen Vers Ps 68,10 angesprochen wurde, gibt es einige Psalmen, die Jahwe als den Spender der Fruchtbarkeit des Erdbodens preisen. Zu denken ist dabei an die Psalmen 65, 67, 72 und 85, wovon allerdings die Psalmen 67 und 85 hier außer Betracht bleiben können, da sie erst in nachexilischer Zeit entstanden sind(1).

4.3.1. Psalm 65

Am ausführlichsten wird das Thema im Psalm 65 behandelt. Nach einem Hymnus, der die universale Schöpfungs- und Heilsmacht Gottes preist (V 2-9) erfolgt zwischen V 9 und V 10 ein Themenwechsel, der auch dadurch angezeigt wird, daß jetzt der in V 6-9 verwendete hymnische Partizipialstil verlassen wird. In V 10-14 wird das Fruchtbarkeit spendende Handeln Gottes besungen, wobei es sich wahrscheinlich um ein ursprünglich selbständiges Lied handelt, das erst nachträglich mit dem Hymnus V 2-9 verbunden wurde. Für beide Teile ist vorexilische Entstehung anzunehmen(2).

Das Lied beginnt mit einer Aussage im Perfekt: Gott hat sich des Landes gnädig angenommen. Das Perfekt verweist aber hier kaum auf ein einmaliges Geschehen, so daß das Lied ein Danklied für eingetretenen Regen wäre(3). Dagegen spricht, daß bei den folgenden Versen das Imperfekt verwendet wird, es hier also nicht mehr um eine einmalige, in der Vergangenheit liegende Handlung geht. Vielmehr dürfte das Perfekt פקדת eine Art Überschrift über dem Lied sein. Das Wie der Annahme Gottes wird im folgenden geschildert.

Gott bewässert das Land und macht es reich, und zwar mit dem Wasser aus dem "Bach Gottes", das in reichlichem Maße vorhanden ist. Und durch dieses Tun bereitet er das Getreide. Bei der abschließenden Wendung von V 10 handelt es sich wahrscheinlich um eine Dittographie(4); andernfalls müßte sich das Feminin-Suffix auf הארץ beziehen, und in diesem Zusammenhang kommt הכין nur in der Bedeutung "gründen", "schaffen" vor, was aber innerhalb der Thematik von V 10-14 keinen Sinn ergäbe.

פלג אלהים wird von Kraus(5) identifiziert mit dem נהר פלגיו in Ps 46,5, dem aus der kanaanäischen Mythologie übernommenen Gottesstrom, der jetzt von Jerusalem(6) ausgeht. Allerdings stammen die weiteren Belegstellen für diese Vorstellung, die Kraus auch selbst anführt (Jes 33,21; Joel 4,18; Ez 47; Sach 14,8) alle nicht aus vorexilischer Zeit(7), so daß die Vermutung von Kraus, die Vorstellung sei schon in vorisraelitischer Zeit vom Jebusiterheiligtum rezipiert worden, wenig wahrscheinlich ist und ebenso die Beschreibung von Ps 46 als sehr alt(8). Hinzu kommt, daß der von Zion ausgehende Strom an keiner dieser Stellen als פלג bezeichnet wird - hinter Ps 46,5 steht die Vorstellung von einem Strom, der sich in mehrere פלגים teilt - und daß von diesem Strom nirgends gesagt wird, er bewässere das ganze Land. Wo ihm eine lebensfördernde Aufgabe ausdrücklich zugewiesen wird (Ez 47,8-10; Joel 4,18; Sach 14,8), ist sie immer geographisch genau festgelegt. Eine sicher Zuordnung von Ps 65, 10-14 zu Jerusalem aufgrund der Erwähnung von פלג אלהים ist also nicht möglich. Andererseits ist in Jes 30,25 von פלגים die Rede, die wohl der Fruchtbarkeit des Landes dienen und in Ps 1,3 sowie in Jes 32,7 werden פלגים , die ebenfalls einen Bezug zur Fruchtbarkeit des Landes haben, in Vergleichen verwendet. An allen diesen Stellen wird das Wort aber im Plural gebraucht, ein Zusammenhang mit dem von Jerusalem ausgehenden Strom liegt also nicht vor. Ps 65,10 ist somit der einzige Beleg für פלג im Singular, und dieser eine פלג soll der Bewässerung des ganzen Landes dienen. Es ist deshalb zu fragen, ob nicht die alte Deutung von Gunkel doch im Recht war, die hier einen himmlischen Gottesbach angesprochen sah, aus dem der Regen herabfließt(9). Von dem Verb שקה hif her ist eine eindeutige Entscheidung nicht möglich; es wird in Bezug auf das Land sowohl im Zusammenhang mit dem Regen (Ps 104,13) als auch mit Flußläufen (Gen 2,6 und 10) gebraucht.

Auch die ausdrückliche Erwähnung des Regens in V 11 spricht dafür, V 10 auf den Regen zu beziehen. Andernfalls würden die beiden Verse zwei verschiedene Aussagen über die Bewässerung des Getreides durch Gott machen, was nicht sehr wahrscheinlich ist. Für den Regen steht in V 11 רביבים , ein Wort, das vor allem bei Jeremia Verwendung findet (3,3, und 14,22), aber auch in Ps 72. Den Abschluß des Verses bildet wie in V 10 eine Aussage über das Gewächs des Landes. Auf sein Wachstum zielt die Befeuchtung des Landes.

Hinter V 12b steht die Vorstellung, daß Gott im Land umherzieht und seine Pfade dabei von Fett triefen. Ob mit דשן ebenso wie mit שמני הארץ etwa in Gen 27,28 der Regen selbst gemeint ist(10) oder die von diesem Regen gewirkte Fettigkeit, muß offen bleiben. Das Bild von V 12b stimmt nicht ganz überein mit dem vom himmlischen Gottesbach, so daß in dem Lied mit der Verarbeitung von zwei ursprünglich voneinander unabhängigen Vorstellungen gerechnet werden muß, einmal mit der, daß Gott Regen aus dem himmlischen Gottesbach spendet, zum andern mit der Vorstellung, daß er durch das Land zieht und es dabei fett und saftig macht. Für diese Zweiteilung könnte auch angeführt werden, daß in V 10 f der Akzent auf dem Getreide liegt, das durch die Bewässerungsarbeit Gottes wächst, in V 12-14 dagegen auf den saftigen Weiden für die Kleinviehherden. Wenn V 14b als redaktioneller Zusatz, der die beiden Hälften des Liedes miteinander verbinden soll, gestrichen werden könnte, lägen in V 13 und V 14 zwei gleichförmige Aussagen vor: Die Weiden sind gut - die Menschen jubeln. Nicht in Verbindung gebracht werden kann die Vorstellung vom Einherziehen Gottes im Land mit Ps 68,9 f(11). Hier ist in V 8 f ein Theophaniehymnus verarbeitet, der das Erschrecken der Natur beim Kommen Jahwes beschreibt(12). Mit V 10 setzt ein neuer Gedankengang ein. Das Spenden des Regens steht nicht im Zusammenhang mit der Theophanie, die in der Wüste stattfindet. Nach Dtn 33,26 kommt Gott gefahren, aber nicht, um dem Land Fruchtbarkeit zu schenken, sondern um Israel Hilfe gegen seine Feinde zu gewähren. Dadurch wird es auch hier fraglich, ob eine gemeinsame Vorstellung zugrunde liegt, zumal bei Ps 65,12 wohl eher an ein Gehen über das Land als ein

Daherfahren am Himmel gedacht ist. Von einem Gehen Gottes über das Land wird in Gen 3,8 gesprochen; dennoch macht es die Urzeitthematik in Gen 3 und der fehlende Zusammenhang mit der Fruchtbarkeit des Erdbodens fraglich, ob ein Zusammenhang besteht.

Das Verb רעף von V 12b wird in V 13a wieder aufgenommen. Bei den von Fett triefenden Pfaden Gottes handelt es sich also um die Weiden, über die er gegangen ist. Obwohl in der Wüste gelegen, triefen sie, und nach V 14a umkleiden sie sich mit Schafen. Die Aussage über das Bedecktsein der Täler mit Getreide wirkt hier als Fremdkörper; aber ein sicheres Kriterium für die Annahme einer späteren Zufügung fehlt. Abgesehen von der Wendung פלג אלהים erscheint in dem Lied keinerlei Gottesbezeichnung. Zwar ist im jetzigen Kontext Jahwe damit angesprochen; aber eine Entscheidung darüber, ob es sich bei dem Lied um eine israelitische Neuschöpfung handelt oder ob es ursprünglich auf eine andere Gottheit bezogen war, ist kaum möglich. Die Tatsache, daß Jahwe nicht genannt wird, spricht eher für Letzteres. Es könnte auch vermutet werden, daß mit dem über das Land gehenden Fruchtbarkeitsspender zunächst keine Gottheit, sondern der heilbringende König angesprochen war.

Die Befeuchtung des Ackers wird in ugaritischen Texten auf Baal zurückgeführt, vgl. III K III,6-9. Es sind aber weder in einzelnen Details noch im Wortschatz Übereinstimmungen zwischen dem ugaritischen Text und Ps 65,10 f vorhanden; daß der Psalm eine Polemik gegen den regenspendenden Baal beinhaltet(13), ist deshalb nicht anzunehmen. Weil Vergleichsmaterial fehlt, ist eine eindeutige geographische Zuordnung schwierig. Da es in V 13 f um Weiden am Rande der Wüge geht, die in erster Linie im Süden zu finden sind, und da im Unterschied zu den Nordreichtexten keinerlei Anspielung auf Baal vorhanden ist, ist eine Entstehung des Liedes im Süden wahrscheinlicher.

4.3.2. Psalm 72

In ganz anderer Weise wird in Ps 72 von der Fruchtbarkeit des Landes geredet. Der Psalm ist geprägt durch die altorientalische Vorstellung vom König als Stellvertreter Gottes auf Erden, der eingesetzt ist, um durch gerechte Ausübung seiner Herrschaft die Weltordnung zu gewährleisten. Die Begegnung Israels mit derartigen Vorstellungen erfolgte durch das Stadtkönigtum von Jerusalem. Ihre Übertragung auf den davididischen König wird greifbar in den Psalmen 2, 72 und 110. Alle drei Psalmen sind in der frühen Königszeit in Jerusalem entstanden.

Ps 72 beginnt zwar mit einer Fürbitte an Jahwe in V 1 und schließt mit einem Lobpreis Jahwes in V 18-20; der Hauptteil aber ist angefüllt mit Wünschen an und für den König. Infolge seines Gerechtigkeits- und Heilswirkens sollen nicht nur die Unterdrückten ihr Recht erhalten und seine Herrschaft sich über die ganze Erde erstrecken; auch die Fruchtbarkeit des Landes wird in Abhängigkeit von ihm gesehen. Unter seiner Regierung soll das Getreide reichlich wachsen(1). Und dieser Reichtum an Getreide erfährt im Folgenden drei Näherbestimmungen: Das Getreide soll bis auf die Gipfel der Berge stehen, es soll sprossen(2) wie der Libanon und seine Halme sollen blühen wie das Gras auf Erden, das heißt wohl, es soll ebenso zahlreich sein. Der masoretische Text ergibt bei der letzten Aussage keinen Sinn ("sie mögen blühen aus der Stadt"), für מעיר wird deshalb עמירו zu lesen sein(3). Daß im anschließenden V 17 die Abrahamsverheißung auf den König bezogen ist - so Kraus(4) - kann nicht gesagt werden; denn als für diese Verheißung charakteristisch hatte sich die Verwendung von ברך nif herausgestellt(5), während das Verb hier im Hitpael erscheint. Dadurch wird eine Beteiligung des Subjekts selbst am Segensvorgang ausgesagt.

Ähnliche Vorstellungen vom Zusammenhang zwischen dem Gedeihen in der Natur und der Herrschaft des Königs sind auch in babylonischen Texten vorhanden. Verwiesen sei hier nur auf die beiden von Kraus zitierten Beispiele(6). Auch für Ugarit läßt sich im Aqht-Epos ein Zusammenhang zwischen der Herrschaftsausübung des Königs und der Fruchtbarkeit des Landes beobachten, wenn auch nur negativ. Nach dem Tod des Königssohnes Aqht herrscht sieben Jahre Dürre (1 Aqht, 40 ff). Allerdings ist im Unterschied zu Ps 72 die Vorstellung hier verbunden mit der vom regenspendenden Baal, der sieben Jahre abwesend ist. Die Störung des eigentlich durch ihn gewährleisteten Geschehens in der Natur wird hier mit dem Tod des Königs gedeutet.

Im Alten Testament ist Ps 72 die einzige Stelle, an der die Fruchtbarkeit der Erde mit dem Königtum verbunden wird, während dieser Gedanke in der babylonischen und in anderen altorientalischen Texten eine sehr wesentliche Rolle spielt(7). Hier war Israel offensichtlich an die Grenze dessen gelangt, was es vom Handeln des Königs als Stellvertreter Jahwes aussprechen konnte. Die Vorstellung blieb auf Jerusalem beschränkt und fand - zumindest soweit darüber literarische Zeugnisse erhalten sind - im übrigen Israel keine Aufnahme.

Neben V 16, in dem der Getreidereichtum des Landes als Auswirkung der gerechten Königsherrschaft dargestellt ist, sind in Ps 72 weitere Anspielungen auf die Thematik der Fruchtbarkeit der Erde vorhanden. In V 6 wird das heilvolle Wirken des Königs verglichen mit dem Regen, der auf das Land fällt. Ähnliche Vergleiche, die das Handeln des Königs mit einem Naturvorgang verbinden, begegnen auch in Ps 110,3 sowie in Spr 16,15 und 19,12. Es ist jeweils der Regen bzw. in Ps 110 der Tau, der hier genannt wird, die Befeuchtung des Landes ist der positive Naturvorgang schlechthin. Sowohl die Königspsalmen als auch die höfische Weisheit haben ihren Ort in Jerusalem, wo ja auch die Auffassung von der Wirksamkeit des Königs in den Naturvorgängen übernommen wurde. Möglicherweise liegt in diesen Vergleichen eine Abwandlung der von der Umwelt Israels übernommenen Vorstellung von der Auswirkung der Königsherrschaft auf die Natur vor. Diese Auswirkung wird jetzt nicht mehr direkt ausgesagt; aber heilvolles Geschehen in der Natur liefert Vergleichsmaterial für die gerechte Herrschaftsausübung des Königs.

V 3 redet davon ,daß die Berge und Hügel שלום bzw. צדקה hervorbringen, ebenso V 7 vom Blühen der צדק (8).

Abgesehen von Ps 72 begegnet die Vorstellung, daß שלום und צדקה im Zusammenhang mit der Fruchtbarkeit stehen, auch in Ps 85, bei Joel 2,32 f sowie Jes 45,8 und 65,11. Bei diesen Stellen fehlt jedoch die Verbindung zur Herrschaftsausübung des Königs, und keiner dieser Belege ist vorexilisch. Es ist deshalb anzunehmen, daß der Zusammenhang mit der altorientalischen Weltordnungsvorstellung, deren irdische Realisierung durch den König gewährleistet wird, ursprünglich ist(9). Allerdings bleibt als Schwierigkeit, daß nicht der König durch sein Tun צדק und שלום schafft, sondern daß sie zur Zeit seiner Herrschaft wie Pflanzen aus der Erde wachsen sollen. Sie sind damit ganz analog dem Getreide gesehen (Ps 72,16), das ebenfalls unter der Herrschaft des Königs in reichem Maße wachsen soll. Möglicherweise ist diese für uns im Zusammenhang mit Eigenschaften wie צדק und שלום ganz eigenartige Aussage darauf zurückzuführen, daß es kanaanäische Gottheiten mit der Bezeichnung Sädäq bzw. Salem gab, die in einer Beziehung zur Fruchtbarkeit des Erdbodens standen(10). Eine sicher Entscheidung darüber und auch eine Antwort auf die Frage, ob eine Verbindung mit der Königsideologie von Anfang an bestand, ist hier nicht möglich. Auf jeden Fall wird es sich, wie die Verwendung in dem auf alten Jerusalemer Vorstellungen basierenden Ps 72 deutlich macht, nicht um genuin israelitische Vorstellungen handeln, sondern um solche, die aus der kanaanäischen Umwelt, genauer aus Jerusalem übernommen wurden.

4.3.3. Zusammenfassung

In den beiden eben behandelten Psalmen werden Vorstellungen, die im Zusammenhang mit der Fruchtbarkeit des Landes stehen, aus Israels Umwelt aufgenommen und auf Jahwe übertragen. Dieser Übertragungsprozeß verlief offensichtlich ohne Schwierigkeiten, es wird nicht etwa wie in der Prophetie des Nordreichs Jahwe als der einzige Spender von Regen und Reichtum des Landes kanaanäischen Gottheiten gegenübergestellt. Daß die Psalmen Jahwe bzw. den König als Jahwes irdischen Repräsentanten und nicht eine andere Gottheit als Spender der Fruchtbarkeit ansehen, ergibt sich lediglich aus ihrer Überlieferung im Alten Testament bzw. bei Ps 72 aus dem Schlußteil V 18-20.

Ein Zusammenhang der Aussagen zur Fruchtbarkeit des Landes mit der Geschichte Israels fehlt völlig. Jahwe führt nicht Israel in ein fruchtbares Land, sondern Gottes nicht an eine bestimmte historische Zeit und an einen konkreten Ort gebundenes Handeln besteht darin, daß er ein Land fruchtbar macht, sei es durch sein eigenes Tun oder durch das seines irdischen Repräsentanten. In Ps 65,10-14 ist die Natur der Wirkungsbereich Gottes, ein Handeln in der Geschichte von Menschen wird nicht thematisiert. In Ps 72 hat das Handeln des Königs zwar eine politische Dimension; aber die besondere Geschichte Jahwes mit Israel spielt keine Rolle. Ein Zusammenhang zwischen dem fruchtbaren Land und der Landnahme Israels ist in beiden Psalmen nicht vorhanden(1).

5. ERGEBNIS

5.1. Südreich

Die ältesten Texte im Südreich, die sich mit der Fruchtbarkeit des Erdbodens beschäftigen, sind Schilderungen des besonderen Reichtums von Israels Land. Zu denken ist hier an den vorjahwistischen Bestand der Kundschaftererzählung vom Kommen ins Traubental in Num 13, die sekundär Bileam zugesprochene Segensschilderung in Num 24 und die Schilderung des Weinreichtums im Juda-Spruch von Gen 49. Alle drei Belege sind älter als der Jahwist. Gen 49,11 f, für das sich eine Formulierung in der Frühzeit Davids nahelegte, dürfte die jüngste Stelle sein. In keinem dieser Texte wird ausdrücklich Jahwe als der genannt, der die Fruchtbarkeit geschaffen hat; ihr Vorhandensein wird lediglich konstatiert. Es scheint, daß im Südreich die Fruchtbarkeit des Landes, in das die Stämme gekommen waren, als ein herausragendes positives Kennzeichen dieses Landes angesehen wurde, ohne daß zunächst theologische Aussagen darüber gemacht wurden.

Die in den angesprochenen Texten zu erkennende Freude an der Fruchtbarkeit des Landes war - wie das völlige Fehlen derartiger Aussagen im Nordreich deutlich macht - nur möglich unter der Voraussetzung, daß auch das nicht-wunderhafte Geschehen in der Natur als ein Element angesehen wurde, daß man ganz selbstverständlich in den Jahweglauben integrieren konnte. Die Erzählungen von der Ernährung in der Wüste sind ein Beleg dafür, daß dieses Geschehen bei den Südstämmen von altersher Bestandteil des Jahweglaubens war. Möglicherweise liegen auch in der urzeitlichen Erzählung vom Garten und der Vertreubung aus ihm genuine Jahwetraditionen vor.

Der Jahwist hat die in Num 13 und 24 verarbeiteten Traditionen in sein Geschichtswerk integriert und damit einen Bogen gespannt von der in Gen 3 ausgesprochenen Verfluchung der אדמה und der Vertreibung aus dem Garten zum Leben Israels im fruchtbaren,gartenartigen Land, das ein Ziel der an Abraham gegebenen Segensverheißung ist. Dabei ist lediglich in den aufgenommenen urzeitlichen Traditionen Jahwe der, der es von Urzeiten an immer wieder regnen läßt, der den Menschen einen Garten gepflanzt hat und der nach der Sintflut den Fortbestand der tages- und jahreszeitlichen Rhythmen garantiert.

Außerhalb der Urgeschichte, in der dem Jahwisten derartige Aussagen vorgegeben waren, redet er nicht von einem unmittelbaren Wirksamwerden Jahwes im Naturgeschehen; es wird nicht explizit gesagt, daß er Israels Land zu einem fruchtbaren Land macht. Seine Tat ist das Bringen Israels in dieses Land, nicht etwa die reiche Bewässerung dieses Landes.

Ein solches Wirken Jahwes im Naturgeschehen spricht erst die Bearbeitungsschicht des jahwistischen Geschichtswerkes aus. Ein hundertfältiger Ernteertrag (Gen 26,12) oder reichlich Regen und reiche Erträge an Korn und Wein (Gen 27,28) werden hier auf Jahwe zurückgeführt bzw. von ihm erbeten. Dabei werden teiweise Formulierungen aus der Umwelt Israels aufgenommen, und die reichen Bodenerträge werden jeweils mit dem Stichwort "Segen" verbunden. Aussagen, die die Fruchtbarkeit des Erdbodens zum Thema haben, erscheinen hier nicht mehr nur im Zusammenhang mit dem Land, in dem Israel seßhaft ist; auch die Felder der Patriarchen zeichnen sich durch hohen Ertragsreichtum aus.

Die in der Bearbeitungsschicht des jahwistischen Geschichtswerkes gegenüber dem Jahwisten selbst zu beobachtende Verlagerung von Jahwes Handeln von der Geschichte weg auf das Naturgeschehen ist auch in V 13-16 des Joseph-Spruches von Dtn 33 festzustellen. Sowohl in Gen 27,27 als auch in Dtn 33,13 werden im Unterschied zum Jahwisten nicht nur Menschen, sondern auch das Land gesegnet. Ein Zusammenhang mit Israels Land ist in Dtn 33 nur durch die Stellung innerhalb der Stammessprüche gegeben. Israel wird nicht wie beim Jahwisten in ein fruchtbares Land gebracht und erfährt darin die Verwirklichung der Segensverheißung an Abraham, sondern Jahwe macht das Land, in dem der Stamm lebt, fruchtbar und läßt so seinen Segen walten. Das Wachsen und Gedeihen der Nahrungsmittel ist viel direkter als beim Jahwisten mit Jahwe in Verbindung gebracht. Im übrigen spielt die Vorstellung vom Segen Jahwes, der sich gerade im reichen Ernteertrag auswirkt, später in den Gesetzestexten des Dtn eine wichtige Rolle (Dtn 16,10-17 und 26,12-18).

Eine Sonderstellung nimmt Gen 49,23-26 ein, wo die Fruchtbarkeit schaffenden Segnungen des Vatergottes bzw. El Schaddajs als überlegen gegenüber denen kanaanäischer Gottheiten dargestellt werden. Dabei werden - wie in Gen 27,27 f - Segenssprüche aus Israels Umwelt übernommen. Die Singularität dieser Aussage verbietet eine sichere zeitliche und örtliche Ansetzung; es ist zudem fraglich, ob hier bereits eine Identifizierung der genannten Gottheiten mit Jahwe vorausgesetzt wird. Ein Zusammenhang mit der Geschichte Israels ist nur durch den Kontext der Stammessprüche gegeben. Die in Dtn 33,13-16 vorliegende Abwandlung von Gen 49,23-26 macht deutlich, daß das hier zu beobachtende vergleichende Nebeneinanderstellen kanaanäischer und eigener Gottheiten in Israel keine Verbreitung fand.

Gar nicht vorhanden ist der Zusammenhang mit der Landnahme und überhaupt mit der Geschichte Israels in den Psalmen 65 und 72. Hier bewirkt Jahwe bzw. der König, der die Verwirklicung der Heilsordnung Gottes auf Erden gewährleistet, die Fruchtbarkeit der Erde. Daß dabei in erster Linie an das Land Israel gedacht ist, machen nicht die Texte selbst, sondern nur ihre Überlieferung innerhalb des Alten Testamentes deutlich. Besonders in Ps 65,10-14 ist das Handeln Gottes - der Name Jahwe kommt nicht vor - ganz auf die Natur bezogen; er bewässert das Land und gibt ihm damit reiche Erträge, die Menschen kommen nur als die, die diesem Handeln jubelnd beiwohnen, in den Blick.

Es läßt sich im Südreich somit eine große Bandbreite von Aussagen feststellen, die im Zusammmenhang mit der Fruchtbarkeit des Landes stehen. Sie reicht von Texten, die die Fruchtbarkeit von Israels Land rühmen, ohne sie explzit auf Jahwe zurückzuführen, bis zu den

Psalmen, die Gottes Fruchtbarkeit schaffendes Wirken preisen, ohne daß das Israel von Jahwe gegebene Land ausdrücklich in den Blick kommt. Dabei dürfte diese Verschiedenartigkeit nicht in erster Linie auf unterschiedliche Entstehungszeiten, sondern eher auf unterschiedliche Orte und Überlieferungskreise zurückzuführen sein. Dort, wo Überlieferungen aus der Geschichte Jahwes mit seinem Volk wichtig waren, wurde seine ausdrückliche Verbindung mit dem Wachsen und Gedeihen der Früchte in Israels Land erst im Laufe einer geschichtlichen Entwicklung vollzogen. Sie ist noch nicht beim Jahwisten selbst, sondern erst bei den - wohl ebenfalls landjudäischen - Kreisen erfolgt, die sein Werk weiterüberlieferten. Es bleibt aber festzuhalten, daß schon für den Jahwisten das Leben Israels im fruchtbaren Land eine Verwirklichung des von Jahwe verheißenen Segens war und daß dieses Land Ähnlichkeit hat mit dem von Jahwe gepflanzten urzeitlichen Garten. Der Jahwist redet lediglich nicht explizit davon, daß Jahwe - etwa durch reichlichen Regen - die Fruchtbarkeit dieses Landes geschaffen hat. Dort, wo dagegen der Jahweglauben stärker durch die Übernahme von Elementen aus der nicht-israelitischen Umwelt geprägt war - hier ist in erster Linie an Jerusalem zu denken -, wurde weit ausführlicher vom Wirksamwerden Jahwes in den Naturvorgängen geredet.

5.2. Nordreich

Sieht man von Ps 68,10 ab, wo möglicherweise die Übertragung einer ursprünglich im Zusammenhang mit Baaal stehenden Vorstellung auf Jahwe und damit ihre Historisierung vorliegt, wo aber die Singularität der Aussage eine sichere Entscheidung nicht möglich macht, begegnet eine Aussage, die Jahwe in einen Zusammenhang bringt mit dem zum Wachsen und Nahrungsmitteln erforderlichen Naturgeschehen im Nordreich erstmals bei Elia. Er, der als Prophet Jahwes auftrat, weiß im voraus von dem eine Dürre beendenden Regen. Eine explizite Zurückführung dieses Regens auf Jahwe erfolgte wahrscheinlich erst in den Kreisen, die die Elia-Tradition überlieferten. Aber auch hier wird Jahwe nur mit diesem einen bestimmten Regen in Verbindung gebracht und die Zurückführung des Regens auf Jahwe ist hier - wie wohl schon bei Elia selbst - verbunden mit einem Kampf gegen Israels Abfall zum Baalskult. Das Handeln Jahwes in der Natur steht hier in einem engen Zusammenhang mit seinem Geschichtshandeln: Das Ausbleiben des Regens und sein Wiedereinsetzen erst nach einer ungewöhnlich langen Zeit soll Israel die Ohnmacht Baals und die Macht Jahwes deutlich machen und es so zu einer Hiwendung zu seinem Gott bewegen.

In welch geringem Maß die Verbindung Jahwes mit dem Geschehehen von Regen und Trockenheit auch in der Zeit nach Elia Allgemeingut war, macht die Fortbildung der Elia-Tradition und die Elisa-Tradition deutlich, wo Jahwe nur durch wunderhafte Handlungen seine Anhänger mit Nahrung versorgt und auch das Bestehen einer Gruppe wie der Rekabiter,die das Leben im Kulturland als etwas dem Jahweglauben grundsätzlich Fremdes ansah. Ebenso vermeidet der Elohist jede Aussage, die Jahwe in Verbindung bringt mit der Fruchtbarkeit von Israels Land.

Hosea stellt im Unterschied zum Elohisten Jahwe ganz bewußt als den hin, der Israel nach der Befreiung aus Ägypten und der Führung durch die Wüste auch das Land mit Getreide, Wein und Öl gab. Jahwes Handeln in der Natur ist auch hier eng mit seinem Geschichtshandeln verbunden, das Bringen in ein fruchtbares Land wird in einer Reihe genannt mit den früheren Heilstaten (Hos 13,4-6) und weil Jahwes Geschichtshandeln weitergeht, kann das fruchtbare Land Israel auch wieder genommen werden, wenn es seine Gaben nicht dankbar von Jahwe annimmt. Damit hängt zusammen, daß dieses Handeln in der Natur ganz auf sein Volk bezogen ist, ihm werden die Landesgaben gegeben oder auch wieder genommen, es wird in das Land gebracht oder auch wieder herausgeführt. Das Naturgeschehen an sich ist für Hosea nicht von Bedeutung, er redet z. B. nicht davon, daß Jahwe es regnen läßt und so die Erde fruchtbar macht. Weil er gegen Israels Teilnahme an kanaanäischen Kulten, die den Reichtum steigern sollen, kämpft, betont er, daß die Landesgaben von Jahwe kommen, ebenso wie die Kreise, die die Elia-Überlieferung pflegten betonten, daß der Regen von Jahwe kommt, weil Israel ihn von Baal erwartete. Ein darüberhinausgehendes allgemeines Interesse am Gedeihen der Landesgaben oder an der Bewässerung des Landes durch den Regen haben beide nicht.

Bei Jeremia rückt stärker als in der Elia-Überlieferung und bei Hosea das Land selbst, das Jahwes נחלה ist, in das Zentrum von Jahwes Handeln. Seine Gerichtsankündigung ist nicht so formuliert, daß Israel die Landesgaben genommen werden, sondern das Land wird verwüstet werden, zunächst durch ausbleibenden Regen, schließlich durch Feinde. Dennoch ist auch hier nicht das Fruchtbarkeit schaffende und nehmende Handeln an sich wichtig, sondern nur insoweit, als es im Zusammenhang mit dem Geschichtshandeln an Jahwes Volk steht.

Es läßt sich somit für die Gesamtheit der in Frage kommenden Nordreichstexte festhalten, daß die Aussagen über die Fruchtbarkeit des Israel gegebenen Landes in einem engen Zusammenhang mit Jahwes Geschichtshandeln an seinem Volk stehen. Der Schwerpunkt dieser Aussagen liegt dabei auf der Wegnahme der Landesgaben, weil Israel sie nicht dankbar von Jahwe annahm.

5.3. Vergleich

Bei einem Vergleich zwischen den Aussagen aus dem Nord- und dem Südreich zur Fruchtbarkeit des Erdbodens ergibt sich zunächst einmal als wichtige Differenz dies, daß die Texte aus dem Nordreich ein sehr viel einheitlicheres Bild bieten als die aus dem Südreich. Es ist bei ersteren immer vom Geben und Nehmen der Landesgaben bzw. des Regens die Rede, und diese Vorgänge sind Bestandteil des Gerichts- und Heilshandelns Jahwes. Diese Verbindung mit dem Geschichtshandeln ist selbst bei dem sonst isoliert stehenden Vers Ps 68,10 gegeben. Bei den Texten aus dem Südreich ist dagegen eine sehr viel größere Bandbreite zu beobachten. Sie reicht von Texten, die ganz untheologisch den Reichtum des Landes feststellen bis zu solchen, die das Hauptgewicht zwar nicht ausdrücklich von Jahwes, aber von Gottes Handeln im Naturgeschehen sehen. Weder ein ausdrücklicher Zusammenhang mit Israels Land noch mit Jahwes Geschichtshandeln an seinem Volk ist für alle diese Texte verbindlich.

Bevor aber weiter auf die Unterschiede zwischen den Texten eingegangen wird, ist zunächst noch auf eine Gemeinsamkeit zu verweisen: Weder in den Texten aus dem Nordreich, noch in dem vorjahwistischen Material, das die Fruchtbarkeit des Landes rühmt, noch in den besprochenen Psalmen wird die Fruchtbarkeit des Landes auf dem Hintergrund von Schöpfungsaussagen gesehen. Lediglich der Jahwist stellt seinem Geschichtswerk eine Urgeschichte voran und kann so den Reichtum von Israels Land der urzeitlichen Verfluchung der אדמה gegenüberstellen; aber auch er bringt dort, wo es um Israels Land geht, keine Schöpfungsaussagen. Ein enger Zusammenhang zwischen Schöpfungsaussagen und solchen zur Fruchtbarkeit des Landes begegnete nur in dem auf ein ägyptisches Vorbild zurückgehenden Ps 104.

Für einen ausführlichen Vergleich zwischem dem Material aus beiden Landesteilen legt sich im Süden zunächst eine Beschränkung auf das jahwistische Geschichtswerk und die in ihm aufgenommenen Traditionen nahe. Nur hier geht es ebenso wie im Nordreich um das Land, das Jahwe Israel gegeben hat, so daß auf dem Hintergrund dieser Gemeinsamkeit die Differenzen umso deutlicher werden können. In Bezug etwa auf Ps 65 und die Nordreichstexte läßt sich dagegen von vorneherein nur eine völlige Andersartigkeit feststellen.

Betrachtet man das jahwistische Geschichtswerk einerseits und andererseits die angesprochenen Texte aus dem Nordreich, so fällt die Prägung der Letztgenannten durch die Auseinandersetzung mit dem Baalskult auf, während es im Süden dafür keinerlei Anzeichen gibt. Offensichtlich wurden im Norden Aussagen über die Fruchtbarkeit in Israels Land nur im Zusammenhang mit Israels Abfall zu einem baalisierten Jahweglauben gebildet. Schon das Vorauswissen um den Regen durch den jahwetreuen Elia dürfte den Zweck gehabt haben, Jahwe und nicht Baal als den Spender des Regens auszuweisen; und in der Folgezeit wurde explizit ausgesprochen, daß Jahwe und nicht Baal den Regen auf Israels Land gibt bzw. den Reichtum des Landes. Bei der Begründung dieser Aussage spielt das erste Gebot eine zentrale Rolle (1. Kö 18,21; Hos 13,4; Jer 2,5 f): Weil Jahwe für Israel alleiniger Gott ist, muß Israel auch den Regen und die Früchte seines Landes von ihm dankbar annehmen und nicht von einer nur dem Namen nach damit identischen kanaanäischen Gottheit. Da diese Auseinandersetzung darüber, wem Israel den Reichtum seines Landes zu verdanken hat, die Aussagen über eben diesen Reichtum bestimmt, ist die Betonung von Jahwe als dem Spender der Landesgaben wichtig. In der Dürrezeit läßt Jahwe durch Elia ausrichten, daß es nicht mehr regnen wird כי אם לפי דברי , und bei Hosea gründet Jahwe seine Anklage gegen Israel darauf, daß Israel nicht weiß כי אנכי נתתי . Daß Jahwe und eben nicht ein anderer es ist, dem Israel auch den agrarischen Reichtum seines Landes zu verdanken hat, wird bei Hosea und Jeremia immer wieder betont; und schon die Elia-Überlieferung stellt Jahwe als den heraus, der den nach der Dürre lang erwarteten Regen wieder geben kann. In diesem Kampf um die Hereinnahme der nach der Seßhaftwerdung für Israel wichtigen Fragen um das Wachsen und Gedeihen von Nahrungsmitteln liegt der Sitz im Leben der Nordreichsaussagen zur Fruchtbarkeit des Landes. Sie wurden formuliert, weil Israel zu einem baalisiserten Jahweglauben abgefallen war und prophetische Kreise sich deshalb vor die Notwendigkeit gestellt sahen, demgegenüber zu betonen, daß Jahwe auch Geber der Landesgaben ist.

Von dieser Auseinandersetzung gibt es im jahwistischen Geschichtswerk keine Spuren. In den vom Jahwisten aufgenommenen Traditionen, in denen die Fruchtbarkeit von Israels Land angesprochen wird (Landnahmeerzählung in Num 13 und Segensschilderung in Num 24) wird die Fruchtbarkeit des Landes festgestellt, ohne daß dabei ausdrücklich gesagt wird, wem sie zu verdanken ist. In diesen Texten - neben den eben erwähnten gehört auch Gen 49,11 f hierher -, die zunächst ganz untheologisch von der Fruchtbarkeit des Landes reden und der Freude daran Ausdruck geben, ist der Ausgangspunkt des Redens über den Reichtum des Landes im Süden zu sehen. Das ist insofern auffallend, als die wesentlich fruchtbareren Gebiete im Nordteil des Landes liegen; aber offensichtlich war es israelitischen Kreisen dort infolge der Konzentration des Jahweglaubens auf Jahwes Handeln in der Geschichte und wohl auch infolge der übermächtigen kanaanäischen Nachbarschaft nicht möglich, einer unbefangenen Freude an der Schönheit und dem Reichtum des Landes Ausdruck zu verleihen. Erst als Israel - wohl nicht zuletzt infolge dieses Defizits - schon einen stark baalisierten Jahweglauben praktizierte, wurde von prophetischen Kreisen ausdrücklich Jahwe als Spender der Landesgaben verkündet. Die Nordreichstexte, die sich mit der Fruchtbarkeit von Israels Land beschäftigen, sind deshalb, abgesehen von Ps 68,10 sämtliche innerhalb der prophetischen Bücher zu finden. Sie sind entstanden aus dem Kampf einer jahwetreuen Prophetie gegen eine zunehmende Baalisierung des Jahweglaubens. Im Süden dagegen, wo die Fruchtbarkeit des Landes, in das Israel kommt, wichtig ist, ist ein Großteil der Texte im Rahmen des Geschichtswerkes überliefert.

Weil die ältesten Texte zum Thema im Süden von der vorhandenen Fruchtbarkeit ausgehen, spielt in ihnen der Zustand des Landes eine entscheidende Rolle. Wichtig ist hier dies, daß Israel in einem fruchtbaren Land lebt, nicht aber wie im Norden infolge der Auseinandersetzung mit dem Baalskult der Geber der Fruchtbarkeit. Zwar führt der Jahwist die Einnahme des Traubentales durch Kaleb und die Segensschilderung Bileams auf Jahwe zurück; aber er sagt nicht, daß Jahwe die Fruchtbarkeit von Israels Land geschaffen hat. Seine Tat ist vielmehr das Bringen Israels in dieses Land.

Nach seinem Entwurf ist der positive Zustand von Israels Land zu sehen auf dem Hintergrund der urgeschichtlichen Verfluchung der אדמה und der Vertreibung des Menschen aus dem Garten. Das Segenshandeln Jahwes an Israel, das das urgeschichtliche Fluchhandeln überlagert, konkretisiert sich im Leben Israels in einem fruchtbaren Land; und insofern ist es wohl eindeutig, daß für den Jahwisten die Fruchtbarkeit dieses Landes von Jahwe stammt; aber dieses Thema wird von ihm nicht explizit angesprochen.

Auf den unterschiedlichen Akzenten in den beiden Landesteilen, einmal auf der Konstatierung der vorhandenen Fruchtbarkeit des Landes selbst, das andere Mal auf dem Geber der Landesgaben ergeben sich weitere Differenzen: Während es - wie schon angesprochen - im Süden um das Feststellen eines Zustandes geht, geht es im Norden um ein Tätigsein Jahwes. Er gibt bzw. verweigert den Regen; er gibt bzw. nimmt die Landesgaben. Diese Tätigkeiten werden ganz betont Jahwe zugewiesen, weil sie Baal abgesprochen werden sollen, wobei allerdings nicht übersehen werden darf, daß Jahwe in ganz anderer Weise als Baal Urheber des Regens und damit der Fruchtbarkeit des Landes ist: Er nimmt und gewährt in freier Entscheidung und ist nicht an den Kreislauf der Jahreszeiten gebunden. Damit hängt zusammen, daß in den Aussagen des Nordreiches der Regen eine viel größere Rolle spielt als im Süden. Das Spenden des Regen muß betont als Tätigkeit Jahwes angesprochen werden, während bei der Schilderung der Fruchtbarkeit des Landes im Süden die Entstehung dieser Fruchtbarkeit durch den Regen nur eine untergeordnete Rolle spielt; wichtig ist hier ihr Vorhandensein.

Der Jahwist spricht nicht von einem je und dann erfolgenden Eingreifen Jahwes in das Naturgeschehen, sondern er läßt Jahwe in den von ihm aufgenommenen urzeitlichen Traditionen bis in die Gegenwart andauernde Gegebenheiten begründen, nämlich, daß es immer wieder regnet, daß die אדמה verflucht ist und daß die tages- und jahreszeitlichen Rhythmen Bestand haben. Diese Zustände sind durch urzeitliche Setzungen Jahwes gegeben. Sein unmittelbares Wirksamwerden in den Naturvorgängen der Gegenwart wird nicht ausgesprochen; es ist durch die Vorschaltung der Urgeschichte selbstverständlich gegeben und steht nicht zur Diskussion. Die besondere Fruchtbarkeit von Israels Land steht für den Jahwisten im Zusammenhang mit Jahwes Segenshandeln an seinem Volk; aber, wie sich gezeigt hat, ist Jahwes Tat hier das Bringen Israels in ein fruchtbares Land und nicht ausdrücklich die Schaffung der Fruchtbarkeit dieses Landes. Sie ist gegeben, ohne daß ausdrücklich etwas über ihre Herkunft gesagt wird. Da es im Süden um gegebene negative bzw. positive Zustände geht, kann der Jahwist hier die Segens- und Fluchterminologie einführen: Das Leben im fruchtbaren Land ist der für Israel gegebene Segenszustand, der seine Wirklichkeit bestimmt trotz des andauernden Fluchzustandes, in dem sich die אדמה befindet. Im Norden dagegen, wo es um je und dann erfolgende Tätigkeiten Jahwes geht, die ganz analog seinem Geschichtshandeln gesehen sind, begegnet die Segensterminologie nicht und es scheint auch wenig sinnvoll(1), sie jetzt einzuführen, nur weil von Regen und Nahrungsmitteln die Rede ist. Jahwe gibt diese Dinge, zuweilen durchaus in überreichem Maß; aber er setzt damit keinen Segenszustand in Kraft. Auch wenn bei Hosea und Jeremia Jahwes Naturhandeln nicht mehr wie bei Elia auf ein Ereignis beschränkt ist, geht es doch auch hier um ein immer wieder neu erfolgendes Handeln Jahwes und nicht um einen Zustand.

Segen steht in einem engen Zusammenhang mit Fruchtbarkeit; Segen ist für den Jahwisten neben anderen Möglichkeiten Leben in einem fruchtbaren Land. Deshalb hat er Texte aufgenommen - und im Süden standen ihm solche durchaus zur Verfügung -, die die Fruchtbarkeit von Israels Land schildern: Es wächst viel Wein dort, und das Land ist wie ein Garten am Wasser, weil seine Saat immer reichliche

Feuchtigkeit hat. Zwar kann auch im Norden das Land als fruchtbares bezeichnet werden, Jeremia redet vom ארץ הכרמל (2,7); aber weil es hier primär darum geht, daß Jahwe die Landesgaben gibt, liegt das Gewicht stärker auf den Produkten des Landes, die als Gaben Jahwes anzuerkennen sind. Besonders deutlich ist dies in Hos 2; aber auch Jer 5,17 und 8,13; und auch dort, wo Jeremia vom Fruchtgartenland redet, ist das wichtige an diesem Land das Essen der Früchte und Güter. Die Vorstellung vom Essen und Sattwerden spielt überhaupt eine zentrale Rolle (Jer 2,7; Hos 13,6), nicht die Fruchtbarkeit des Landes an sich, sondern dies, daß im Land für Israel Gaben zu seinem Genuß bereitstehen.

Für die Auffassung des Südreiches könnten die Verben "wachsen" und "gedeihen" stehen, für die des Nordreiches "geben" bzw. "nehmen". Hosea verwendet nie im Zusammenhang mit den Landesgaben ein Verb wie "wachsen", "pflanzen", gedeihen"; sie begegnen erst bei Jeremia (14,5 f) und auch hier noch nicht in der Frühzeitverkündigung von cap 2.

Im Norden ist Jahwe Spender der Landesgaben ausschließlich in dem Israel gegebenen Land. Daraus ergibt sich, daß die Nahrungsmittel, die in anderen Ländern wachsen, in keinem Zusammenhang mit ihm stehen. Was Israel essen wird, wenn es in einer Rücknahme der Heilsgeschichte wieder das Land verlassen muß, ist unrein und kann Jahwe nicht als Opfer gebracht werden (Hos 9,3-5). Es ist somit etwas grundsätzlich anderes als das, was in Israels Land wächst. Demgegenüber wächst für den Jahwisten in Israels Land zwar mehr und vor allem Besseres als in Ägypten, nämlich Trauben und Baumfrüchte (Num 13,23) im Unterschied zu dem, was nach Num 11,5 in Ägypten vorhanden ist; aber ein grundsätzlicher Unterschied besteht für ihn nicht zwischen den Nahrungsmitteln beider Länder.

Weil es im Norden darum geht, Jahwe als den Geber der Landesgaben zu betonen, wird der Aspekt der menschlichen Arbeit, die ja auch für das Gedeihen der Feldfrüchte erforderlich ist, völlig ausgeklammert. Jahwe bringt Israel in das Land und gibt ihm die Früchte dieses Landes; die Feldarbeit des Menschen wird nicht erwähnt. Für den Jahwisten spielt demgegenüber sowohl im ursprünglichen Garten als auch auf der verfluchten אדמה die menschliche Feldarbeit eine Rolle. Der Garten ist zwar von Jahwe gepflanzt, aber der Mensch hat die Aufgabe, ihn zu bebauen und zu bewahren (Gen 2,15); und auf der אדמה kann nur dann etwas wachsen, wenn der Mensch sie bebaut und Jahwe es regnen läßt (Gen 2,5).

Im Zusammenhang mit der Fruchtbarkeit von Israels Land wird die menschliche Arbeit zwar explizit nicht mehr angesprochen; aber da es bei der Schilderung dieses Landes Anklänge an den urzeitlichen Garten gibt, kann vorausgesetzt werden, daß auch dieses Land von den Menschen bebaut und bewahrt werden soll. Analog dem Hineinsetzen des Menschen in den urzeitlichen Garten kommt Israel in ein schon fruchtbares Land, zu dessen Erhaltung menschliche Arbeit erforderlich ist. Die Fruchtbarkeit dieses Landes muß aber nicht erst wie auf der verfluchten אדמה durch den Regen Jahwes und die menschliche Arbeit geschaffen werden.

Es wurde festgestellt, daß die Texte, die Jahwe als den Geber der

Landesgaben aufzeigen, veranlaßt und geprägt sind von Israels Abfall zu einem baalisierten Jahweglauben. Sie betonen angesichts dieses Abfalls eindringlich, wem Israel die Güter seines Landes zu verdanken hat. Aber sie bleiben dabei nicht stehen, sondern kündigen für den Fall, daß sich Israel nicht wieder ungeteilt Jahwe zuwendet, dessen Gericht an. Weil dieses Gerichtshandeln seinen wesentlichen Grund in Israels Abfall zum Baalskult hat, wird es darin bestehen, daß Jahwe Regen und Landesgaben verweigert oder das Land durch Feinde zerstören läßt. Israel soll so dazu gebracht werden, endlich zu erkennen, wem es diese Dinge zu verdanken hat. Die Aussagen darüber, daß Jahwe die Landesgaben wieder nehmen bzw. daß er den Regen verweigern wird, nehmen einen sehr viel breiteren Raum ein als die, die das Geben von Regen und Landesgaben aussprechen. Auch hieran wird deutlich, daß es im Norden nicht darum geht, wie im Süden Aussagen über die Fruchtbarkeit von Israels Land zu machen. Die Texte haben einzig den Sinn, Jahwe als den Geber der Landesgaben zu bezeugen, und das kann, wenn Israel nicht auf andere Weise zur Einsicht kommt, auch dadurch geschehen, daß Jahwe alle Landesgaben nimmt. Das ist zwar nicht das letzte Handeln Jahwes in diesem Zusammenhang, - sowohl Hosea als auch Jeremia kennen zumindest in ihrer Frühzeit eine Hoffnung auf ein neues heilvolles Handeln (Hos 2,16-25; Jer 31,5) und auch im Elia-Zyklus endet die Dürreerzählung damit, daß Jahwe es wieder regenen läßt -; aber das Schwergewicht der Texte liegt doch darauf, daß Jahwe die Landesgaben nehmen wird, wenn Israel sie nicht als seine Gaben anerkennt.

In diesem Zusammenhang ist noch hinzuweisen auf die unterschiedliche Bewertung von Hungersnöten in den Texten aus den beiden Landesteilen. Festzuhalten ist zunächst, daß beide von Hungersnöten reden; die Nordreichstexte allerdings von solchen in Israel, die Südreichstexte von solchen zur Zeit der Patriarchen und in Ägypten. Zwar könnte eingewandt werden, daß das jahwistische Geschichtswerk mit der Landnahme Israels endet, es also gar nicht von Ereignissen zur Zeit der Seßhaftigkeit Israels reden kann; aber es kann doch davon ausgegangen werden, daß der Jahwist mit einer Hungersnot in Israel nicht rechnet. Wirksam ist dort der den Nachkommen Abrahams zugesprochene Segen, der sich auch im Leben in einem fruchtbaren Land konkretisiert. Dieses Land ist überreich an Früchten (Num 13) und seine Saat hat immer genug Wasser (Num 24,7); die Gefahr einer Hungersnot ist dort offensichtlich nicht gegeben, ebensowenig wie sie es im urzeitlichen Garten war. Und auch die Möglichkeit, daß Israel sich den Segen verscherzt, scheint nicht im Blickfeld des Jahwisten zu liegen. Nur dort, wo das Leben vom urzeitlichen Fluch über die אדמה bestimmt ist, gehören Hungersnöte zum normalen Naturgeschehen (Gen 12,10; 26,1; 41,36; auf das gehäufte Vorkommen von אדמה in Gen 47,12-26 wurde bereits verwiesen). Dabei wird nie ausdrücklich gesagt, daß die Hungersnöte von Jahwe verursacht sind(2); sondern sie gehören zu dem, allerdings von Jahwe bewirkten Fluchzustand, der das Leben der Menschen bestimmt, seit sie in der Urzeit Schuld auf sich geladen haben. Eine Hungersnot kommt. Aber mit einer je und dann erfolgenden Verweigerung des Regens durch Jahwe wird sie nicht in Verbindung gebracht.

Im Norden ist demgegenüber gerade die Verweigerung des Regens durch Jahwe das entscheidende Kennzeichen einer Hungersnot. Wichtig ist hier der Vorgang, daß Jahwe zu bestimmten Zeiten keinen Regen mehr schickt, um so deutlich zu machen, wer Herr über den Regen ist. Diese Verweigeruung des Regens hat unter den klimatischen Bedingungen Palästinas eine Hungersnot zur Folge. Aber der eigentliche, entscheidende Vorgang ist die Verweigerung des Regens und nicht das Vorhandensein einer Hungersnot. Nur weil Verweigerung des Regens und Hungernsot in einem Zusammenhang stehen, können Hungersnöte wesentlicher Bestandteil von Jahwes Gerichtshandeln an Israel sein (1. Kö 18,2; Jer 14,1-6). Als Teil dieses Geschehens sind sie von Interesse, nicht wie im Süden als Bestandteil des normalen Naturgeschehens, das seit der Vertreibung aus dem Garten maßgebend ist.

Ebensowenig wie der Jahwist mit der Möglichkeit einer Hungersnot in Israel rechnet, ist auch allgemein der Verlust der Fruchtbarkeit von Israels Land kein von ihm angesprochenes Thema. Er geht vom gegebenen Segenszustand aus. Von der Zukunft erwartet er eine Ausweitung auf andere Völker, aber nicht ein Ende des Zustandes. Der Akzent liegt ganz darauf, die vorhandene Fruchtbarkeit von Israels Land auszusagen.

Der Jahwist kennt allerdings auch ein Gerichtshandeln Jahwes, das in einem Zusammenhang steht mit der Fruchtbarkeit des Erdbodens, nämlich die urzeitliche Vertreibung der Menschen aus dem von Jahwe gepflanzten Garten. Auf dem Hintergrund dieser auch die Gegenwart bestimmenden Strafe ist die besondere Fruchtbarkeit von Israels Land zu sehen. Das Bringen in eben dieses Land ist wesentlicher Bestandteil von Jahwes Heilshandeln an seinem Volk, dessen letztes Ziel die Überwindung des urzeitlichen Fluches für alle Sippen der אדמה ist. Die Möglichkeit einer Beendigung des Segenszustandes und damit die erneute volle Wirksamkeit des Fluches über die אדמה hat in diesem Konzept keinen Platz. Der Jahwist schildert vielmehr die Geschichte Jahwes mit seinem Volk, die trotz des Murrens und des Ungehorsams Israels schließlich an ein heilvolles Ende gelangt. Wesentlicher Bestandteil dieses Heils ist das Leben Israels in einem fruchtbaren Land.

Zusammenfassend läßt sich sagen, daß es dem jahwistischen Geschichtswerk darum geht, Israels Land als ein Land darzustellen, das Ähnlichkeit hat mit dem urzeitlichen Garten. Zu diesem Zweck hat er Texte aufgenommen, die die Fruchtbarkeit von Israels Land schildern und sie vor den Hintergrund der urzeitlichen Verfluchung der אדמה gestellt. Wichtig ist der Sachverhalt, daß Israels Land ein fruchtbares ist, und weniger der, daß Jahwe dort Landesgaben zu Israels Genuß bereitstellt. Weder wird die Fruchtbarkeit dieses Landes betont auf Jahwe zurückgeführt, noch wird mit der Möglichkeit gerechnet, daß durch eine Verweigerung von Jahwes Regen der Fruchtbarkeit ein Ende gemacht wird.

Die prophetischen Texte aus dem Nordreich sind demgegenüber geprägt vom Kampf gegen einen baalisierten Jahweglauben. Sie betonen eindringlich, daß Jahwe für Israel einziger Gott ist und daß Israel deshalb den Regen und die Gaben seines Landes ihm zu verdanken hat. Weil Israel dies nicht einsehen will, spielt in den Texten die

Verweigerung des Regens und die Wegnahme der Landesgaben eine zentrale Rolle. Es geht hier nicht wie beim Jahwisten darum, zu zeigen, daß Israel in einem fruchtbaren Land lebt, sondern darum, deutlich zu machen, wer Israel die Gaben des Landes gegeben hat.

Im Süden gibt es auch abgesehen vom jahwistischen Geschichtswerk Texte, die die Fruchtbarkeit des Erdbodens zum Thema haben, nämlich die spätere Bearbeitungsschicht des jahwistischen Geschichtswerkes, der Joseph-Spruch des Mosesegens und die Psalmen 65 und 72. Daß in diesen Texten ein Zusammenhang mit der Landnahme und in den Psalmen mit der Geschichte Israels ganz allgemein nicht vorhanden ist, wurde bereits festgestellt, und dieser Vorgang unterscheidet die Texte tiefgreifend von den Aussagen des Nordreiches, in denen es ganz betont und ausschließlich um den Reichtum des Landes ging, in das Jahwe Israel gebracht hat. Nur weil Israel von Ägypten an bis zur Seßhaftwerdung eine heilvolle Geschichte mit Jahwe erlebt hat, muß es im Land auch bereit sein, den Reichtum von Jahwe anzunehmen.

Was aber abgesehen von dem unterschiedlichen Verhältnis zur Geschichte bei einem Vergleich zwischen der ganzen Breite der Südreichstexte einerseits und den Nordreichstexten andererseits besonders auffällt, ist die verbreitete Aufnahme kanaanäischer Vorstellungen im Süden, während die Texte aus dem Norden gerade vom Kampf gegen diese Vorstellungen geprägt sind. Beim Jahwisten selbst war die Aufnahme von Elementen aus der Umwelt Israels vor allem auf die Urgeschichte beschränkt. Die Texte, die zur Schilderung der Fruchtbarkeit von Israels Land verwendet wurden, waren demgegenüber in Kreisen von Jahweverehrern formuliert worden. Aber bei Ps 65,10-14 und Ps 72 handelt es sich weitgehend um Dichtungen aus der Umwelt Israels, bei denen der Bezug auf Jahwe, dessen Name nicht genannt wird, und auf das Land Israels nur dadurch gegeben ist, daß die Texte innerhalb des Alten Testamentes stehen. Eine Zwischenstellung nimmt die Bearbeitungsschicht des jahwistischen Geschichtswerkes ein, die wie dieses dem Landjudäertum zuzuweisen ist. Hier stehen die Texte zwar in einem Zusammenhang mit der Geschichte Israels bzw. der Patriarchen, aber zur Schilderung der Fruchtbarkeit des Landes werden kanaanäische Formulierungen übernommen. Besonders deutlich wird das im Segensspruch von Gen 27(3), und hier bieten die letzten Worte von V 28 ein gutes Beispiel für die Unterschiede zwischen Nord- und Südreich. Die Zusammenstellung דגן ותירש begegnet auch bei Hosea in 2,10 - hier erweitert um יצהר - und in 2,11. Hosea nimmt die Zusammenstellung der wichtigsten Landesprodukte aus seiner kanaanäischen Umwelt auf; aber er erklärt ganz betont, daß Jahwe es ist, der Israel diese Gaben gibt. Er grenzt sich also ganz deutlich ab gegenüber dem ursprünglichen Zusammenhang, in dem die Formulierung verwendet wurde. Von einer solchen Abgrenzung ist in Gen 27,28 nichts zu spüren. Die Bitte wurde so übernommen, wie sie in Israels Umwelt wohl vorgegeben war; denn auch V 28a enthält kanaanäisches Gut. Es wurde nicht einmal האלהים durch Jahwe ersetzt.

Ein Beispiel für eine solche Übernahme ohne Anzeichen für eine kämpferische Auseinandersetzung mit der Umwelt auch im Nordreich könnte Ps 68,10 bieten, vorausgesetzt, die oben vorgeschlagene Herleitung ist zutreffend. Aber eine solche Übernahme war hier offensichtlich nur zu einem sehr frühen Zeitpunkt möglich, als noch nicht durch eine fortschreitende Baalisierung des Jahweglaubens der prophetische Abwehrkampf gegen die Übernahme kanaanäischer Vorstellung erforderlich wurde(4).

Während es im Süden Kreise gab, für die ein wesentliches Charakteristikum von Gottes - nicht ausdrücklich Jahwes - Wirken die Schaffung der Fruchtbarkeit des Erdbodens war, gab es auf der anderen Seite im Norden Kreise, die es nicht vermochten, Jahwe in eine Verbindung zu bringen mit der Fruchtbarkeit in Israels Land. Zu denken ist hier an die Rekabiter, an Elisa und seine Anhänger und in ihrer Nachfolge an die Gruppen, die die Elia- und Elisa-Traditin weiterbildeten. Wie bei Hosea und Jeremia spielt hier die Thematik "essen", "satt werden" eine Rolle, allerdings immer nur auf Einzelne oder kleine Gruppen bezogen, nicht auf ganz Israel; und die Sättigung erfolgt nicht dadurch, daß Jahwe Getreide, Wein und Öl gibt, sondern er oder auch Elisa versorgen die Menschen durch ein herausragendes Wunderhandeln. Es läßt sich allgemein sagen, daß die Versorgung mit Nahrung in den angesprochenen Texten aus dem Nordreich eine zentrale Rolle spielt. Im Süden gilt das für die jahwistische Urgeschichte und für die Erzählungen von der Ernährung in der Wüste; aber sonst tritt das Thema deutlich zurück, es geht hier um die Fruchtbarkeit des Landes, durch die natürlich die Menschen mit Nahrung versorgt werden; aber explizit ausgesprochen wird dieser Aspekt nicht. Im Ps 65 etwa erscheinen die Menschen als die, die über die Fruchtbarkeit des Landes jubeln, und nicht ausdrücklich als solche, die satt werden.

Es stellt sich abschließend die Frage nach den Gründen für die ganz unterschiedliche Aussagestruktur im nördlichen und südlichen Landesteil. Sie wird einmal ihre Ursache haben in den unterschiedlichen historischen Bedingungen im Norden und im Süden. Denn während im Süden der zahlenmäßige Anteil der kanaanäischen Bevölkerung relativ gering und infolge der geographischen Gegebenheiten der Ackerbau hier nicht die Rolle spielte wie im Norden, stieß Israel dort gerade in den fruchtbarsten Gebieten des Landes auf eine sehr starke kanaanäische Bevölkerung, so daß die Gefahr eines völligen Aufgehens der jetzt ebenfalls Ackerbau treibenden Israeliten in dieser Bevölkerungsgruppe bestand. Eine klare Abgrenzung war hier also stärker geboten als im Süden, zumal Israel gerade hier mit dem Kult des Vegetationsgottes Baal konfrontiert wurde, wegen dessen Gebundensein an den Kreislauf der Jahreszeiten keine Identifizierung mit Jahwe, sondern nur die Hervorhebung der völligen Andersartigkeit möglich war.

Im Süden des Landes scheint demgegenüber der Baalskult eine geringere oder gar keine Rolle gespielt zu haben. Die hier von Israel übernommenen Traditionen wie die jahwistische Urgeschichte und die Psalmen 65 und 72 weisen keinen Bezug zu über Baal bekannte Vorstellungen auf. Wahrscheinlich handelt es sich hier um ursprüngliche, untereinander allerdings sehr verschiedenartige El-Traditionen, bei denen wegen des Hochgottcharakters Els eine Übertragung auf Jahwe relativ problemlos möglich war.

Für den Bereich von Jerusalem ist außerdem zu bedenken, daß hier der neuen israelitischen Oberschicht sehr an einem friedlichen Miteinander mit den Jebusitern gelegen war und nicht an einer Herausstellung der Gegensätze.

Der Hauptgrund für die Verschiedenartigkeit der Aussagen dürfte aber nicht in den unterschiedlichen Umweltbedingungen, sondern in der unterschiedlichen Ausprägung des Jahweglaubens selbst liegen(5). Anders wäre es z. B. nicht zu erklären, weshalb es im Süden schon aus der Zeit der Landnahme, also vor jedem intensiven Kontakt mit der seßhaften Bevölkerung, Texte mit Aussagen über die Fruchtbarkeit des Landes gibt, im Norden aber nicht. Natürlich kann nicht völlig ausgeschlossen werden, daß es auch bei den nördlichen Stämmen Erzählungen ähnlich der von der Erkundung des Traubentales, das durch seinen besonderen Fruchtreichtum auffiel und die in Num 13 verarbeitet ist, gab; aber es fehlt jeder Anhaltspunkt dafür. Es ist bezeichnend, daß der Deuteronomist in Jos 14,6-15 eine Form der kalebitischen Landnahmeerzählung verarbeitet hat, in der das Traubental mit seinen Früchten nicht vorkommt(6).

Es scheint, daß gerade die Traditionen, die auf die Stüdstämme zurückzuführen sind - die Sinaitraditionen und die Wüstenüberlieferungen - im Naturgeschehen einen Wirkungsbereich Jahwes sehen, und zwar nicht nur im wunderhaft überhöhten. Zwar geht es nicht um Naturvorgänge an sich, sondern das Geschehen in der Natur steht im Zusammenhang mit Jahwes Handeln am Menschen; aber von diesem Ansatz sind die Natur und die Vorgänge in ihr kein dem Jahweglauben grundsätzlich fremdes Element. Die Südstämme waren deshalb in der Lage, der Freude über die Fruchtbarkeit ihres Landes Ausdruck zu verleihen, auch wenn zunächst noch nicht ausdrücklich gesagt wurde, daß diese Fruchtbarkeit auf Jahwes Wirken zurückzuführen ist. Ebenso war es für diese Stämme möglich, urzeitliche Traditionen aufzunehmen und auf Jahwe zu übertragen. Wie etwa Gen 27,28 deutlich macht, konten hier schließlich auch kanaanäische Formulierungen, die die Fruchtbarkeit des Erdbodens auf eine Gottheit zurückführen, auf Jahwe angewandt werden. Vielleicht darf man vermuten, daß es dem Jahwisten und überhaupt der Epoche der sog. salomonischen Aufklärung u. a. auch deshalb möglich war, Jahwes Hand in der gesamten Wirklichkeit von Natur und Geschichte zu sehen, weil durch die Überlieferung der Südstämme das normale Geschehen in der Natur für Jahwe bereits proklamiert war.

Andererseits spielten die großen israelitischen Geschichtstraditionen - wie vor allem ein Vergleich zwischen Amos und Hosea deutlich macht - im Süden nicht die Rolle wie im Norden. Die größere Bedeutung dieser Traditionen im Norden ist vor allem dadurch zu erklären, daß die mittelpalästinensischen Stämme die Trägergruppe dieser Überlieferungen waren. Die Wüstenüberlieferungen der Südstämme dagegen, die von Jahwes Wirksamkeit in den Naturvorgängen sprachen und in denen stärker als in den ausgesprochenen Geschichtstraditionen das alltägliche Leben mit seiner Sorge um Nahrung und Wasser eine Rolle spielte, wurden hier nicht übernommen. Es liegt auf der Hand, daß die einseitige Prägung des Jahweglaubens durch außergewöhnliche Geschichtstaten gerade in einem Gebiet, in dem die Fruchtbarkeit des Ackerbodens von großer Wichtigkeit war und in dem ein starkes Kanaanäertum Antwort auf die Frage nach ihrer Herkunft und Sicherung gab, leicht in das Gegenteil umschlagen konnte, nämlich in ein Vergessen der Geschichte mit Jahwe und in eine immer stärkere Baalisierung des Jahweglaubens, weil der Jahweglaube traditioneller Prägung keine Antwort auf die aktuellen Fragen geben konnte(7).

Man wird nicht sagen können, der kreatürliche Bereich sei kein genuiner Bestandteil des Jahweglaubens(8). Sowohl die Wüstenüberlieferungen der Südstämme als auch die Elisa-Erzählungen im Norden reden von Jahwes Hilfe in diesem Bereich; und auch durch die schon früh mit Jahwe identifizierten Vätergottheiten wurde er in Israels Glauben integriert. Es ist kaum anzunehmen, daß etwa bei den ärmlichen Bevölkerungsschichten, in deren Kreisen Elisa vornehmlich wirkte, die Überlieferung der großen Geschichtstaten Jahwes viel Bedeutung hatte. Hier wird die vom Gottesmann erwartete und gewährte Hilfe immer im Vordergrund gestanden haben. Der grundlegende Unterschied, der die Entwicklung in den beiden Landesteilen nachhaltig beeinflußt hat, besteht aber darin, daß die zunächst auch nur punktuell gewährte Hilfe im kreatürlichen Bereich im Süden durch die Inanspruchnahme des Naturgeschehens erfolgte, im Norden aber durch ein von diesem Geschehen unberührtes Wunder. Zwar erscheinen die Erzählungen von der Ernährung der Stämme in der Wüste in der jahwistischen Fassung und wohl auch schon vorher als Wundererzählungen; aber es ging in ihnen ursprünglich um ein helfendes Eingreifen Jahwes im normalen Naturgeschehen, allenfalls um eine Steigerung über das gewohnte Maß hinaus. Erst als die Erzählung in Kreisen überliefert wurden, denen die Vorgänge in der Wüste fremd waren, wurden sie zu Wundererzählungen.

In der Elisatradition dagegen erfolgt die Versorgung mit Nahrung von vornherein ohne Zuhilfenahme der normalen Naturvorgänge. Es besteht somit ein grundsätzlicher Unterschied zwischen den Wundererzählungen der Wüstenüberlieferung und denen um die Gestalt des Elisa, auch wenn es in beiden Kmplexen um das Bereitstellen von Nahrungsmitteln geht.

Mit dieser inhaltlichen Differenz zwischen Norden und Süden hängt ein weiterer wesentlicher Unterschied in der Ausprägung des Jahweglaubens zusammen. Der Jahweglauben des Südens, der seine alten Zentren wohl in Mamre bei Hebron und Beersheba hatte, war offensichtlich nicht in dem Maß von den Religionen seiner Umgebung unterschieden wie der des Nordens. Überlieferungen von der Theophanie einer Gottheit im Vulkanausbruch, von der Versorgung ihrer Anhänger mit Nahrung und Wasser und auch von einem Sieg gegen riesenhafte Landesbewohner wird es nicht nur im Bereich des israelitischen Jahweglaubens gegeben haben(9). Hier liegen keine Elemente vor, die Israel wesentlich von seiner Umwelt unterschieden. Bei der Sinaitradition etwa gibt es Hinweise auf eine Herkunft aus dem midianitischen Bereich. Eine Differenz könnte allerdings darin bestanden haben, daß die Südstämme Jahwe ausschließlich verehrten. Doch ist die ausschließliche Verehrung einer Gottheit auch bei den Gruppen der Patriarchen zu beobachten. Die angeführten Gemeinsamkeiten beziehen sich nicht speziell auf Kanaan, sondern eher auf andere nomadische Stämme. Dennoch ist anzunehmen, daß nach der Landnahme der Südstämme die Annahme kanaanäischen Gedankenguts relativ problemlos war, da hier weder das Bewußtsein einer völligen Andersartigkeit gegenüber der Umwelt wach war noch eine theologische Deutung der Landnahme verbunden mit einer Vernichtung der früheren Bewohner vorlag(10). Einen Hinweis auf das von Anfang an gegebene friedliche Nebeneinander zwichen dem Stamm Juda und seinen kanaanäischen Nachbarn liefert die Einleitung von Gen 38(11). Hinzu kommt, daß die Landnahme der Südstämme wesentlich früher erfolgte als die der Stämme Mittelpalästinas und daß der Anteil der kanaanäischen Bevölkerung im Süden im Vergleich zu den jahwegläubigen Landesbewohnern relativ gering war.

Demgegenüber war der Jahweglaube Mittelpalästinas in einmaliger Weise geprägt durch die Überlieferung der großen Geschichtstaten Jahwes. Zwar gab es auch hier Kreise, wie etwa den um Elisa, bei denen diese Überlieferung zurücktrat hinter der Sorge für einen dürftigen Lebensunterhalt und dem Erzählen von der erfahrenen Hilfe; dennoch ist der Jahweglauben des Nordens viel stärker als der des Südens von dem einmaligen Geschichtshandeln Jahwes an den Stämmen Israels geprägt. Da diese Geschichte ihren Höhepunkt in der Verleihung des Landes an die Stämme Israels hat, ist sie charakterisiert durch die Auseinandersetzung mit den früheren Landesbewohnern. Überlieferungen vom Jahwekrieg, in denen von der Vernichtung der ursprünglichen Landesbewohner durch Jahwe erzählt wird, gibt es nur im Norden. Es ist nur natürlich, daß dieser Jahweglauben sich sehr viel stärker als Fremdkörper in seiner Kulturlandumgebung empfand als der des Südens. Zwar kam es auch hier schon früh zu einer Übernahme kanaanäischen Gedankengutes, wie etwa die Schilderung des Aufruhrs in der Natur in den Theophaniehymnen deutlich macht; aber hier wird ein einzelnes Element übernommen und in den rein israelitischen Kontext des Heiligen Krieges eingefügt(12). Oder die Funktion des Regenspendens wird Jahwe zugesprochen, aber nicht mit Hilfe einer unpolemischen Übertragung kanaanäischer Aussagen, wie etwa in der Urgeschichte des Jahwisten, sondern verbunden mit einer deutlichen Abgrenzung gegenüber Baal. Oder es kann auf Hosea verwiesen werden, der zwar das kanaanäische Mythologumenon von der göttlichen Ehe aufnahm, es aber umdeutete auf das Verhältnis zwischen Jahwe und seinem Volk und bei dem gerade die besondere Geschichte Jahwes mit seinem Volk eine herausragende Rolle spielt. Daneben gab es durchaus auch Gruppen wie die Rekabiter und die Träger der Elisa- und der jüngeren Elia-Überlieferung, die sich nicht in der Lage sahen, Jahwe mit den Gegebenheiten des Kulturlandes in Verbindung zu bringen und die so in besonderer Weise fremd in ihrer Umgebung waren.

Zwar fand auf der einen Seite gerade im Norden die Begegnung mit einem starken Kanaanäertum und seinen religiösen Überlieferungen statt und auch eine partielle Übernahme kanaanäischen Gedankengutes, auf der anderen Seite hob sich der Jahweglaube gerade hier durch die Betonung der Geschichtsüberlieferungen aus der Zeit vor der Seßhaftwerdung stark von seiner Umgebung ab und lebte wohl auch selbst im Bewußtsein völliger Andersartigkeit gegenüber dem Kanaanäertum. Es ist verständlich, daß unter diesen Voraussetzungen Aussagen über ein Kulturlandthema wie die Fruchtbarkeit von Israels Land - zumindest in einem größeren Umfang - nicht von vorneherein gemacht wurden, sondern erst, als dem Abfall zu einem baalisierten Jahweglauben entgegengewirkt werden mußte.

6. DIE FRUCHTBARKEIT DES LANDES IM DEUTERONOMIUM

Der letzte große Entwurf aus vorexilischer Zeit(1), in dem die Fruchtbarkeit von Israels Land eine Rolle spielt, liegt im Deuteronomium vor. In den Beschreibungen des Landes, in das Israel kommen soll, wird dessen agrarischer Reichtum angesprochen und der Israel in Aussicht gestellte Segen bzw. Fluch schließt das Gedeihen bzw. das Fehlen der Feldfrüchte mit ein. In keinem anderen Buch des Alten Testamentes liegt das von Jahwe zu erwartende Heil so konzentriert auf einer materiellen Lebensfülle, in der die Fruchtbarkeit des Ackerbodens eine wichtige Rolle spielt, wie im Deuteronomium.

Dem Deuteronomium geht es darum, Israel zum Gehorsam gegenüber Jahwe im Land zu bewegen. Das Israel des 7./6. Jh.s wird noch einmal in die Situation unmittelbar vor der Landnahme gestellt und mit eindringlichen Worten zum Gehorsam gegenüber Jahwe auch nach der Landnahme aufgefordert. Diese Vorstellung, daß das Kommen in das Land mit reichen Gütern ein entscheidender Wendepunkt im Verhältnis zwischen Israel und Jahwe ist, an dem in beosnderem Maße die Gefahr eines Abfalls von Jahwe gegeben ist, war auch in prophetischen Texten des Nordreichs zu beobachten. Hier wie auch im Deuteronomium wird deshalb von der Fruchtbarkeit des Landes gesprochen im Zusammenhang mit einem Abfall Israels von Jahwe - in der Prophetie mit einem bereits geschehenen, im Deuteronomium mit einem möglichen. Die Texte im Deuteronomium, die dieses Thema behandeln, liegen vor in den Landbeschreibungen und deren Rahmenversen in Dtn 6. 8 und 11, in der bedingten Segensverheißung in Dtn 7 und in der Segens- und Fluchankündigung in Dtn 28.

6.1. Dtn 6,10-12 und Dtn 8,6-14

Die Kapitel 6 und 8 des Deuteronomiums enthalten - allerdings unterschiedliche - Beschreibungen von Israels Land, in denen jeweils der natürliche Reichtum eine entscheidende Rolle spielt. Gemeinsamkeiten weist aber vor allem der Kontext der Landbeschreibungen auf.:

a) והיה כי יביאך יהוה אלהיך אל הארץ (6,10)
   כי יהוה אלהיך מביאך אל ארץ (8,7)

b) Landbeschreibung in 6,10bα, 11abα und 8,7b-9 jeweils ohne Präposition

c) ואכלת ושבעת (6,11bβ, 8aα)

d) השכר לך פן תשכח ... עבדים (6,12. 8,11a.14b)

Unterschiede bestehen insofern, als das Herausführen aus Ägypten und das Bringen ins Land in cap 8 jeweils mit einem Partizip, in cap 6 mit einer finiten Verbform ausgedrückt wird. 6,10 ist erweitert durch den Landschwur an die Väter. 8,10. 12-14a und der sicher spätere Zusatz 11b haben in cap 6 keine Parallele; allerdings handelt es sich hier teilweise um Wiederholungen aus den Aussagen, die in beiden Kapiteln vorhanden sind.

Die Übereinstimmungen machen es wahrscheinlich, daß im Kontext der beiden Landbeschreibungen eine festgeprägte Aussagestruktur vorliegt, die in beiden Kapiteln Aufnahme fand. Möglicherweise gehörten die beiden Landbeschreibungen nicht zum ursprünglichen Bestand, sondern wurden erst sekundär - wohl beeinflußt durch das Stichwort "Essen und Satt Werden", das ja die Güter des Landes vor Augen hat - eingefügt.

Im Rahmen des Deuteronomiums ist es auffallend, daß in beiden Texten von einem Halten der Gebote nicht gesprochen wird. Israel wird vielmehr aufgefordert, Jahwe, der aus Ägypten geführt hat, nicht zu vergessen. Die Aussage dürfte deshalb nicht erst in deuteronomischen Kreisen geprägt worden sein. Die nächsten Parallelen weisen vielmehr Hosea und Jeremia auf, vor allem, wenn die Landbeschreibungen in diesem Zusammenhang als sekundär zu werten sind. Der Geschichtsrückblick in Hos 13,4-6 erwähnt die Führung aus Ägypten, das Satt Werden und das Vergessen Jahwes (vgl. auch Hos 11,1-5). Und auch das Hochmütig Werden des Herzens, das Dtn 8,14 über Dtn 6 hinaus hat, begegnet in Hos 13,6.

Die Befreiung aus Ägypten, das Bringen in ein fruchtbares Land und der Abfall von Jahwe begegnet auch im Geschichtsrückblick Jer 2,6 f; allerdings unterscheidet sich hier die Terminologie stärker von Hosea und vom Deuteronomium.

Eine grundlegende Differenz besteht natürlich darin, daß für Hosea das Vergessen Jahwes im Lande bereits in der Vergangenheit liegt (שכחוני), während das Deuteronomium Israel davor warnt, Jahwe zu vergessen. Die Wendung השמר לך פן תשכח fand später Verwendung im deuteronomistischen Sprachbereich (Dtn 4,9.23), hier allerdings nicht mehr auf Jahwe selbst, sondern auf die Gesetze bzw. den Bund bezogen. Geändert hat sich auch die Redestruktur, denn während im Geschichtsrückblick bei Hosea Jahwerede vorliegt, sind die Warnungen des Deuteronomiums als Moserede formuliert. Was Dtn 6 und 8 gegenüber der Parallelstelle bei Hosea fehlt, ist eine explizite Auseinandersetzung darüber, wem Israel das Satt Werden an den Gütern des Landes verdankt. Die Frage nach dem Spender der Landesgaben stellt sich für das Deuteronomium nicht mehr. Vielmehr ist das Land bereits den Vätern als ein gutes Land zugeschworen, so daß von Anfang an feststeht, wem die Güter des Landes zu verdanken sind. Es fehlt auch die Ankündigung des Gerichts über Israel, die sich in Hosea 13,7 f an den Geschichtsrückblick anschließt. Als feststehende Gerichtsankündigung ist sie in der Situation vor der Landnahme auch nicht angebracht, aber auch als Möglichkeit, falls Israel der Warnung nicht folgt, wird sie nicht genannt.

Die unmittelbaren Rahmentexte der beiden Landbeschreibungen dürften somit zeitlich zwischen Hosea und der deuteronomischen Bewegung anzusetzen sein, und zwar im Südreich, weil das Gericht noch nicht wie bei Hosea feststeht, sondern Israel noch einmal in die Situation vor der Landnahme versetzt wird und ihm so eine Chance gegeben wird. Die Verbreitung von Gedanken Hoseas im Süden wird dabei im Zusammenhang stehen mit der Bevölkerungsbewegung von Norden nach Süden nach dem Zusammenbruch des Nordreiches. Die Landbeschreibungen, für die Hosea und auch andere Nordreichstexte keine Parallele liefern werden erst im Süden in den jetzigen Zusammenhang eingefügt worden sein, ob in Zusammenhang mit der Einarbeitung in das Deuteronomium oder bereits vorher, ist kaum zu entscheiden.

Bei Hosea wird zwar durch das Stichwort "Satt Werden" auf die Güter des Landes verwiesen; explizit benannt werden sie aber nicht im angesprochenen Geschichtsrückblick, sondern in der Anklagerede von cap 2. Eine Zwischenstellung nimmt der Geschichtsrückblick Jer 2,5 ff ein, in dem bereits vom Kommen in ein fruchtbares Land mit Früchten und Gütern die Rede ist.

Die von Hosea und ähnlich auch von Jeremia getroffene Feststellung, daß Israel im Kulturland Jahwe vergessen hat, ist also von der dtn Bewegung aufgegriffen und zu einer Warnung vor dem Vergessen aktualisiert worden. In diesen von der Theologie des Nordreichs geprägten Rahmen wurden Beschreibungen des fruchtbaren Landes eingefügt. Zugefügt wurde außerdem die Erweiterung des Geschichtsrückblickes in 8,15-18, wo die Erwähnung der Führung aus Ägypten verbunden wurde mit Anspielungen auf die Wüstenüberlieferungen der Südstämme. Auch hier geht es noch nicht wie im Deuteronomium um das Halten der Gebote. Diese Thematik wird erst durch die Vorschaltung von V 2-6 und die Einschaltung von V 11b eingeführt; und durch diese Verse wird die Aufforderung, Jahwe im Lande nicht zu vergessen, die schon durch die Verse 15-18 und vielleicht auch durch die Landbeschreibung erweitert war, mit dem Deuteronomium verbunden(2).

In Dtn 6 ist die oben herausgearbeitete, von der Theologie des Nordreiches beeinflußte Aussage erweitert um die Verse 13-15, die deutliche Anklänge an vor-dtn Teile des Dekalogs aufweisen(3) (z. B. Jahwe als אל קנה (4). Wegen ihres vor-dtn Gepräges dürfte die Erweiterung vor der Einfügung des Komplexes in das Deuteronomium erfolgt sein, zumal ein Bezug auf diese Gebote fehlt.

Das Reden vom Essen und Satt Werden im Lande in der von der Theologie des Nordreichs beeinflußten Aufforderung an Israel legte es nahe, explizit auf die Reichtümer des Landes einzugehen. Dazu wurden jeweils verschiedene, aber sicher schon vorgeformte Beschreibungen des Landes aufgenommen.

Dtn 6,10 f

Neben den Landesgaben Weinberge und Ölbäume enthält die Beschreibung des verheißenen Landes in Dtn 6,10 f auch Städte, Häuser und Zisternen. Ähnliche Landesbeschreibungen begegnen auch in dem wohl weitgehend deuteronomistischen Kapitel Jos 24(5) (24,13) und bei Nehemia (9,25). In allen drei Fällen wird damit das Land geschildert, das Jahwe verleihen will bzw. verliehen hat. Die Aufzählung enthält im wesentlichen alle Güter, die zum unbeweglichen Besitz eines Volkes gehören, weshalb man von den Immobilienlisten spricht(6). Baltzer(7) hat gezeigt, daß diese Listen eine Vorgeschichte in ugaritischen Vertragstexten haben, in denen bei der Belehnung mit einem Land ähnliche Aufzeichnungen zur genauen Beschreibung dieses Landes begegnen. Auch die Reihenfolge der Glieder dieser Listen stimmt weitgehende mit den alttestamentlichen Texten überein.

Neu sind hier die Zusätze "die du nicht gebaut hast", "die du nicht gepflanzt hast" usw., sie haben keine Vorbilder in den Vertragstexten. Allerdings ist dieser Gedanke implizit auch hier schon vorhanden; denn in den Ländern, die einem Vertragspartner als Lehen gegeben werden, hatten auch andere vorher schon diese Kulturleistungen erbracht. Dieser Gedanke wird in den biblischen Reihen ins Zentrum gerückt, so daß die ehemaligen Listen von Immobilien in den Vertragstexten nun dazu dienen können, das Land und seine Kultur als freie Gabe Jahwes zu beschreiben, die Israel ohne eigene Mühe zukommt(8).

Dtn 8,7-10

Zwischen den beiden Rahmenversen 7 und 10 des 8. Kapitels, die jeweils die Wendung הארץ הטובה enthalten, erscheint fünfmal ארץ mit einer Näherbestimmung. Von diesen fünf Reihen zeigen die ersten drei einen parallelen Aufbau: Auf ארץ folgen, teils mit ו , teils ohne, aneinandergereiht mehrere Substantive, die das, was das Land enthält, bezeichnen. An die Substantive kann noch eine kurze Ergänzung angehängt sein, so 7b Ende. V 9 hat dann zwar auch zwei mit ארץ beginnende Glieder, die sich jedoch durch die Anrede in der 2. Pers. Sing. und durch den anderen Aufbau von den drei vorhergehenden abheben. Daher wird man wohl V 9 als nicht ursprünglich zu den drei ersten, rhythmisch formulierten Reihen gehörig ansehen können.

Auf welcher Entwicklungsstufe des Textes V 9 in seinen jetzigen Zusammenhang kam, ob mit den übrigen Teilen der Landesbeschreibung oder erst später, ist kaum zu entscheiden. Es könnte auch mit der Möglichkeit gerechnet werden, daß zunächst nur V 9 als eigenständige, kurze Landbeschreibung eingefügt wurde und die anderen Verse erst später. Veranlaßt dürfte die Aufnahme von V 9 auf jeden Fall durch das Verb תאכל sein, das ja schon in der alten Aufforderung, Jahwe nicht zuvergessen, vorkommt. Wahrscheinlich war V 9b, der ja nicht ganz zu der Thematik vom Essen im Land paßt, bereits vorher mit V 9a verbunden und kam aus diesem Grund in den jetzigen Zusammenhang.

Eventuell könnte man noch die beiden letzten Glieder der erweiterten zweiten Reihe weglassen, zumal תאנה und רמון auch sonst in Landbeschreibungen weniger üblich sind als die anderen genannten Früchte. Möglicherweise ist die Zufügung der beiden Glieder veranlaßt durch Num 13,23, wo sie allerdings in der umgekehrten Reihenfolge und im Plural stehen. Übrigbleiben würde dann in V 7b.8 eine ursprüngliche Landbeschreibung aus drei Reihen zu je drei Gliedern:

ein Land mit Wasserbächen, Quellen und Fluten

ein Land mit Weizen, Gerste und Weinstöcken

ein Land mit Öl, Fett(9) und Honig.

Ein Zusammenhang dieser Landesbeschreibung mit den sog. Immobilienlisten(10) Dtn 6,10 f; Jos 24,13 und Neh 9,24 f, auf den Plöger(11) hinweist, dürfte kaum vorhanden sein; denn das einzige wirklich in beiden Listen vorkommende Glied ist זית , und auch dieses Wort wird in beiden Fällen verschieden zu übersetzen sein(12).

Zudem besteht auch inhaltlich ein Unterschied zwischen den Immobilienlisten und Dtn 8,7 ff; denn während Erstere die vom Menschen schon erbrachten Kulturleistungen im Städtebau und in der Natur zum Inhalt haben, die Israel ohne eigene Mühe übernehmen kann, wird in Dtn 8 der natürliche Reichtum des Landes beschrieben. Hier geht es um Gaben, die Israel direkt aus Jahwes Hand empfgängt. Besonders deutlich wird der Unterschied zwischen den beiden Listen an der Beschreibung des Wasserreichtums: Dtn 8 redet von den Bächen, Quellen und Fluten, also von dem natürlichen, ohne menschliches Zutun vorhandenen Wasservorkommen, während in den Immobilienlisten immer nur die ברות חצובים genannt sind, also gerade die durch menschliche Mithilfe geschaffenen Wasserquellen.

Es gibt somit keinen Anhaltspunkt dafür, den ursprünglichen Sitz im Leben dieser Landbeschreibung in Vertragstexten zu sehen; allerdings läßt sich dieser negativen kaum eine positive Aussage hinzufügen. Auffallend ist der systematische Aufbau der Landbeschreibung, die ja keineswegs eine willkürliche Aneinanderreihung von Gütern des Landes enthält: Die ersten drei Glieder bezeichnen Wasserläufe, die für die Fruchtbarkeit des Landes von Bedeutung sind; die nächsten mit den beiden Getreidearten und den Weinstöcken nennen die wichtigsten Kulturpflanzen und die drei Glieder der letzten Reihe wichtige Endprodukte, die alle nicht aus den vorher genannten Pflanzen stammen, sondern teils tierischen Ursprungs sind.

Im Unterschied zu den Rahmenversen fällt in den Landbeschreibungen ein völlig untheologisches Reden auf. Die Güter des Landes werden aufgezählt, ohne daß auf deren Geber eingegangen wird. Ein solches Reden von der Fruchtbarkeit des Landes war auch in anderen Texten aus dem Südreich zu beobachten - erinnert sei hier nur an den Juda-Spruch von Gen 49 und an die Erzählung von der Erkundung des Traubentales - und diese Redeweise ermöglichte auch die Aufnahme der Immobilienliste, die ja aus einem mit dem Jahweglauben völlig unverbundenen Kontext stammt.

Daß hier untheologische Beschreibungen eines fruchtbaren Landes vorliegen, verweist somit ebenso wie das Fehlen derartiger Beschreibungen in den Geschichtsrückblicken der Nordreichsprophetie darauf, daß die Entstehung von Dtn 6,10-12 und 8,6-14 in der jetzigen Form im Süden anzusetzen ist.

6.2. Dtn 11,10 ff

In seiner jetzigen Form enthält auch Dtn 11,10-17 Anklänge an die in Dtn 6 und 8 begegnende Warnung, Jahwe im Land nicht zu vergessen. An eine Beschreibung des Landes, in das Israel kommt, ist auch hier die Wendung ואכלת ושבעת angefügt und auf diese folgt - wie in den beiden anderen Beispielen - die Warnung השמרו לכם , allerdings jetzt im Plural formuliert. Und die Warnung erfolgt nicht vor dem Vergessen Jahwes, sondern vor der Betörung des Herzens und dem damit verbundenen Abfall zu anderen Göttern.

Der wiederholte Wechsel zwischen Singular und Plural in Dtn 11 spricht jedoch dafür, keine einheitliche Entstehung der entsprechenden Verse anzunehmen, die von Anfang an von dem auch in Dtn 6 und 8 verwendeten Schema beeinflußt gewesen wäre. Vielmehr dürfte zunächst die singularische Landbeschreibung verbunden worden sein mit V 14b und - gleichzeitig oder später - mit V 15. Ein ursprünglicher Zusammenhang ist wegen der unterschiedlichen Thematik - Bewässerung des Landes in V 10-12 und Nahrung für die Menschen in V 14b.15 - wenig wahrscheinlich.

Die Landbeschreibung in V 10-12 unterscheidet sich von den in Dtn 6 und 8 vorliegenden in erster Linie dadurch, daß es sich hier nicht um eine untheologische Aufzählung der Güter des Landes handelt, sondern das Thema ist hier die Bewässerung des Landes durch Jahwe. Dabei ist V 10 wegen der Erwähnung des Ausziehens aus Ägypten wohl erst für den jetzigen Zusammenhang formuliert, zumindest für einen Zusammenhang, in dem es auch um das Land, in das Israel von Ägypten kommt, ging. Dem künstlich bewässerten Land Ägypten wird in V 11 f ein Land gegenübergestellt, das der Regen vom Himmel tränkt, wobei möglicherweise ein bereits bestehender Hymnus Verwendung fand(1). Die Vorstellung von den Augen Jahwes, die etwas wohlwollend ansehen (12b), begegnet auch in den Psalmen (33,18; 34,16), hier allerdings nie auf das Land, sondern auf Menschen bezogen.

Zwar ist auch in Dtn 11,10 wie in den Rahmenversen der Landbeschreibungen von Dtn 6 und 8 der Auszug aus Ägypten und die Landnahme erwähnt, aber die beiden Verben בוא und יצא erscheinen jetzt nicht in einer hif-, sondern in einer kal-Form. Dadurch drücken sie nicht mehr ein Handeln Jahwes, sondern ein Handeln Israels aus. Als Handeln Jahwes wird jetzt die Bewässerung von Israels Land genannt. Die großen Ereignisse aus Israels Geschichte spielen also zwar insofern eine Rolle, als sie die Situation angeben, in der von der Bewässerung des Landes geredet wird, aber der Handlungsbereich Jahwes ist von der Geschichte auf das stetige Gewähren von Regen verlagert. Zu dieser Beobachtung paßt, daß in Dtn 6 und 8 Ägypten charakterisiert wird als בית אבדים, in Dtn 11 dagegen als ein von Menschen zu bewässerndes Land, während eine Gegenüberstellung der beiden Länder unter dem Aspekt der Fruchtbarkeit in Dtn 6 und 8 nicht begegnet.

Eine Warnung an Israel vor einem möglichen Abfall von Jahwe steht in V 10-12 nicht.

Die aufgezeigten Differenzen sprechen dafür, Dtn 11,10-12 anderen Überlieferungskreisen zuzuweisen als die Landbeschreibungen in Dtn 6 und 8. Ein Zusammenhang mit dem von der Theologie des Nordreichs beeinflußten Schema, das das Kommen ins Land als Situation einer besonderen Gefährdung ansieht, ist nicht zu erkennen.

V 13.14a redet Israel im Plural an. Der Regen, der in V 11 f als in Israel jederzeit vorhanden vor Augen gestellt wurde, ist hier abhängig vom Halten der Gebote. Das läßt darauf schließen, daß hier ein späterer Zusatz vorliegt.

Eine ältere Fortsetzung von V 12 dürfte dagegen in V 14b. 15b vorliegen. V 15a fällt auf durch die Stilisierung als Jahwerede, ein

Kennzeichen, das auch auf V 13 und 14a zutrifft. Ein Zusammenhang mit diesen pluralischen Versen wird jedoch kaum bestehen(2). Neben dem Personenwechsel legt es auch der Inhalt nahe, in V 15a einen späteren Zusatz zu sehen: In V 14b geht es um die Nahrungsmittel der Menschen und in V 15b um deren Satt Werden, während V 15a unvorbereitet von der Nahrung des Viehs redet(3). Vom Einsammeln der Feldfrüchte und dem Essen (und Satt Werden) ist auch im dtn Gesetz die Rede (14,29; 14,22 f). Da in Dtn 11,10-12. 14b. 15b jeder Bezug zu der Vorstellung fehlt, daß das Essen und Satt Werden einen Gefahrenpunkt für Israels Verhältnis zu Jahwe bezeichnet, dürften die beiden Vershälften hier angefügt worden sein, als V 10-12, die ja keinerlei dtn Terminologie aufweisen, zur Rahmung des dtn Gesetzes Verwendung fanden. Während in den proto-dtn Rahmenversen der Landbeschreibungen in Dtn 6 und 8 von der Theologie des Nordreichs beieinflußt Essen und Satt Werden die gefährliche Situation der Landnahme bezeichnet, wurde es im Zuge der dtn Bewegung von diesem Kontext gelöst und bezeichnet jetzt - ganz ohne negativen Aspekt - die Folge reicher Ernte im Land. In diesem Sinn findet es in Dtn 11 Verwendung. Ein direkter Einfluß der früh-dtn Vorstellung von Dtn 6 und 8 ist nicht greifbar.

Die Warnung vor dem Abfall von Jahwe, verbunden mit der Ankündigung, daß dann der Regen ausbleiben wird (V 16 f), ist im Unterschied zu den vorhergehenden Versen im Plural formuliert. Ein ursprünglicher Zusammenhang mit den ebenfalls pluralischen Versen 13. 14a dürfte nicht bestehen, da diese Verse im Unterschied zu V 16 f als direkte Jahwerede formuliert sind. Hier wie dort wird das Gewähren von Regen durch Jahwe im Gegensatz zu V 10-12 an eine Bedingung geknüpft, ein Unterschied besteht aber insofern, als diese Aussage in V 13. 14a positiv und in V 16 f negativ formuliert ist. Die Vorstellung, daß Jahwe den Regen verweigert, wenn Israel von ihm abfällt, begegnete im Nordreich bei Elia und bei dem von Nordreich beeinflußten frühen Jeremia. Allerdings wurde hier eine konkrete Dürre mit Israels Ungehorsam in Verbundung gebracht, während jetzt eine Dürre angekündigt wird für den Fall, daß Israel nicht gehorcht. Hier zeigt sich eine zunehmende Schematisierung der vom Nordreich übernommenen Vorstellung: Ungehorsam gegen Jahwe und Dürre stehen grundsätzlich in einem andauernden Verhältnis zueinander; der Bezug auf die konkrete Situation ist aufgehoben. Da der hier aufgezeigte Schematismus auch sonst im dtr Geschichtswerk begegnet(4) und da die Verse im Plural formuliert sind, dürften sie einer dtr Redaktion des Deuteronomiums zuzuweisen sein.

Die Formulierung השמרו לכם begegnete - allerdings im Singular - auch in den Rahmenversen der Landbeschreibung von Dtn 6 und 8 und auch dort ging ihr - ebenso wie in der jetzt vorliegenden Fassung von Dtn 11 - ואכלת ושבעת voraus. Es hat sich jedoch gezeigt, daß die beiden Formulierungen in Dtn 11 verschiedenen Schichten angehören, und auch bei der Beschreibung des Landes waren erhebliche Differenzen gegenüber Dtn 6 und 8 festzustellen, so daß das von der Theologie des Nordreichs beeinflußte Aussageschema von Dtn 6 und 8 für die Vorgeschichte von Dtn 11 nicht maßgebend gewesen sein dürfte. Allenfalls für die dtr Redaktion, die V 16 f anfügte, konnte von Dtn 6 und 8 her das Sichwort Essen und Satt

Werden die Anfügung gerade hier nahegelegt haben. Dtn 11,10-12. 14b-15 mit seiner uneingeschränkt psoitiven Sicht der Landnahme ist vielmehr durch das Loben des fruchtbaren Landes, das im Südreich zu beobachten war, geprägt. Erst durch die dtr Erweiterung erscheint auch in Dtn 11 die Landnahme als Situation einer möglichen Gefährdung.

6.3. Dtn 7,13 ff

Um die reichen Gaben des Kulturlandes und eine Mahnung an Israel in der Situation der Landnahme geht es auch in der bedingten Segensverheißung von Dtn 7. Im Unterschied zu den Landbeschreibungen von Dtn 6 und 8 ist in Dtn 7 in den Rahmenversen der Segensverheißung der Bezug auf das Halten der Gebote fest verankert (V 9-11). Eine weitere Differenz besteht darin, daß hier nicht das fruchtbare Land beschrieben wird, in das Israel kommt und in dem es Jahwe nicht vergessen soll, sondern es wird eine bedingte Segensverheißung für das Leben im Land gegeben, die u. a. die Fruchtbarkeit des Ackerbaus beinhaltet.

Diese bedingte Segensverheißung (V 13-15) ist jetzt von einer typisch dtn Terminologie umgeben und auch selbst von dtn Terminologie durchsetzt.

Ex 23,23 ff, ein Abschnitt, der viele Gemeinsamkeiten mit Dtn 7 aufweist, legt es jedoch nahe, nach einer Vorgeschichte der bedingten Segensverheißung vor ihrem Aufgreifen in dtn Kreisen zu fragen.

Sowohl Ex 23 als auch Dtn 7 enthalten eine Zusage, daß Jahwe die Völker vor Israel ausrotten wird (Ex 23,23 und Dtn 7,1), und eine Aufforderung an Israel, keine religiöse Gemeinschaft mit diesen Völkern zu haben (Ex 23,24 und Dtn 7,2b-5). Die Völker sind dabei jeweils mit einer sechsgliedrigen Liste(1) bezeichnet, die in der Reihenfolge allerdings Differenzen aufweist. Es folgen Verheißungen für das Leben im Land, wobei in beiden Texten das Stichwort ברך erscheint (Ex 23,25 f und Dtn 7,13b-15). nach der Verheißung wird noch einmal auf die Vernichtung der Völker Bezug genommen und angekündigt, daß ihre Vernichtung nicht in einem Jahr geschehen wird,damit sich nicht die wilden Tiere im Land vermehren (Ex 23,27-30 und Dtn 7,20.22-24). Den Abschluß bildet jeweils eine nochmalige Warnung vor Gemeinschaft mit den Völkern und ihren Göttern.

Neben den Gemeinsamkeiten sind allerdings auch erhebliche Unterschiede zwischen beiden Texten zu beobachten, u. a. der, daß die eben angesprochenen Verse in Dtn 7 in sehr viel stärkerem Maße als in Ex 23 von dtn/dtr Terminologie umgeben und auch durchsetzt sind. Das gilt in besonderem Maße für die Segensverheißung. Allerdings ist auch Ex 23 nicht frei von deuteronomischer Terminologie. Weiter fällt auf, daß Dtn 7 durchgängig von Jahwe in der 3. Pers. redet - die einzige Abweichung bildet V 4a -, während in Ex 23 ein Wechsel zwischen Jahwerede und Rede von Jahwe in der 3. Pers. vorliegt. Die Erwähnung des מלך in Ex 23,23 ist bedingt durch die vorhergehenden Verse Ex 23,20-22 und ist sicher nicht ursprünglicher Bestandteil der in V 23 verarbeiteten Tradition. Die Trennung zwischen Israel und den Völkern soll sich nach Ex 23,23 konkretisieren durch das Nicht-Anbeten ihrer Götter und die Zerströrung der kultischen Steinmale, nach Dtn 7,2 aber durch die Vollstreckung des Bannes und dadurch, daß kein Bund mit ihnen geschlossen wird. Das Verbot der Eheschließung Dtn 7,3 f, das nach der Vollstreckung des Bannes eigentlich überflüssig ist und im Widerspruch steht zu Dtn 21,10-14, dürfte später Zusatz zu Dtn 7 sein(2). Zwar wird auch in Dtn 7,5 die Zerstörung der heidnischen Kultstätten gefordert; aber dieser Vers steht im Unterschied zu Dtn 7,2 und allen anderen Versen, die in Ex 23 Parallelen haben, und auch zu Ex 23,24 im Plural,so daß es zumindest fraglich ist, ob er durch Ex 23 bzw. eine hier verarbeitete Tradition beeinflußt ist oder nicht vielmehr später Zusatz ist. Da die grundsätzliche Aufforderung zum Bann eher deuteronomistisches Programm als tatsächlich befolgte Anweisung ist und die Begründung des Bannes mit der möglichen Verführung zum Synkretismus spät ist, ist die endgültige Gestalt von Dtn 7,1-5 einer deuteronomistischen Bearbeitung zuzuweisen, ein Befund, der sich auch bereits von sprachlichen Gesichtspunkten her ergab.

Trotz der Differenzen sprechen die Gemeinsamkeiten im Aufbau dafür, eine gemeinsame Grundlage von Dtn 7 und Ex 23 anzunehmen. Da die beiden letzten Elemente des gemeinsamen Schemas, nämlich die Ausführungen über den allmählichen Vorgang der Ausrottung der Völker und die nochmalige Warnung vor jeder Gemeinschaft mit ihnen im Sprachgebrauch mehr Gemeinsamkeiten zwischen Ex 23 und Dtn 7 aufweisen als die anderen Elemente und - wie bereits erwähnt - die Begründung des Bannes mit der Gefahr der Verführung nicht alt ist, dürften die beiden letzten Elemente nicht ursprünglicher Bestandteil der hinter den beiden Kapiteln stehenden Tradition gewesen sein. Diese hätte demnach lediglich bestanden aus der Verheißung des Bringens ins Land, den Forderungen an Israel und einer bedingten Zusage. Die breitere Ausführung, die das ursprüngliche Schema nur noch schwer erkennen läßt, und die in viel stärkerem Maße als in Ex 23,23 ff vorhanden Verwendung dtn/dtr Sprache lassen Dtn 7 als gegenüber Ex 23 jüngeres Aufgreifen dieser Tradition erscheinen(3).

Ein aus einer Verheißung des Bringens an einen Ort, einer Forderung und einer bedingten Zusage bei Erfüllen der Forderung bestehendes Schema begegnet auch in den Ex 23,23-26 vorhergehenden Versen Ex 23,20-22. Die stärkere Geschlossenheit der Thematik in V 20-22 - auch die bedingte Verheißung bezieht sich auf den Vorgang der Landnahme und nicht wie in V 25 f auf kreatürliche Gegebenheiten des Lebens im Land - spricht dafür, für diese Verse ein gegenüber den folgenden höheres Alter anzunehmen. Lediglich der erste כי -Satz in V 21 weist sich durch das Pluralsuffix als Zusatz zum sonst im Singular formulierten Text aus. Der Personenwechsel in V 22 kann, aber muß keineswegs auf eine nichteinheitliche Entstehung der Einheit hinweisen; er kann auch dazu dienen, das Verhältnis zwischen Jahwe und seinem Boten zu bestimmen. Das Thema von V 20-22 spricht dafür, den Heiligen Krieg als Sitz im Leben der Tradition anzusehen, zumal in diesem Zusammenhang auch sonst der מלך יהוה eine Rolle spielt (Ri 2,4; 5,23; 6,22)(4).

Wahrscheinlich wurde das Schema von Ex 23,20-22 übernommen und mit einer (proto-)deuteronomischen Terminologie aufgefüllt (Völkerliste, Verhalten gegenüber den Gottheiten der Landbewohner). Die Aussage über die Vernichtung der Feinde wurde verbunden mit der Verheißung des Bringens ins Land, so daß die bedingte Zusage am Ende mit einer neuen Thematik gefüllt werden konnte, nämlich den Zusagen für das Leben im Land. Die deuteronomische Terminologie von V 23 f verweist auf den Süden als den Entstehungesort der jetzigen Formulierung(5). Kritik an den Maseben wird zwar bereits bei Hosea laut (Hos 3,4; 10,1-2) und hat von dort bis in deuteronomistische Kreise gewirkt; aber die häufig begegnende Aufforderung zur Zerstörung der Maseben - meist mit שבר - ist erst im dtn/dtr Schrifttum zu finden.

Auffallend ist, daß gerade in der Zusage für das Leben im Land von Ex 23 die deuteronomische Terminologie völlig fehlt, obwohl dieses Thema auch über Dtn 7 hinaus im deuteronomischen Sprachbereich wiederholt begegnet. Gegenüber Dtn 7 ist außerdem zu beobachten, daß Ex 23,25 f ein expliziter Bezug auf agrarische Verhältnisse fehlt; der Ertrag des Ackers ist nicht erwähnt, ebensowenig das Vieh(6). An Dingen, die den materiellen Lebensunterhalt betreffen, werden lediglich Brot und Wasser genannt, eine Kombination, die in vielen Zusammenhängen begegenet (Gen 21,14; 1. Kö 13; 1. Kö 19,6; Hos 2,7) und die - abgesehen wohl von 2. Kö 6,22(7) - immer die zum Leben unbedingt notwendigen Grundnahrungsmittel meint, und zwar in nomadischer als auch in agrarischer Umgebung. In Hos 2,7, wo es ausdrücklich um die Nahrungsmittel einer vom Ackerbau lebenden Gesellschaft geht, sind neben Brot und Wasser auch Öl und Getränke erwähnt, so daß die Zusammenstellung nie das ganze Nahrungsangebot einer bäuerlichen Bevölkerung umschreibt; vielmehr kennzeichnet das wiederholte Vorkommen in der Elia/Elisa-Überlieferung beides als Nahrungsmittel einer relativ armen, nichtbäuerlichen Bevölkerungsgruppe (vgl. 1. Kö 17,10 f; 2. Kö 2,19 ff; 2. Kö 4,42). An keiner dieser Stellen ist allerdings vom Segen über Brot und Wasser die Rede.

Die Stellen in den Königsbüchern und bei Hosea verweisen auf das Nordreich als Verbreitungsgebiet der Zusammenstellung "Brot und Wasser", und das Vorkommen im Zusammenhang der Hagar-Erzählung ist in Beersheba lokalisiert, das trotz seiner Lage weit im Süden in erster Linie Heiligtum des Nordreiches war (vgl. Am 5,5; 8,14)(8).

Im Segensmotiv liegt die einzige Übereinstimmung in der Terminologie der Zusage von Ex 23 und Dtn 7, wobei sich allerdings das, was gesegnet wird, bereits wieder unterscheidet; und in Dtn 7 ist die Segensthematik gegenüber Ex 23 sehr viel breiter ausgeführt. In Ex 23 ist sie beschränkt auf die Aussage über die Nahrungsmittel. Der Halbvers Ex 23,25a, der die bedingte Segenszusage enthält, wirft zudem einige Probleme auf, denn sowohl V 23 f als auch die Fortsetzung der Verheißung in V 25b.26 sind als direkte Jahwerede formuliert, während die Segenszusage von Jahwe in der 3. Pers. spricht. V 25a fällt außerdem auf durch den Wechsel zwischen singularischer und pluralischer Anrede. Von diesen Beobachtungen her stellt sich die Frage, ob V 25a kein ursprünglicher Bestandteil der Tradition ist, sondern erst später eingefügt wurde. In diese Richtung weist auch das Segensmotiv, für das als einziges Element der bedingten Zusage Vergleichsmaterial aus dem Süden vorhanden ist. Möglicherweise könnte der Beginn der Zusage ursprünglich gelautet haben: "Ich will dir dein Brot und dein Wasser geben", aber eine sichere Entscheidung ist kaum möglich. Dafür daß V 25a in seiner jetzigen Form kein ursprünglicher Bestandteil der Tradition ist, spricht auch, daß weder in den beiden Dekalogfassungen noch in Ex 34,13 f auf das Verbot, Götterbilder - seien es solche Jahwes oder anderer Götter - anzubeten und ihnen zu dienen, die Aufforderung folgt, Jahwe zu dienen, wie es in Ex 23,24.25a der Fall ist, zumal eine mit כי eingeleitete positive Forderung bereits in V 24b vorliegt, entsprechend V 22a in der Einheit V 20-22. Vielleicht könnte dafür, daß V 25a spätere Einfügung ist, die allerdings wegen des Wechsels zwischen Singular und Plural in sich wieder Probleme aufwirft, auch darauf verwiesen werden, daß ohne diesen Halbvers die Verheißung am Ende von V 23 und die von V 25b.26 einen sinnvollen Zusammenhang bilden: Dem Vernichten der Feinde steht das Leben für Israel gegenüber. כחד hif meint immer das Vernichten und Ausrotten von Menschen (so z. B. 1. Kö 13,34; 2. Chr 32,21); in Israel dagegen soll all das nicht vorhanden sein, was Todeswirklichkeit inmitten von Leben bedeutet, nämlich Krankheit, Kinderlosigkeit und unzeitiger, früher Tod(9). Es läßt sich zusammenfassend feststellen, daß trotz der Anklänge an dtn/dtr Terminologie in V 23 f bei der Verheißung für das Leben im Land der im Deuteronomium wichtige Bezug auf die Fruchtbarkeit des Israel gegebenen Landes fehlt; das gilt auch dann, wenn die Zusage von Brot und Wasser oder der Segen darüber ursprünglicher Bestandteil der Tradition sein sollte. Wie bereits erwähnt, verweist die dtn/dtr Terminologie von V 23 f auf die Abfassung der jetzt vorliegenden Einheit im Süden. Das gleiche gilt für das Segensmotiv, bei dem der Zeitpunkt der Verbindung mit dem jetzigen Kontext allerdings offen bleiben muß; es dürfte jedoch nicht vor V 25b.26 an V 23 f angefügt worden sein, da diese Verse sowohl formal als auch inhaltlich sehr viel enger mit V 23 f verbunden sind. Für die Zusammenstellung "Brot und Wasser" dagegen konnten Parallelen in Nordreichstexten gefunden werden. Bei der Verheißung V 25b.26 sind genaue Parallelen nicht vorhanden, so daß eine Zuordnung zu bestimmten Traditionskreisen nicht mit letzter Sicherheit erfolgen kann. Eine Formulierung, die ihr teilweise nahekommt, liegt in dem Jahwewort von 2. Kö 2,21 vor. In der Elisa-Tradition spielt auch abgesehen von 2. Kö 2,19-22 die Befreiung von Krankheit und Tod eine Rolle, allerdings beschränkt auf einzelne konkrete Personen oder Gruppen (2. Kö 4,18-37. 38-41; 5,1-27), und ein Zusammenhang mit der Landnahme Israels besteht dabei nie.

Es wäre jedoch durchaus denkbar, daß die Themen der für Einzelne in konkreten Situationen geltenden Zusagen bei ihrem Aufgreifen in Kreisen, denen es um den Gehorsam ganz Israels beim Kommen ins Land ging, auch in Verheißungen für das ganze Volk Verwendung finden konnten.(10)

Es wäre demnach das im Zusammenhang mit dem heiligen Krieg entstandene, in Ex 23,20-22 überlieferte Schema in früh-dtn Zeit aufgegriffen und verändert worden. Zur inhaltlichen Konkretisierung der neu hinzugekommenen Verheißung für das Leben im Land wurden dabei Elemente, die ursprünglich in Überlieferungen des Nordreiches eine Rolle spielten, aufgegriffen. Besonders diese Elemente sprechen dafür, eine Formulierung in Kreisen anzunehmen, in denen im Unterschied zur eigentlichen deuteronomischen Theologie eine dem bäuerlichen Leben im Kulturland gegenüber distanzierte Haltung vorhanden war. Diese Haltung dürfte zurückzuführen sein auf den Einfluß von Gruppen aus dem untergegangenen Nordreich, die durch Vorstellungen bestimmt waren, wie sie auch bei den Trägern der Elisa-Überlieferung und wohl auch bei den Rekabitern anzutreffen waren(11).

Ein solcher Einfluß ist in der bedingten Zusage von Dtn 7 nicht mehr vorhanden. Das Segensmotiv und die Früchte des Ackerbaus sind zum beherrschenden Thema geworden. Allerdings wurde die Befreiung von Krankheit und Unfruchtbarkeit übernommen (V 14b.15), wenn auch mit leicht abgewandelter Terminologie; und die Abwendung von Unfruchtbarkeit wurde - da in der bedingten Verheißung von Dtn 7 eine Ackerbau und Viezucht treibende Gesellschaft angesprochen ist - ausdrücklich auch auf die Tiere bezogen. Der Segen über Brot und Wasser dagegen wurde ersetzt durch typisch deuteronomische Segensformulierungen, die größtenteils in Dtn 28 eine Parallele haben(12). Wie dort gibt es auch in Dtn 7 Segenssprüche, die das angesprochene Israel selbst unter den Segen stellen, neben solchen, in denen der Segen über einen bestimmten Lebensbereich gesprochen wird.

Eine Segensvorstellung, die in der Fruchtbarkeit des Landes einen wesentlichen Segensinhalt sah, war zu beobachten in wohl ländlichen Kreisen des Südreichs, in denen das jahwistische Geschichtswerk überliefert und erweitert wurde und in denen vielleicht auch der Josephsspruch von Dtn 33 formuliert wurde(13). Allerdings fehlen wörtliche Übereinstimmungen in den Segenssprüchen; lediglich die ersten beiden Glieder der Trias "Getreide, Wein und Öl" begegnen auch in Gen 27,28. Sie wird aber auch von Hosea gebraucht und war in ihrer Verbreitung somit nicht auf bestimmte Landesteile beschränkt(14). Die Aussage, daß das Feld (Gen 27,28) bzw. das Land (Dtn 33,13) gesegnet ist, erscheint weder in Dtn 7 noch in anderen Segenssprüchen des Deuteronomiums. Aber der Segen über die פרי האדמה dürfte inhaltlich diesem Segen sehr nahe stehen. Wahrscheinlich bestand der in V 13 verarbeitete Segensspruch ursprünglich nur aus dem Segen über die Frucht des Leibes und des Ackerbodens(15), da im dritten Glied פרי durch שגר ersetzt ist. In Dtn 28,4 sind zwar alle drei Glieder parallel formuliert; damit ist aber die dort in den anderen Reihen vorliegende Zweigliedrigkeit verlassen. Angefügt an den Segen über die Früchte des Ackerbodens ist die Trias "Getreide, Wein und Öl"(16).

Da die bedingte Zusage aus dem in Ex 23 verarbeiteten Schema in Dtn 7,13-15 als bedingte Segenszusage formuliert ist, wird auch die aus Ex 23 übernommene Befreiung von Krankheit und Unfruchtbarkeit unter dieses Thema gestellt. Dabei soll gerade der Segen in diesem Bereich Israel von den anderen Völkern unterscheiden.

Wahrscheinlich wurde das bereits von frühdeuteronomischen, noch stark von Vorstellungen und von der Terminologie des Nordreiches beeinflußten Kreisen aufgenommene Traditionsschema zur Einfügung in den Zusammenhang von Dtn 7 vor der jetzt bereits weiterentwickelten und terminologisch gefestigten dtn/dtr Bewegung aufgegriffen und vor allem durch die Hervorhebung der Segensthematik verändert. Die Vorstellung von Jahwes Segen, der sich im materiellen Reichtum einer bäuerlichen Gesellschaft äußert, begegnet im übrigen im Deuteronomium nicht nur in cap 7, sondern auch in den Ausführungen über das Erlaßjahr (15,1-18) und in 24,19.

Zusammenfassend läßt sich für die Landbeschreibungen in Dtn 6 und 8 und für die bedingte Verheißung in Dtn 7 und ihre jeweiligen Rahmenverse feststellen, daß es sich hier um zwei Überlieferungslinien aus dem Nordreich handelt, die im Süden von der dtn Bewegung aufgegriffen und in ihre Dienste gestellt wurden.

Einmal wurde die in der Gerichtsankündigung Hoseas beheimatete Feststellung, daß Israel im Land Jahwe vergessen hat, umgeformt zu einer Warnung vor dem Vergessen Jahwes beim Kommen ins Land, wobei diese Warnung verbunden wurde mit einer Beschreibung des Kulturlandes. Im jetzigen dtn Kontext ist diese Warnung gekoppelt mit der Mahnung, Jahwes Gebote zu halten.

Auf der anderen Seite wurde in einem ursprünglich im Zusammenhang mit dem Heiligen Krieg stehenden Schema aus Verheißung der Landnahme, Forderung an Israel und bedingter Zusage der Vernichtung der Feinde (Ex 23,20-23) das letzte Element insofern geändert, als die Zusage sich jetzt auf das kreatürliche Leben im Land bezieht (Ex 23,23-26). Der Ackerbau und damit die Fruchtbarkeit des Erdbodens wird allerdings noch nicht angesprochen, vielmehr könnten einige Elemente der Zusage auf der Elisa-Überlieferung nahestehnde Kreise verweisen. Die Verwendung dtn Terminologie in Ex 23,23-26 deutet darauf hin, daß die Verse bereits im Süden formuliert worden sein dürften. In einem fortgeschrittenen Stadium der dtn Bewegung wurde dann das Schema noch einmal aufgegriffen (Dtn 7) und dem Segensmotiv eine beherrschende Rolle in der bedingten Zusage gegeben. Wichtiger Bestandteil dieses Segens ist dabei jetzt die Fruchtbarkeit von Vieh und Ackerboden. Wie in Dtn 6 und 8 sind auch in Dtn 7 Aussagen über das Halten der Gebote zugefügt.

6.4. Dtn 28

Im Unterschied zu den bisher besprochenen Texten ist in Dtn 28 keine unmittelbare, bis zu Gemeinsamkeiten in der Formulierung gehende Abhängigkeit von bestimmten Texten aus dem Nordreich feststellbar. Zwischen den bedingten Segensverheißungen in Dtn 7 und Dtn 28 besteht zudem insofern eine grundsätzliche Differenz als in Dtn 28 neben die bedingte Segensankündigung eine - sogar sehr viel breiter ausgeführte - bedingte Fluchankündigung tritt.

Ein Einfluß der Theologie des Nordreichs liegt in Dtn 28 nur soweit vor, als auch hier die Aufforderung zum Gehorsam und die damit verbundene Ankündigung von Segen und Fluch in der Situation der Landnahme angesiedelt sind, die als entscheidender Wendepunbkt im Verhältnis zwischen Israel und seinem Gott gesehen wird.

Es kann als gesichert gelten, daß die Fluchverkündigung von Dtn 28 stark beeinflußt ist durch die Flüche in assyrischen Vasallenverträgen, die in Israel zur Zeit der assyrischen Oberherrschaft im 7. Jahrhundert Eingang fanden(1). Es sind allerdings in Dtn 28 auch einige kurze Reihen auszumachen, die keine assyrischen Vorbilder haben, sondern auf die bäuerliche Welt Palästinas bezogen sind, in der der Ackerboden und sein Ertrag eine wichtige Rolle spielt. Zu denken ist hier an die antithetischen Flüche V 30 und 38-40, die Fluchreihe V 16-19 und die entsprechenden Segensworte. Im Gegensatz zum assyrischen Material handelt es sich hier um Aussagen, die ursprünglich nicht das Volk, sondern einen einzelnen angesprochen haben(2), auch wenn sie in Dtn 28 bereits kollektiv verstanden sind.

In der Reihe V 16-19 liegt der einzige Abschnitt in der Fluchankündigung vor, der in der Segensankündigung eine Entsprechung hat, nämlich die Segensreihe V 3-6. Es handelt sich hier um vordeuteronomisches Material, das ursprünglich nicht mit den erst deuteronomischen Bedingungssätzen V 2 bzw. 15 verbunden war.

In der Frage nach dem ursprünglichen Sitz im Leben der Reihen und das heißt vor allem, in der Frage, ob die Segens- und die Fluchreihe gleich ursprünglich sind oder ob die eine aus der anderen sekundär gebildet wurde, sind nur Vermutungen möglich. Da V 4 weitgehende Übereinstimmung mit Dtn 7,13 aufweist, wird man davon ausgehen können, daß hier ein alter Segensspruch vorliegt, bei dem wohl die in Dtn 28,4 gebrauchte Formulierung als Segensspruch ohne Nennung des Segensspenders die gegenüber der von Dtn 7,13, die von Jahwe in der 3. Pers. spricht, ältere ist. Diese Beobachtung schließt nicht aus, daß Dtn 28,4 in seiner jetzigen Gestalt jünger ist als Dtn 7,13, da die Aussage über die Fruchtbarkeit des Viehs hier an die beiden anderen Glieder sekundär angeglichen wurde. In V 4a dürfte somit ein alter Segensspruch erhalten sein, der auch in Dtn 7,13 aufgegriffen und bereits dort um die Aussage über das Vieh erweitert wurde(3). Der Fluchspruch Dtn 28,18 wäre dann sekundär aus dem Segensspruch gebildet worden.

Die einzigen Glieder der beiden Reihen, die sowohl hinsichtlich der Formulierung als auch der Stellung innerhalb der Reihen genau parallel sind, liegen in V 3 und 6 bzw. 16 und 19 vor. Sie werden - da sich alle vier Aussagen auf den menschlichen Lebensraum beziehen - von Anfang an zusammengehört haben und erst sekundär, entweder im Zusammenhang mit der Anfügung an den deuteronomischen Gesetzeskorpus oder auch früher um die anderen Sprüche erweitert worden sein(4). Schottroff(5) hat gezeigt,daß sich die Verben בוא und יצא in V 6 und 19 auf die zwischen Siedlung und Feld erfolgende bäuerliche Tätigkeit beziehen.

Sowohl bei den eben angesprochenen Versen als auch bei dem Segen bzw. Fluch über Korb und Backtrog sind von Parallelstellen her keine Aufschlüsse darüber zu erhalten, ob Segen oder Fluch älter als das Gegenstück ist, das dann erst in Analogie gebildet worden wäre. Seitz(6) vermutet, daß die Segensreihe V 3-6 ihren Sitz im Leben bei der Ablieferung der Erstlingsfrüchte gehabt haben könnte, da das in Dtn 26,12-15 für diese Situation überlieferte liturgische Formular mit der Bitte um einen Segen endet. Da Dtn 28,3-6 eindeutig agrarische Verhältnisse vor Augen hat, wäre die Verwendung in diesem Zusammenhang denkbar, zumal das Wort טוא für Korb (V 5) sonst nur

Dtn 26,2.4 begegnet, und zwar als Bezeichnung für den Korb, in dem die Erstlingsfrüchte dem Priester überbracht werden sollen; für eine sichere Entscheidung fehlen allerdings Anhaltspunkte. Für die Fluchreihe nimmt Seitz an, daß sie erst in Verbindung mit der Gesetzesparanäse des Deuteronomiums gebildet wurde, wofür auch die Beobachtung spricht, daß kein Element der Fluchreihe eine Parallele außerhalb von Dtn 28 hat. Im Unterschied dazu vermutet Schottroff, es handele sich bei Dtn 28,3-6 und 16-19 um zwei im Sippenbereich ausgebildete Formulare, die den getrennten Gelegenheiten von Segen und Fluch vorbehalten waren(7).

Da die Segens- bzw. Fluchreihe Dtn 28,3-6 und 16-19 eine Ackerbau treibende Bevölkerung ansprechen, wurde wiederholt die These vertreten, mit den beiden Reihen werde Segen und Fluch im agrarischen Bereich bewußt auf Jahwe zurückgeführt und damit Baal abgesprochen(8). Im Deuteronomium wird jedoch nirgends eine Auseinandersetzung darüber geführt, wem die Fruchtbarkeit des Landes zu verdanken ist; sie wird vielmehr ganz selbstverständlich auf Jahwe zurückgeführt, der an den angesprochenen Stellen auch gar nicht explizit als Spender des Segens genannt wird(9). Es hat sich zudem im Verlauf dieser Arbeit gezeigt, daß keineswegs alle Aussagen über die Fruchtbarkeit von Israels Land durch die Auseinandersetzung mit dem Baalskult bestimmt sind; im Zusammenhang mit dem Segensmotiv konnte eine solche nirgends beobachtet werden. Es ist deshalb nicht damit zu rechnen, daß für die Aufnahme von Dtn 28,3-6 und 16-19 das bewußte Zusammenbringen Jahwes mit den Früchten des Landes das bestimmende Moment war.

Zwei weitere in Dtn 28 verarbeitete Reihen, die ursprünglich den Einzelnen ansprachen, liegen - wie bereits erwähnt - in den antithetischen Flüchen V 30 und 38-40 vor. Der Lebensbereich, der hier vor Augen liegt, ist ebenfalls die bäuerliche Umwelt Palästinas; und Parallelen zu den Flüchen liegen aus der unmittelbaren Nachbarschaft Israels vor(10). Antithetische Flüche begegnen im Alten Testament außerhalb des Deuteronomiums bereits in Texten aus dem 8. Jahrhundert, wobei die Motive Haus und Weinberg auch Am 5,11 erwähnt werden. Der Reihe V 38-40 liegt sicher die Trias Getreide, Wein und Öl zugrunde. Im Unterschied zu anderen antithetischen Fluchreihen enthält V 38-40 neben der sinnvollen Handlung, der ihre Ergebnislosigkeit gegenübergestellt wird, auch jeweils eine Begründung dieser Ergebnislosigkeit, so daß hier mit einer jüngeren Formulierung zu rechnen ist. Die Verse Dtn 28,31 und 41 sind sekundäre Bestandteile der vorhergehenden Reihen.

Eine Entsprechung im Segensteil von Dtn 28 haben V 30 und 38-40 nicht. Überhaupt lassen sich in V 7-13a keine älteren Reihen oder außerisraelitische Vorbilder ausmachen, sondern allenfalls einzelne ältere Wendungen, die vom deuteronomischen Verfasser des Abschnitts aufgegriffen wurden. V 12b-13a dürfte eine sekundäre Umbildung des Fluchspruches V 23 f sein. Der Abschnitt ist durchgehend im Singular formuliert, der das kollektive Du des Volkes Israel vor Augen hat.

Es wurde bereits erwähnt, daß das nicht auf assyrische Vorbilder zurückgehende, sondern genuin israelitische Fluch- und Segensmaterial auf die bäuerliche Umwelt Palästinas bezogen ist. Die Themen, die hier bestimmend sind, sind deshalb der Ertrag des Ackerbodens sowie die Fruchtbarkeit von Mensch und Vieh. Aber auch die aus assyrischen Vasallenverträgen übernommenen Flüche sind teilweise auf diese Themen bezogen, wenn hier auch die Androhung von Krankheit und Unterdrückung durch Feinde überwiegt. In der Schlagenreihe V 22 werden u. a. Getreidebrand und Dürre erwähnt und V 33a der Ertrag des Ackers, den ein anderes Volk verzehren wird. Die engste assyrische Parallele hat V 23 f, und zwar in den Zeilen 528-532 von Asarhaddons Vasallenvertrag(11). V 42 ist eine wohl erst in der deuteronomischen Zeit formulierte Zusammenfassung der antithetischen Fluchreihe von V 38-40; und V 45 ff kann hier außer Betracht bleiben, da es sich um Erweiterungen aus exilischer und nachexilischer Zeit handelt(12).

Es ist auffallend, daß innerhalb der Fluchreihe von Dtn 28 bei den Aussagen, die auf den Ertrag von Acker und Weinberg bezogen sind, die Verweigerung des Regens eine relativ geringe Rolle spielt. Sie begegnet überhaupt nicht im genuin israelitischen Material, sondern lediglich in den beiden auf das Thema bezogenen assyrischen Fluchformulierungen. Im Segensteil wird der für die Fruchtbarkeit des Bodens notwendige Regen nur in dem sekundär nach V 23 f gebildete V 12 erwähnt. Diese deutliche Akzentverschiebung gegenüber den prophetischen Texten aus dem Nordreich, in denen allein Gewährung bzw. Verweigerung des Regens für den Ertrag des Bodens bestimmend waren und in denen gerade die Verweigerung des Regens die herausragende Strafe für Israels Ungehorsam war, ist zum einen dadurch bedingt, daß - wie sich gezeigt hat - in den Texten des Südreichs stärker die Fruchtbarkeit und der Ertrag des Bodens im Vordergrund stehen als deren Verursachung durch den Regen, weil es über den Spender des Regens keine Auseinandersetzung gab. Daneben ist zu bedenken, daß es sich bei dem in Dtn 28 verarbeiteten israelitischen Material ja ursprünglich um Segens- bzw. Fluchsprüche handelt, die den Einzelnen ansprachen und schon von daher Zuspruch und Verweigerung von Regen, die ja stets eine ganze Gegend betreffen, nicht passend sind. Wo in den nicht aus Assyrien übernommenen Reihen konkrete Aussagen über den Verlust der Ernteprodukte gemacht werden, wie in den Erweiterungen der antithetischen Fluchreihen, steht vielmehr der Gedanke im Vordergrund, daß andere, seien es Feinde oder Tiere, die Früchte wegessen werden.

Im übrigen ist es auch von dieser Beobachtung her ganz unwahrscheinlich, daß in Dtn 28 die Auseinandersetzung mit dem Baalskult eine Rolle spielt.

Das Deuteronomium stellt Israel noch einmal in die Situation vor der Landnahme und fordert von ihm Gehorsam. Israels Verhalten wird dann über Segen oder Fluch, der ihm im Land zuteil wird, entscheiden. Der Segen ist der Israel von Jahwe zugedachte Normalzustand, seine Schilderung kann deshalb in Dtn 28 auf relativ geringem Raum erfolgen, zumal die Güte des Landes schon an anderen Stellen im Deuteronomium wiederholt hervorgehoben wurde. Der Fluch dagegen hat die wichtige Aufgabe, das kommende Gericht zu schildern, das Israel treffen wird, wenn es aus dem guten Verhältnis mit Jahwe ausbricht; und deshalb ist dieser Fluch um vieles umfangreicher.

6.5. Die formelhaften Wendungen zur Fruchtbarkeit des Landes

Ein herausragendes Kennzeichen des Deuteronomiums liegt in seiner formelhaften Sprache. Es soll deshalb abschließend auf die beiden Wendungen eingegangen werden, die im Deuteronomium am häufigsten im Zusammenhang mit der Fruchtbarkeit von Israels Land erscheinen.

Ein Land, das von Milch und Honig fließt

In der im Deuteronomium am häufigsten vorkommenden Beschreibung des von Jahwe gegebenen Landes wird das Land bezeichnet als ein ארץ זבת חלב ודבש (6,3; 11,9; 26,9.15; 27,3; 31,20). Verbunden ist die Wendung dabei immer mit dem Väterschwur. Da sie durchweg als Apposition gebraucht wird, gehört sie mit Sicherheit nicht zu den ältesten Schichten des Deuteronomiums. Auch außerhalb des Deuteronomiums begegnet sie in erster Linie im dtn/dtr Sprachbereich(1).

Daß die Formulierung innerhalb des dtn/dtr Sprachbereichs relativ spät anzusetzen ist, besagt noch nichts über ihr Alter. Es hat sich gezeigt, daß sie in weniger formelhafter Weise auch in vor-dtn Zusammenhängen begegnet und erstmals beim Jahwisten greifbar wird, hier abweichend vom sonstigen Sprachgebrauch auf Ägypten bezogen(2). Somit ist zwar die feste Verbindung der Formulierung mit dem Väterschwur und damit der Bezug auf das Israel von Jahwe gegebene Land auf dtn/dtr Kreise zurückzuführen, nicht aber ihre Entstehung.

An allen alttestamentlichen Stellen - abgesehen von Num 16,13(3) - dient die Wendung dazu, den besonderen Reichtum von Israels Land zu bezeichnen. Daß sie hier allerdings bereits zu einer bloßen Formel erstarrt ist, die über die tatsächlichen Güter des Landes nichts aussagt, macht vor allem die wohl schon vor-dtn Stelle Num 13,27 deutlich(4), wo die Aussage, das verheißene Land sei ein Land,darin Milch und Honig fließt, mit dem Vorzeigen der großen Weintraube, von Granatäpfeln und Feigen verdeutlicht wird.

Eine ähnliche Verwendung zwar nicht der Zusammenstellung "Milch und Honig", aber "Fett und Honig" begegnet im ugaritischen Baalsmythos: Die Auferstehung Baals und damit die neue Vegetationszeit kündigt sich El im Traum dadurch an, daß der Himmel Fett regnete und die Bäche von Honig sprudelten (I AB III 13 ff). Milch und Honig bzw. Fett und Honig erscheinen in den angesprochenen Zusammenhängen somit zwar als Symbole der vegetativen Fruchtbarkeit eines Landes; sie bezeichnen jedoch nicht die tatsächlichen Hauptprodukte dieses Landes. Vielmehr handelt es sich bei der Zusammenstellung nicht einmal um typische Produkte einer agrarischen Wirtschaftsform, sondern Milch bezw. Fett und wilder Honig stehen auch Nomaden zur Verfügung. Einen Beleg für Honig und Dickmilch als Speise einer nomadischen Bevölkerung liefert Jes 7: In dem verwüsteten Land, in dem die Weinberge voller Dornen und Disteln sind, wird es nur noch die beiden genannten Produkte als Nahrung geben(5). Hier wird natürlich aus der Sicht der Kulturlandbewohner geredet, für die die Beschränkung auf Dickmilch und Honig einen Mangel darstellt - V 22a ist späterer Zusatz, der im Widerspruch zum Kontext steht und das Drohwort in eine Heilsweissagung umwandeln will -. Aus nomadischer

Sicht galten aber Milch und Honig sicher als erstrebenswerte Speisen. Nur von einer positiven Wertung her ist auch die Übernahme der Produkte in die Beschreibung eines fruchtbaren Landes zu erklären. Zudem gibt es außerbiblische Belege, in denen Milch und Honig als bevorzugte Speisen, sogar für Götter, erwähnt werden. Zu denken ist hier an den Gudea-Zylinder und an die Sinuhe-Erzählung. Der Gudea-Zylinder stammt aus der dritten Dynastie von Ur (2050 - 1950 v. Chr.). Nach dieser Inschrift wird den Göttern durch Gudea, einem Stadtfürsten von Lagasch(6), Honig und Butter als Speise geschickt; außerdem werden als Opfergaben für die Götter, "Honig, Butter, Wein und Korn mit Milch" genannt. In der Sinuhe-Erzählung (ca. 1780 v. Chr.), die in autobiographischer Weise u. a. vom Aufenthalt des aus Ägypten geflohenen Sinuhe in einem Gebiet berichtet, das in Palästina oder Südsyrien gesucht werden muß(7), heißt es: "Figs were in it and grapes. It had more wine than water. Plentiful was its honey." Und Sinuhe erhält dort "milk in every (kind of) cooking."(8)

Zusammenstellung wie "Milch und Honig", "Fett und Honig", "Dickmilch und Honig" dürften also unrsprünglich dazu gedient haben, bevorzugte Speisen einer nomadischen Gesellschaft zu bezeichnen(9) und in Verbindung mit anderen Produkten auch solche einer Kulturlandbevölkerung. Das erstmalige Vorkommen der Wendung beim Jahwisten, dann in einer Bearbeitungsschicht dieses Werkes und schließlich im dtn/dtr Sprachbereich spricht für ihre Verbreitung im Süden, wo das Nomadentum auch eine größere Rolle spielte als im Norden. In Texten des Nordreiches begegnet die Zusammenstellung nicht(10).

Weil sowohl Milch als auch Honig fließen, Milch aus dem Euter der Kuh, Honig sogar aus Felsen (Dtn 32,13), entstand die Formulierung ארץ זבת חלב ודבש . Es ist nicht auszuschließen. daß sie zunächst noch dazu diente, ein für Viehzüchter gutes Land zu bezeichnen, in dem tatsächlich ein Reichtum von Milch und Honig vorhanden war. Diese Bedeutung könnte sie auch noch an der jahwistischen Stelle Num 16,13 haben; denn nach Gen 46,32-34 und 47,3 6 (beides vom Jahwisten) ließen sich die Brüder Josephs als Viehhirten in Ägypten nieder; und auch in der Plagenerzählung ist nur vom Vieh der Israeliten (Ex 9,4.6; 10,9), nicht aber von ihren Ackerbauprodukten die Rede. Spätestens in den schon vor-dtn Zusätzen zum jahwistischen Text wie Num 13,27 und 16,14 ist mit dem ארץ זבת חלב ודבש dann ein Land gemeint, in dem Überfluß an den Produkten einer Ackerbaukultur besteht; es geht hier nicht mehr um Milch und Honig, und auch das Verb זבת ist nicht mehr am Platze, sondern ein Land, das von Milch und Honig fließt, ist ein Land, in dem Weintrauben, Feigen und Granatäpfel wachsen. Ob dieser Bedeutungswandel durch ugaritische Formulierungen wie der oben erwähnten aus dem Baalsmythos beieinflußt ist oder ob der Schritt zum Gebrauch der Wendung als Bezeichnung für die Fruchtbarkeit eines Landes in Ugarit und in Israel unabhängig voneinander vollzogen wurde, dürfte kaum noch zu entscheiden sein.

Getreide, Wein und Öl

Die Trias oder eine Zusammenstellung von zweien ihrer Glieder begegnet besonders im Deuteronomium, aber auch in anderen Schriften des Alten Testamentes. Eine Bschränkung ihrer Verbreitung auf einen der beiden Landesteile ist dabei nicht zu beobachten(11); die Formel dient vielmehr überall zur Bezeichnung der wichtigsten Erträge des Landes. Daß dies auch über den Bereich des Alten Testamentes hinaus gilt, zeigt ein Text aus dem ugaritischen Keretepos, in dem der Regen Baals für die Erde erwartet wird, denn es "war das Brot aus ihren Urnen ausgegangen, der Wein aus ihren Schläuchen und das Öl aus .... "(12). Eine ähnliche, wenn auch im letzten Glied nicht genau übereinstimmende Reihe begegnet schon im sumerischen Ninurtamythos(13), wo es heißt: "The fields produced abundant grain. The vineyard and orchard bore their fruit." Ein Obstgarten in Palästina bestand neben Feigenbäumen in erster Linie aus Ölbäumen.

Nicht ganz klar ist, wie die hebräische Formulierung in der Übersetzung genau wiederzugeben ist. Am wenigsten umstritten ist דגן als "eine allgemeine Bezeichnung für Getreide, das als Brotfrucht dient."(14) Sachlich identisch mit לחם dürfte es demnach aber kaum sein(15), denn das eine bezeichnet den Grundstoff, das andere das Endprodukt. Das Wort steht im Zusammenhang mit dem Getreide- oder Korngott Dagan, der besonders in Babylon zur Zeit Hammurabis verehrt wurde(16). Im ugaritischen Baalsmythos wird Baal zuweilen als Sohn Dagans bezeichnet, was wohl darauf zurückzuführen ist, daß er bei der Ausdehnung seines Funktionsbereichs auf die Vegetation, die im Sommer reift und abstirbt, einen ursprünglich Dagan zustehenden Bereich übernommen hat. Dagan war also ein eng mit dem Ackerbau verbundener Gott. Unklar ist, ob der Gottesname aus einem alten Wort für Getreide entstanden ist oder ob der Gottesname das Primäre ist, aus dem dann eine Bezeichnung für Getreide wurde. Gese nimmt an(17), daß das Wort ursprünglich "wenn nicht das Getreide selbst, so doch das Wachstum oder Entsprechendes bezeichnet." In Palästina allerdings wird sich erst mit Ausbreitung des Dagankultes das Wort auch zur Bezeichnung des Getreides eingebürgert haben.

Im Alten Testament erscheint דגן in der überwiegenden Zahl der Fälle in Verbindung mit den beiden anderen Gliedern der Trias, nämlich neunzehnmal, nur mit תירוש elfmal, allein dagegen nur zehnmal(18). Es dürfte sich bei דגן also um ein zur Zeit des Alten Testamentes bereits altertümliches Wort handeln, das sich fast nur noch in festgeprägten Wendungen erhalten hat.

Sehr umstritten ist die Wiedergabe von תירוש und יצהר. Während Köhler(19) in den Worten Synonyma von יין bzw. שמן sieht - er übersetzt die Trias deshalb mit "Brotfrucht, Wein und Öl" -, wird meist תירוש als "Most", "ungegorener Wein" wiedergegeben und יצהר als "frisch gepreßtes Öl"(20). Sicher ist, daß תירוש wie דגן mit dem Namen eines Gottes zusammenhängt. Dieser Gott Tirsu ist in der ugaritischen Götterliste und der Opferliste belegt, er bezeichnet den Rauschtrank bzw. seine Wirkung(21).

Die Häufigkeit, mit der die Trias zur Bezeichnung der wichtigsten Landesgaben verwandt wird, macht es unwahrscheinlich, daß damit nicht tatsächlich die wichtigen Produkte Wein und Öl gemeint sind. Vor allem bei תירוש tun sich Schwierigkeiten auf, wenn man es nicht mit יין gleichsetzt. Nimmt man mit Wolff(22) noch alkoholfreien Traubensaft an, so ist dazu zu sagen, daß dieses Produkt für Israel kaum eine Rolle spielte; denn der Saft war nur wenige Tage haltbar, dann ging er in Gärung über. Als eine der wichtigsten Landesgaben wurde er sicher nicht angesehen. Das gleiche gilt, wenn man in dem Getränk den neuen, noch trüben Wein sehen will(23), also daß, was in Franken mit Federweißem bezeichnet wird.

Auch Wolffs Begründung der Übersetzung mit "Korn, Most und Olivensaft"(24) mit dem Argument, daß so die unmittelbar schenkende Hand Jahwes sichtbar wird und die verarbeitende Menschenhand noch nicht im Spiel ist, ist nicht stichhaltig. Beim Wein ist der wesentliche Teil der menschlichen Arbeit mit der Lese und dem Keltern getan. Zwischen dem ungegorenen und dem gegorenen Traubensaft kann man dann nicht mehr einen so wesentlichen Unterschied in Bezug auf Gabe Jahwes und durch menschliche Arbeit erhaltenes Produkt sehen. Wenn die Trias dazu dienen sollte, die unmittelbaren Gaben Jahwes zu nennen, müßte sie von Getreide, Trauben und Oliven bzw. Weinstöcken und Ölbäumen reden. Die Unmittelbarkeit der Gaben zu Jahwe wird man hier auf jeden Fall nicht als Kriterium der Übersetzung nehmen können; denn die Trias ist hier auf keinen Fall einheitlich. דגן ist sicher das Getreide, wenn auch hier wohl das geerntete Getreide, so daß Trauben und Oliven die Parallelprodukte wären. Zu Wein und Öl wäre das Parallele Brot oder allenfalls Mehl, was aber mit דגן offensichtlich nicht gemeint ist.

Albright(25) will auch יצהר auf einen Gott des Olivenöls zurückführen, obwohl er selbst zugeben muß, daß dieser Name nirgends belegt ist.

Die Trias ist deshalb geeignet, die Gaben des verheißenen Landes zusammenfassend zu bezeichnen, weil sie die damaligen pflanzlichen Grundnahrungsmittel Palästinas nennt. Das Getreide diente zur Herstellung von Brot, Öl diente als Genußmittel, zum Salben und als Beleuchtungsmittel. Der Genuß von Wein war im Altertum weit verbreitet, er gehörte zu den Lebensbedürfnissen der Menschen (vgl. Sir 39,26). Für eine volle Mahlzeit unter normalen Verhältnissen ist Wein vorauszusetzen(26).

6.6. Zusammenfassung

Die Auffassung, daß, wenn auch vielleicht nicht die Abfassung, so doch die Wirksamkeit des deuteronomischen Gesetzes und damit die deuteronomische Bewegung im Süden, genauer in Jerusalem anzusetzen ist, hat die größte Wahrscheinlichkeit für sich(1). Dennoch sind gerade in den Rahmenkapiteln des Deuteronomiums Elemente zu finden, die sich als von der Theologie des Nordreiches beeinflußt ausweisen.

Dort war der Abfall von Jahwe nach dem Seßhaftwerden ein Thema, das spätestens seit Elia, der einen für das Leben im Land wichtigen Regen als Jahwes- und eben nicht als Baalsprophet voraussah, angesprochen wurde. Es hat sich gezeigt, daß eine bereits von Hosea verwendete Aussage, daß Israel nämlich, als es im Lande satt wurde, Jahwe vergaß, im Deuteronomium wieder aufgegriffen und nur insofern verändert wird, als jetzt nicht das Vergessen Jahwes konstatiert, sondern Israel vor diesem Vergessen gewarnt wird (Dtn 6,10-12; 8,6-14). Wie bei Hosea sind in diesem Zusammenhang auch noch im Deuteronomium nicht Gebote Jahwes Hintergrund der Aufforderung, Jahwe nicht zu vergessen, sondern die Erinnerung an sein hilfreiches Eingreifen in der Geschichte von Ägypten her.

In den Traditionen des Südens bestand dagegen - weil hier der Abfall zu kanaanäischen Kultpraktiken kaum eine Rolle spielte - kein wesentlicher Unterschied in Israels Verhältnis zu Jahwe vor oder nach der Landnahme. Durch den Jahwisten war hier gerade in die Wüstenerzählungen das Motiv des Ungehorsams eingetragen worden. Die Traditionen von der Ernährung und Führung in der Wüste sind zwar in Dtn 8,15 f in den Geschichtsaufriß aufgenommen; sie waren aber in wesentlich geringerem Maße als etwa das Aussageschema Hoseas dazu geeignet, zu einer Aufforderung zum Gehorsam im Lande umgeformt zu werden.

Auffalllend bei einem Vergleich von Dtn 6 und 8 mit nahestehenden Texten von Hosea oder Jeremia ist das Fehlen einer Aussage über den Verlust der Güter des Landes. Das Motiv des Verlustes der Landesgaben aus der Prophetie des Nordreichs ist bei der Gerichtsankündigung des Deuteronomiums nicht maßgebend geworden, die ja auch - konzentriert in cap 28 - in räumlicher Trennung zu den Aussagen auftritt, die durch die Theologie Hoseas und Jeremias beeinflußt sind. In Dtn 6 und 8 geht es darum, Israel bei Jahwe zu halten; ein möglicher Abfall und seine Folgen liegen hier nicht im Blickfeld.

Um den Gehorsam gegenüber Jahwe in der Situation des Kommens ins Land geht es auch in der Nordreichstradition, die für die Formulierung von Dtn 7 eine Rolle spielte. In dem sekundären Anhang zum Bundesbuch Ex 23,20 ff konnte eine dort zweimal begegnende Aussagestruktur festgestellt werden (V 20-22 und 23-26), die auch in Dtn 7 vorliegt und die besteht aus der Zusage des Bringens ins Land, einer Forderung an Israel und einer bedingten Verheißung. Die Thematik von Ex 23,20-22 macht es wahrscheinlich, daß die Tradition im Zusammenhang mit dem Heiligen Krieg formuliert wurde. Das Traditionsschema wurde wohl bereits in einem sehr frühen Stadium der deuteronomischen Bewegung aufgegriffen (Ex 23,23-26), als vor allem bei den Aussagen über das gute Leben im Land noch kein verfestigter Sprachgebrauch vorlag. Diese Verheißung wurde zunehmend mit aus dem Süden bekannten Segensvorstellungen ausgefüllt (bes. in Dtn 7,13), während in Ex 23,25b noch überwiegend Formulierungen aus dem Nordreich den Inhalt der bedingten Verheißung bestimmten. Ebensowenig wie in Dtn 6 und 8 eine Aussage über den Verlust der Landesgaben begegnet in Ex 23 und Dtn 7 die Möglichkeit einer Umwandlung des Segens in einen Fluch. Schon von daher wird deutlich, daß zwischen dem in diesen beiden Kapiteln vorliegendem Schema und Dtn 28 kein traditionsgeschichtlicher Zusammenhang besteht(2). Dtn 28 zielt - wie die Schlußabschnitte assyrischer Vasallenverträge - auf die Androhung des Fluches; eine Segensankündigung allein begegnet im assyrischen Vergleichsmaterial nie. Lediglich in der Segensverheißung von Dtn 28, die aber nicht auf assyrische Vorbilder zurückgreift, wurde teilweise gleiches Material wie in Dtn 7 verwendet.

Zur Auffüllung des vom Nordreich bestimmten Geschichtsaufrisses, der Israel dazu auffordert, auch im Land Jahwe zu gehorchen, hat das Deuteronomium Traditionsmaterial aus dem Süden aufgegriffen. Die von Hosea und Jermia beeinflußte Aussagestruktur in Dtn 6 und 8 wurde jeweils mit einer Beschreibung des Landes verbunden, in das Israel kommt. In den Landbeschreibungen liegt das Gewicht vor allem auf dem Wasserreichtum und den Pflanzen, während bei Hosea stärker die Produkte des Landes eine Rolle spielten, auf die auch das Stichwort "satt werden" verweist.

Auch für die im Deuteronomium wiederholt aufgegriffene Beschreibung des Landes als eines Landes, das von Milch und Honig fließt, hat sich der Süden als Verbreitungsgebiet erwiesen. Und in Dtn 7 wurde die Landnahmetradition aufgefüllt mit Segensmaterial aus dem Süden.

Dtn 28 und damit die Gerichtsankündigung des Deuteronomiums ist dagegen stark geprägt durch assyrischen Einfluß. Es wurde bereits erwähnt, daß die Gerichtsankündigung des Nordreiches keinen Eingang in das Deuteronomium gefunden hat. Zur konkreten Ausgestaltung der Gerichtsansage diente vielmehr aus assyrischen Vasallenverträgen in Israel bekannt gewordenes Material, das ergänzt wurde durch Fluch- und Segensworte, die in Israel ursprünglich dem Einzelnen galten, jetzt aber auf das Volk bezogen sind(3). Es ist bezeichnend, daß in Dtn 28 sehr viel weniger als in den von israelitischen Traditionen geprägten Texten wie Dtn 7 oder den Kontexten der Landbeschreibungen in Dtn 6 und 8 die Situation der Landnahme vor Augen steht, sondern eher das Leben des Volkes im Lande.

Es läßt sich zusammenfassend sagen, daß - abgesehen von Dtn 28, das durch assyrische Vertragstexte beeinflußt ist - die Struktur der Ausführungen zur Fruchtbarkeit von Israels Land im Deuteronomium weitgehend von einer im Nordreich greifbaren Theologie beeinflußt ist. Es werden keine allgemein gültigen Aussagen darüber gemacht, daß Gott einem Land reiche Fruchtbarkeit schenkt, sondern die Aussagen, die sich mit der Fruchtbarkeit des Landes beschäftigen, sind bezogen auf das Land, in das Israel kommt, und in Verbindung gesetzt mit einem von Israel geforderten Verhalten. Israel soll Jahwe - wenn es im Lande ißt und satt wird - nicht vergessen (Dtn 6 und 8), bzw. Jahwe wird neben anderen Segensgütern Israel nach der Landnahme die Fruchtbarkeit seiner Felder gewähren, wenn Israel ihm gehorsam ist. Diese Aussagestruktur ist jedoch ausgefüllt mit Beschreibungen des Reichtums des Landes oder mit Segensvorstellungen aus dem bäuerlichen Bereich, die nicht in einem ursprünglichen Zusammenhang mit Israels Landnahme standen(4). In ihrem jetzigen Kontext sind sie aber auf das Land bezogen, in das Israel kommt und in dem es auch angesichts des Reichtums bei Jahwe bleiben soll.

7. AUSBLICK

Israel hat, nachdem es im Lande Kanaan seßhaft geworden war, auf vielfältige Weise die Fruchtbarkeit seiner Felder und Weinberge mit Jahwe in Verbindung gesetzt. Während es z. B. für die Propheten des Nordreiches darum ging, daß Israel in Jahwe den Spender der Landesgaben erkennen sollte, schildert der Jahwist die reiche Fruchtbarkeit von Israels Land als ein Wirksamwerden des bereits Abraham verheißenen Segens in einer vom Fluch bestimmten Welt und übernahmen israelitische Kreise Psalmen aus ihrer Umwelt, die in zeitloser Weise den Reichtum des Landes und seinen Geber rühmen.

Auch mit dem Exil hat Israel nicht aufgehört die Fruchtbarkeit des Landes ausdrücklich als Jahwes Werk anzusprechen. Die Priesterschrift redet - wohl im 5. Jahrhundert(1) - neben den kultischen Ordnungen die für Israel eingesetzt wurden, von den ebenfalls auf Jahwe zurückgehenden Schöpfungsordnungen, die für alle Menschen und für alle Zeiten Gültigkeit haben. Dazu gehört, daß auf der Erde Pflanzen und Bäume wachsen (Gen 1,11 f und 29), die als Nahrung für die Menschen dienen. Anders als beim Jahwisten ist hier keine Differenz zwischen Israels Land und den anderen Ländern vorausgesetzt. Daß Gott Pflanzen und Bäume zur Nahrung wachsen läßt, gilt für Israel und alle Menschen. Israel ist nicht wie beim Jahwisten u. a. durch das Leben in einem besonders fruchtbaren Land ausgezeichnet, sondern durch seinen besonderen Kult. Die Fruchtbarkeit von Israels Land ist für die Priesterschrift kein eigenes Thema.

Unter teilweiser Aufnahme von Material, das schon in Dtn 28 Verwendung fand(2), wird in Lev 26 im Anschluß an das Heiligkeitsgesetz Israel vor die Möglichkeit von heilvollem oder unheilvollem Handeln Jahwes gestellt; im Gegensatz zu Dtn 28 fallen allerdings die Stichworte "Segen" bzw. "Fluch" nicht. Ein wesentlicher Bestandteil des Guten, das Jahwe gewähren wird, besteht in Regen zur rechten Zeit und reichen Ernten, während im Fall von Israels Ungehorsam Dürre und Nahrungsmangel zu erwarten sind.

Auch im deuteronomistischen und chronistischem Geschichtswerk klingt ein Zusammenhang zwischen Israels Treue zu Jahwe und einer reichen Ernte an.

Im Tempelweihgebet Salomos wird vorausgesetzt, daß die Sünde Israels dazu führt, daß es nicht mehr regnet (1. Kö 8,35 f; 2. Chr 6,26 f) und in 2. Chr 7,13 f nimmt Jahwe in seiner Antwort auch ausdrücklich darauf Bezug: Wenn Israel sich ihm wieder zuwendet, will er es wieder regnen lassen. Die Aufnahme der Elia-Überlieferung in das deuteronomistische Geschichtswerk dürfte nicht zuletzt auch dazu gedient haben, diesen Zusammenhang zu illustrieren. Zwar ging es dort darum, zu betonen, daß Jahwe es ist, der den Regen sendet, während dies im Tempelweihgebet als selbstverständlich vorausgesetzt wird; aber durch die Vorschaltung des deuteronomistischen Absatzes über Ahab (1. Kö 16,29-33) erscheint die Dürre im jetzigen Kontext als eine Strafe für Ahabs Abfall von Jahwe.

Als ein weiteres Beispiel ist auf die im Zusammenhang mit dem

Deuteronomium besprochenen deuteronomistischen Bestandteile von Dtn 11,10 ff zu verweisen(3): Wenn Israel den Geboten gehorcht, wird Jahwe reichlich Regen geben.

Das chronistische Geschichtswerk bietet ein umgekehrtes Beispiel; denn so wie Ungehorsam Dürre nach sich zieht, wird besonderer Gehorsam mit reicher Ernte belohnt: Unter König Hiskia, der den Götzendienst ausrottet und die Opfer für Jahwe wieder in der rechten Weise durchführen läßt, wird das Volk mit reichen Erträgen gesegnet (2. Chr 31,4-10); und auch Hiskia selbst erhält von Gott großen Reichtum (2. Chr 32,27-29). An beiden Stellen findet dabei die Trias "Getreide, Wein und Öl" Verwendung (31,5; 32,28).

Gegenüber der prophetischen Verkündigung, die in einer konkreten Situation das Ausbleiben des Regens oder die Wegnahme der Landesgaben als Strafe für Israel ankündigt, und auch gegenüber Dtn 28, wo Israels Gehorsam und damit die Fortdauer des Segenszustandes als das Normale vorausgesetzt wird und der breit ausgeführte Fluchteil Israels Ungehorsam verhindern soll, ist sowohl in Lev 26 als auch in den angesprochenen Stellen des deuteronomistischen und chronistischen Geschichtswerkes eine zunehmende Schematisierung bemerkbar. Die Verweigerung des Regens, die ursprünglich dazu dienen sollte, Jahwe als dem Spender des Regens Anerkennung zu verschaffen, ist jetzt allgemein zu einer Strafe für Israels Ungehorsam geworden. Hält Israel sich zu Jahwe, gibt es Regen und reiche Ernte - besondere Treue wird mit besonders hohen Ernteerträgen belohnt -, gehorcht es ihm nicht, bleibt der Regen aus.

Wohl eine Dürre, jedenfalls eine Situation, in der das Land keine Frucht gibt, wird auch in Ps 85 als Strafe Jahwes angesehen und es wird um seine neue Zuwendung gebetet. Verbunden sind damit alte, wohl aus Jerusalem übernommene Vorstellungen, die von צדק und שלום im Zusammenhang mit der Fruchtbarkeit des Erdbodens reden(4).

Dtr 32 kann als Beispiel angeführt werden für eine nachexilische Kombination von Aussagen zur Fruchtbarkeit von Israels Land, die in der Tradition der verschiedenen Landesteile stehen. In Bezug auf die Datierung von Dtn 32 sind noch keine allgemein anerkannte Ergebnisse erzielt; als gesichert kann angenommen werden, daß deuteronomistische Vorstellungen eine Rolle spielen(5). Zwar ist in V 10 die wohl alte Fundtradition vorausgesetzt; dennoch wird man kaum den ganzen Abschnitt V 7-14, der in nicht-deuteronomistischer Sprache abgefaßt ist und in dem u. a. die Früchte des Feldes erwähnt werden, die Jahwe Israel gegeben hat, als vorexilisch ansetzen können. Möglicherweise ist an die Zeit unter persischer Oberherrschaft zu denken, worauf die Vorstellung von Jahwe als einer Art Großkönig über die anderen Götter verweist (V 8)(6). Zielpunkt der Geschichte Israels ist nach dieser Darstellung die Verleihung reicher Nahrungsmittel durch Jahwe. Die Vorstellung, daß Israel gerade in dieser Situation von Jahwe abfällt, wie es schon Hosea und Jeremia sahen (Hos 2; 13,6 und Jer 2,7), wird erst durch V 15 ff in den ursprünglichen Zusammenhang V 7-14 eingebracht. Die Geschichtsschau in diesen Versen ist stark schematisiert(7), der Bezug auf konkrete Ereignisse fehlt, die Geschichte wird als bekannt vorausgesetzt. Auch die Aufzählung der Gaben spricht nicht für ein hohes Alter des Abschnitts. Wie an keiner alten Stelle werden tierische und pflanzliche Produkte nebeneinander genannt, was auch damit zusammenhängt, daß in der schematischen Geschichtsdarstellung der Einschnitt durch die Landnahme fehlt. Die tierischen Produkte Butter und Honig, die etwa bei Jesaja als Nahrungsmittel für die Zeit des Landverlustes genannt werden (Jes 7,17 und 22b), gehören jetzt neben Feldfrüchten und Wein zu den guten Gaben Jahwes.

Bei aller Unsicherheit über die genaue Datierung läßt sich wohl so viel sagen, daß eine - auch nicht vorexilische Darstellung - der frühen Heilstaten Jahwes in eine Geschichtsschau eingefügt wurde, nach der Israel im Land von Jahwe abfiel, wobei diese Kombination dadurch erleichtert wurde, daß die reichen Gaben Jahwes in beiden Entwürfen ihren angestammten Platz haben. Während die Abkehr von Jahwe in den Traditionen des Nordreiches eine Rolle spielte, weist das Rühmen von Jahwes Führung in ein Land mit großem Reichtum ebenso wie die Aufzählung der Güter, die teilweise - wenn auch in anderem Zusammenhang - bei Jesaja genannt werden, darauf, daß Dtr 32,7-14 in der Nachfolge von Überlieferungen des Südens steht.

Ein ganz erheblicher Anteil der exilischen und nachexilischen Aussagen zur Fruchtbarkeit des Landes liegt bei den Schilderungen des zukünftigen, von Jahwe zu erwartenden Heiles.

Zunächst wird im Zusammenhang mit der angekündigten Rückkehr aus dem Exil erwartet, daß das Land für Israel wieder Früchte trägt. Während Jeremia sich noch damit begnügt, in ganz nüchterner Weise zu verkündigen, daß man im Lande wieder Weinberge pflanzen wird (31,5) und Häuser und Äcker und Weinberge kaufen kann (32,15), sagt bei Ezechiel Jahwe den Bergen Israels zu, daß sie wieder bebaut werden (Ez 36,8 f), das Land soll werden wie der Garten Eden (Ez 36,34 f) und es wird so viel an Getreide und anderen Früchten vorhanden sein, daß es keine Hungersnot mehr geben wird (Ez 36,29 f). Nach Ez 47 wird ein Strom zum Toten Meer fließen, der gespeist wird aus einer Quelle unter dem Tempel und durch den das bisher tote Salzmeer voller Leben wird. Es wird voller Fische sein und an seinem Ufer werden fruchtbare Bäume wachsen. Das unfruchtbarste Gebiet Palästinas wird damit zum fruchtbarsten.

Auch der nicht auf Amos zurückgehende Anhang zum Amosbuch (9,11-15) erwartet für die Zeit der Rückkehr aus dem Exil eine nie dagewesene Fruchtbarkeit. Man wird im Land zugleich ackern und ernten, bzw. keltern und säen können; das heißt, es wird im Laufe eines Jahres nicht nur eine Ernte möglich sein, ein Motiv, das ähnlich auch in Ez 47 begegnete. Der antithetische Fluch von Am 5,11 wird aufgehoben, das Pflanzen eines Weinberges wird mit reicher Ernte belohnt.

Selbst in der Wüste sollen Wasser und Bäume vorhanden sein, wenn das Volk Israel wieder in sein Land zieht (Jes 35,1 f und 41,17-19).

Diese hohen Erwartungen haben sich nach Israels Rückkehr zunächst nicht erfüllt. Haggai führt deshalb um 520 Dürre und geringe Ernteerträge darauf zurück, daß mit dem Wiederaufbau des Tempels noch nicht begonnen wurde (1,10 f und 2,16 f). Wenn der Bau des

Tempels vorangeht, dann wird auch Jahwes Segen zu erwarten sein, d. h., Same und Früchte werden reichlich vorhanden sein.

Ähnlich redet die Redaktionsschicht, auf die die Komposition von Sach 1-8 zurückgeht, während Sacharja selbst auf die Auswirkung von Jahwes Heil auf die Natur nicht eingeht.

Die Schematisierung der prophetischen Aussagen des Nordreichs, die auch im deuteronomistischen und chronistischen Geschichtswerk zu beobachten war, wird hier ebenfalls wirksam: Ungehorsam gegen Jahwe führt zur Dürre und Mißernte, während Gehorsam - das heißt jetzt konkret der Wiederaufbau des Tempels - reiche Ernten erwarten läßt.

Im 4. Jahrhundert argumentiert auch Maleachi auf diese Weise: Erst wenn Israel aufhören wird, Jahwe bei den Opfergaben zu betrügen, wird er den Himmel auftun und seinen Segen schicken (Mal 3,8-12).

Auf dem Hintergrund der hier angesprochenen Vorstellung kann der Prophet Joel im 4. Jahrhundert anläßlich einer Heuschreckenplage zur Buße aufrufen und daraufhin verkündigen, daß Jahwe wieder Regen und reiche Ernte schicken wird (Joel 2,19 und 21-26).

Schließlich wurde im 4./3. Jahrhundert Jahwes Fruchtbarkeit schaffendes Handeln eschatologisiert. Reiche Fruchtbarkeit ist jetzt Bestandteil des Heiles, das Israel am Tag Jahwes zu erwarten hat (Joel 4,18 und Sach 14,8). Die Beendigung der wirtschaftlichen Not, die Joel angekündigt hatte, wird damit zur Vorstufe einer viel größeren Fülle, zu deren Schilderung u. a. das schon im Zusatz zum Amosbuch gebrauchte Bild verwendet wird, nach dem die Berge von Wein triefen.

Aber auch in diesen späten Texten ist der Zusammenhang zwischen Regen und Gehorsam gegenüber Jahwe beibehalten: Über die, die nicht nach Jerusalem ziehen, um anzubeten, wird es nicht regnen (Sach 14,17; in dem Zusatz V 18 ist diese Aussage auch auf Ägypten übertragen, wo der Regen keine Rolle spielt), bzw. Ägypten und Edom werden wüst und öde sein (Joel 4,19).

Natürlich tritt dieser Aspekt von Heil im Neuen Testament in den Hintergrund; aber auch Jesus hat nicht nur Sünden vergeben, sondern auch Menschen, die zu ihm kamen, satt gemacht. Daß Gott für die Nahrung der Menschen sorgt, ist ihm selbstverständlicher Bestandteil seiner väterlichen Liebe (Mt 6,25 ff); und die zunehmende Schematisierung in den späten Schriften des Alten Testamentes wird von Jesus relativiert: Gott läßt es regnen über Gerechte und Ungerechte (Mt 5,45). Trotz aller Akzentverschiebung greift auch das Neue Testament zur Schilderung eschatologischen Heils auf das Bild einer reichen Fruchtbarkeit zurück, die alle Menschen satt werden läßt. Zur Ausgestaltung engster Gemeinschaft zwischen Gott und den Menschen dient das große Freudenmahl, zu dem alle geladen sind und dessen Vorwegnahme wir im Abendmahl feiern. In der Johannes-Apokalypse werden die alten Vorstellungen vom Strom lebendigen Wassers und vom Baum des Lebens aufgegriffen, der jetzt nicht mehr unter einem Verbot steht, sondern an dem zwölfmal im Jahre Früchte wachsen (Apk 22,2), so daß alle Menschen satt werden.

Auch die christliche Kirche der Gegenwart wird nicht, ohne Schaden zu nehmen, auf die hier vorliegende Definition vom Heil verzichten können; vielmehr ist hier eine Überlieferung mitgegeben, die sie davor bewahrt, Heil allzu punktuell nur in einem intakten persönlichen Gottesverhältnis zu sehen. Im besonderen sind es zwei Themenbereiche, in denen heute die Besinnung darauf, daß die Früchte des Feldes zu den guten Gaben Gottes gehören, von Bedeutung ist.

Im missionarischen Gespräch mit der Dritten Welt wird das Christentum, wenn es dem dort vorhandenen ganzheitlichen Menschenbild gerecht und mit seiner Heilsankündigung nicht unglaubwürdig werden will, sich nicht auf die Verkündigung einer innerlichen Erlösung beschränken können, sondern es wird von einem Gott reden müssen, der auch allen Völkern einen Segen verheißen hat, der sich realisiert in einem Land, das von Milch und Honig fließt, von einem Gott, der auch will, daß der Hunger der Menschen gestillt wird. Das Wissen darum, daß Gott die äußeren Lebensumstände der Menschen nicht gleichgültig sind, macht zudem die Verantwortung derer deutlich, die jetzt "Korn und Wein die Fülle" haben (Gen 27,28); und es verbietet eine Ausbeutung der Dritten Welt zugunsten eines immer größeren Wohlstandes und Überflusses in den Industrienationen.

Daneben hat die in den letzten Jahren aufgeflammte Umweltdiskussion deutlich werden lassen, daß ein Umgang des Menschen mit der Natur, der nur auf kurzfristigen Profit ausgerichtet ist, letztlich dem Menschen nicht dient. Der Stolz darauf, in immer stärkerem Maße in die Natur eingreifen zu können, und das wachsende Bewußtsein, sie vollkommen beherrschen zu können, haben durchaus ihre Parallele zu Hoseas Zeit, als Israel seinen Reichtum feierte und den Geber der Gaben darüber vergaß. In dieser Situation ist es Aufgabe einer Kirche, deren Verkündigung sich auch auf das Alte Testament stützt, den Reichtum der Natur als Gabe Gottes deutlich zu machen, deren Verwendung nicht im Belieben der heutigen Generation steht, sondern vor Gott zu verantworten ist.

Verwendete Literatur

J. AISTLEITNER, Die mythologischen und kultischen Texte aus Ras Schamra. Bibliotheca orientalis hungarica VIII, 1959

" Wörterbuch der ugaritischen Sprache. Hrg. von O. Eißfeldt. Berichte über die Verhandlungen der sächsischen Akademie der Wissenschaften zu Leipzig, Philolog.-histor. Klasse, Bd. 106. Heft 3, 1967

W.F. ALBRIGHT, Die Religion Israels im Lichte der archäologischen Ausgrabungen, 1956

" Yahwe and the Gods of Canaan, 1968

A. ALT, Grundfragen der Geschichte des Volkes Israel. Eine Auswahl aus den Kleinen Schriften, 1970

" Der Stadtstaat Samaria, Kleine Schriften III, 1959, S. 258-302

" Die Weisheit Salomos, Kleine Schriften II, 1964 (3.Aufl.), S. 90-99

K. BALTZER, Das Bundesformular, WMANT 4, 1964 (2.Aufl.)

H. BALZ-COCHOIS, Gomer oder die Macht der Astarte. Versuch einer feministischen Interpretation von Hos 1-4, Evang. Theol. 42, 1982, S. 37-65

H. BARDTKE, Art. "Rekabiter" in RGG (3.Aufl.) V, 1961, Sp. 951 f

U. BARTELMUS, Heroentum in Israel und seiner Umwelt. Eine traditionsgeschichtliche Untersuchung zu Gen 6,1-4 und verwandten Texten im Alten Testament und der altorientalischen Literatur, AThANT Bd. 65, 1979

J. BAUER, Zions Flüsse. Ps 45 (46),5, Memoria Jerusalem. FS für F. Sauer, 1977

E. BAUMANN, ידע und seine Derivate, ZAW 28, 1908, S. 22-41 und S. 110-143

J. BEGRICH, Die Paradieserzählung. Eine literargeschichtliche Studie, Gesammelte Studien zum Alten Testament, ThB 21, 1964, S. 11-39

U. BERGMANN, Rettung und Befreiung. Erzählungen und Berichte aus Exodus bis 2. Könige, 1969

W. BEYERLIN, Herkunft und Geschichte der ältesten Sinaitradition, 1961

" (Hrg.), Religionsgeschichtliches Textbuch zum Alten Testament, ATD Ergänzungsreihe Bd. 1, 1975

E. BLUM, Die Komposition der Vätergeschichte, WMANT 57, 1984

H.J. BOECKER, Redeformen des Rechtslebens im Alten Testament, WMANT 14, 1970 (2.Aufl.)

L. BRONNER, The Stories of Elijah and Elisha. As Polemics Against Baal Worship, Pretoria Oriental Series, Vol. VI, 1968

M. BUBER, Königtum Gottes, 1956 (3.Aufl.)

U. CASSUTO, The Godess Anat. Canaanite Epics of the Patriarchal Age, 1971

J. COPPENS, La benediction de Jacob. Son cadre historique á la lumière des paralleles ougaritiques, SVT IV, 1957

F.M. CORSS, canaanite Myth and Hebrew Epic. Essays in the History of the Religion of Israel, 1973

F.M. CROSS - D.N. FREEDMAN, The Blessing of Moses, JBL 67, 1948, S. 191 ff

F. CRÜSEMANN, Die Eigenständigkeit der Urgeschichte. Ein Beitrag zur Diskussion um den "Jahwisten", Die Botschaft und die Boten, FS für H.W. Wolff, 1981, S. 11-31

G. DALMAN, Arbeit und Sitte in Palästina, Bd. IV: Brot, Öl und Wein, 1935

J. DEBUS, Die Sünde Jerobeams. Studien zur Darstellung Jerobeams und der Geschichte des Nordreichs in der deuteronomistischen Geschichtsschreibung, FRLANT 93, 1967

P. DIEPOLD, Israels Land, BWANT V, 15, 1972

M. DIETRICH - O. LORET, ein ugaritischer Fruchtbarkeitsritus (KTU 1. 16 III 1-1), Uf 10, 1978, S. 424 f

W. DIETRICH, Prophetie und Geschichte. Eine redaktionsgeschichtliche Untersuchung zum dtr. Geschichtswerk, FRLANT 108, 1972

" "Wo ist dein Bruder?" Zur Tradition und Intention von Gen 4, Beiträge zur alttestamentlichen Theologie, FS für W. Zimerli, 1977, S. 94-112

" Israel und Kanaan. Vom Ringen zweier Gesellschaftssysteme, SBS 94, 1979

H. DONNER, Einführung in die biblische Landes- und Altertumskunde, 1976

O. EISSFELDT, Hexateuch-Synopse, 1962 (2.Aufl.)

" Jahwe und Baal, Kleine Schriften I, 1962, S. 1-12

G. FOHRER, Geschichte dr israelitischen Religion, 1969

" Elia, AThANT 53, 1968 (2.Aufl.)

" Die Propheten des Alten Testamentes, Bd. 7: Prophetenerzählungen, 1977

" Zur Einwirkung der gesellschaftlichen Struktur Israels auf seine Religion, Near Eastern Studies in Honor of W.F. Albright, 1971, S. 169-185

" Die wiederentdeckte kanaanäische Religion, ThLZ 78, 1953, Sp. 193-200

G. FOHRER - E. SELLIN, Einleitung in das Alte Testament, 1969 (11.Aufl.)

F.S. FRICK, The Rechabites Reconsidered, JBL 90, 1971, S. 279-289

V. FRITZ, Israel in der Wüste. Traditionsgeschichtliche Untersuchungen der Wüstenüberlieferung des Jahwisten, MThSt 7, 1970

H. GESE, Die Religionen Altsyriens, Die Religionen der Menschheit, Bd. 10,2, 1970, S. 3-231

C.H. GORDON, Ugaritic Literature. A comprehensive Translation of the Poetic und Prose Texts, 1949

H. GROSS, Die Idee des ewigen und allgemeinen Weltfriedens im Alten Orient und im Alten Testament, 1956

H. GUNKEL, Einleitung in die Psalmen. Die Gattungen der religiösen Lyrik Israels, 1966 (2.Aufl.)

" Die Psalmen, HAT II,2; 1926 (4.Aufl.)

A.H.J. GUNNEWEG, Über den Sitz im Leben der sogenannten Stammessprüche (Gen 49, Dtn 33, Jdc 5), ZAW 76, 1964, S. 245-255

E. HAAG, Der Mensch am Anfang. Die alttestamentliche Paradiesvorstellung von Gen 2-3, TThSt 24, 1970

H. HAAG, Die Themata der Sündenfallgeschichte, Lex tua veritas, FS H. Junger, 1961

G. HENTSCHEL, Die Elijaerzählungen. Zum Verhältnis von historischem Geschehen und geschichtlicher Erfahrung, EThSt 33, 1977

S. HERRANN, Die prophetischen Heilserwartungen im Alten Testament, BWANT V,5, 1965

R. HILLMANN, Wasser und Berg. Kosmische Verbindungslinien zwischen dem kanaanäischen Wettergott und Jahwe, 1965

W.L. HOLLADAY, "On every high hill and under every green tree", VT 11, 1961, S. 170-176

H. HORN, Traditionsschichten in Ex 23,10-33 und Ex 34,10-26, BZ NF 15, 1971, S. 203-222

F. HVIDBERG, Weeping and Laughter in the Old Testament. A Study of Canaanite-Israelite Religion, 1962

K. JAROS, Die Stellung des Elohisten zur kanaanäischen Religion, Orbis Biblicus et Orientalis 4, 1974

J. JEREMMIAS, Theophanie. Die Geschichte einer alttestamentlichen Gattung, WMANT 10, 1977 (2.Aufl.)

" Kultprophetie und Gerichtsverkündigung in der späten Königszeit Israels, WMANT 35, 1970

" Gott und Geschichte im Alten Testament. Überlegungen zum Geschichtsverständnis im Nord- und Südreich Israels, Evang. Theol. 40, 1980, S. 381-396

" Zur Eschatologie des Hoseabuches, Die Botschaft und die Boten, FS H.W. Wolff, 1981, S. 217-234

" Der Prophet Hosea, ATD 24/1, 1983

A. JIRKU, Von Jerusalem nach Ugarit. Gesammelte Schriften, 1966

" Der Mythus der Kanaanäer, 1966

O. KAISER, Einleitung in das Alte Testament. Eine Einführung in ihre Ergebnisse und Probleme, 1970 (2.Aufl.)

" Die mythologische Bedeutung des Meeres in Ägypten, Ugarit und Israel, BZAW 78, 1962 (2.Aufl.)

A.S. KAPELRUD, Die Ras-Schamra-Funde und das Alte Testament, 1967

" Baal and the Devourers, Ugaritica VI, 1969, S. 219-232

C.A. KELLER, Art. " ברך ", Theologisches Handwörterbuch zum Alten Testament, Sp. 353 ff

K. KEUKENS, Die rekabitischen Haussklaven in Jer 35, BZ NF 27, 1983, S. 228-235

D. KINET, Ugarit - Geschichte und Kultur einer Stadt in der Umwelt des Alten Testamentes, SBS 104, 1981

" Baal und Jahwe. Ein Beitrag zur Theologie des Hoseabuches, Europäische Hochschulschriften XXIII, 87, 1977

H.J. KITTEL, Die Stammessprüche Israels. Genesis 49 und Deuteronomium 33 traditionsgeschichtlich untersucht, 1959

H. KLEIN, Ort und Zeit des Elohisten, Evang. Theol. 37, 1977, S. 247-260

R. KNIERIEM, Das erste Gebot, ZAW 77, 1965, S. 20-39

L. KÖHLER, Archäologisches. Nr. 23, ZAW 46, 1928, S. 218-220

S.N. KRAMER (Hrg.), Mythologies of the Ancient World, 1961

H.J. KRAUS, Psalmen, BK XV 1 und 2

J. LINDBLOM, The Political Background of the Shilo Oracle, SVT I, 1953, S. 78-87

E. LIPINSKI, Epiphanie de Baal-Haddu. RS. 24. 245, UF 3, 1971, S. 81-92

N. LOHFINK, Das Hauptgebot. Eine Untersuchung literarischer Einleitungsfragen zu Dtn 5-11, AnBib 20, 1963

O. LORETZ, Ugarit-Texte und israelitische Religionsgeschichte. Zu F.M. Cross, Canaanite Myth and Hebrew Epic, UF 6, 1974, S. 241-248

V. MAAG, Erwägungen zur dtn Kultzentralisation, VT 6, 1956, S. 10-18

Ch. MACHOLZ , Ps 29 und 1.Kö 19. Jahwes und Baals Theophanie, FS Westermann, 1980, S. 325-333

S. MITTMANN, Komposition und Redaktion von Psalm XXIX, VT XXVIII, 1978, S. 172-194

J.C. de MOOR, The Seasonal Pattern in the Ugaritic Myth of Ba'lu. According to the Version of Ilimilku, AOAT 16, 1971

" Art. " בעל " in THAT Bd. I, 1971, Sp. 706-718

M.J. MULDER, Art " בעל " in THAT Bd. I, 1971, Sp. 718-727

M. NOTH, Überlieferungsgeschichte des Pentateuch,1966 (3.Aufl.)

" Überlieferungsgeschichtliche Studien. Die sammelnden und bearbeitenden Geschichtswerke im Alten Testament, 1967 (3.Aufl.)

" Geschichte Israels, 1969 (7.Aufl.)

" Das Buch Josua, HAT, Erste Reihe 7, 1953 (2.Aufl.)

" Könige I, 1-16, BK IX/1, 1968

" Das zweite Buch Mose. Exodus, ATD 5, 1968 (4.Aufl.)

M.NOTH, Das vierte Buch Mose. Numerie, ATD 7, 1966 (2.Aufl.)2

" Die Gesetze im Pentateuch, Gesammelte Studien zum Alten Testament, 1960 (2.Aufl.), S. 9-141

A. OHLER, Israel, Volk und Land. Zur Geschichte der wechselseitigen Beziehungen zwischen Israel und seinem Land in alttestamentlicher Zeit, 1979

E. OTTO, Das Mazzotfest in Gilgal, BWANT 107, 1975

" El und Jahwe in Jerusalem. Historische und theologische Aspekte einer Religionsintegration, VT XXX, 1980, S. 316-329

J. PEDERSEN, Kanaanäische Reiligion, in J.P. Asmussen, L. Lassoe, C. Colpe, handbuch der Religionsgeschichte, Bd. II, 1972, S. 33-59

J. PLÖGER, Literarkritische, formgeschichtliche und stilkritische Untersuchungen zum Dtn, BBB 26, 1967

" Die Prophetengeschichten der Samuel- und Königsbücher, 1937

" Art. " אדמה " in ThWAT Bd. I, 1973, Sp. 95 ff

M.H. POPE - W. Röllig, Die Mythologie der Ugariter und Phönizier in H.W. Haussig, Wörterbuch der Mythologie I. Götter und Mythen im Vorderen Orient, 1965, S. 217-312

H.D. PREUSS, Deuteronomium, Erträge der Forschung 164, 1982

J.B. PRITCHARD, Ancient Near Easten Texts relating to the Old Testament, 1950

G. von RAD, Das erste Buch Mose. Genesis, ATD 2-4, 1976 (10.Aufl.)

" Das fünfte Buch Mose. Deuteronomium, ATD 8, 1968 (2.Aufl.)

" Theologie des Alten Testamentes, Bd. 1. Die Theologie der geschichtlichen Überlieferungen Israels, 1961 (3.Aufl.)

" Theologie des Alten Testaments, Bd. II. Die Theologie der prophetischen Überlieferungen, 1961 (2.Aufl.)

" Das formgeschichtliche Problem des Hexateuch, Gesammelte Studien zum Alten Testament, ThB 8, 1971 (4.Aufl.), S. 9-86

" Verheißenes Land und Jahwes Land im Hexateuch, Gesammelte Studien zum Alten Testament, ThB 8, 1971 (4.Aufl.), S. 87-100

" Das theologische Problem des alttestamentlichen Schöpfungsglaubens, Gesammelte Studien zum Alten Testament, ThB 8, 1971 (4.Aufl.), S. 136-147

" Das Gottesvolk im Deuteronomium, Gesammelte Studien zum Alten Testament II, ThB 48, 1973, S. 9-73

W. REISER, Eschatologische Gottessprüche in den Elisalegenden, ThZ 9, 1953, S. 321-338

R. RENDTORFF, Genesis 8,21 und die Urgeschichte des Jahwisten, KuD 7, 1961, S. 69-78

" Art. "Bileam" in RGG (3.Aufl.) I, Sp. 1290 f

W. RICHTER, Traditionsgeschichtliche Untersuchungen zum Richterbuch, BBB 18, 1963

" Urgeschichte und Hoftheologie, BZ NF 10, 1966, S. 98-105

W. RÖLLIG, Die Religionen Altsyriens, in U. Mann, Theologie und Religionswissenschaft. Der gegenwärtige Stand ihrer Forschungsergebnisse und Aufgaben im Hinblick auf ihr gegenseitiges Verhältnis, 1973, S. 86-105

M. ROSE, Deuteronomist und Jahwist. Untersuchung zu den Berührungspunkten beider Literaturwerke, AThANT 67, 1981

L. ROST, Die Bezeichnungen für Land und Volk im Alten Testament, Das kleine Credo und andere Studien zum Alten Testamtn, 1965

" Noah der Weinbauer. Bemerkungen zu Gen 9,18 ff, Das kleine Credo und andere Studien zum Alten Testament, 1965, S. 44-53

W. RUDOLPH, Hosea, Kommentar zum Alten Testament, Bd. XIII/1, 1966

" Jeremia, HAT I,12, 1968 (3.Aufl.)

" Präparierte Jungfrauen? ZAW 75, 1963, S. 65-72

W. RUDOLPH - P. VOLZ, Der Elohist als Erzähler - ein Irrweg der Pentateuchkritik, BZAW 63, 1933

E. RUPRECHT, Tradition und theologische Gestltung in Gen XII,1-3, VT XXIX, 1979, S. 171-188

W. SCHLISSKE, Gottessöhne und Gottessohn im Alten Testament, BWANT 5. Folge, Heft 17, 1972

H.H. SCHMID, Der sogenannte Jahwist. Beobachtungen und Fragen zur Pentateuchforschung,1976

L. SCHMIDT, Die alttestamentliche Bileamüberlieferung, BZ NF 23, 1979, S. 234-261

" Überlegungen zum Jahwisten, Evang. Theol. 37, 1977, S. 230-247

" Israel, ein Segen für die Völker? (Das Ziel des jahwistischen Werkes - Eine Auseinandersetzung mit H.W. Wolff), Theol. Viat. XII, 1973/74, S. 135-145

W.H. SCHMIDT, Alttestamentlicher Glaube und seine Umwelt. Zur Geschichte des alttestamentlichen Gottesverständnisses, 1968

" Königtum Gottes in Ugarit und Israel. Zur Herkunft der Königsprädikation Jahwes, BZAW 80, 1966 (2.Aufl.)

" Das erste Gebot. Seine Bedeutung für das Alte Testament, Theol Existenz heute, Nr. 165, 1969

" Zukunftsgewißheit und Gegenwartskritik. Grundzüge prophetischer Verkündigung, Bibl. Studien, Heft 64, 1973

" Exodus (2,11-3,22), BK II/1, 1977

" Baals Tod und Auferstehung, ZRGG XV, 1963, S. 1-13

" Ein Theologe in salomonischer Zeit? Plädoyer für den Jahwisten, BZ NF 25, 1981, S. 82-102

H.Ch. SCHMITT, Elisa. Traditionsgeschichtliche Untersuchungen zur vorklassischen nordisraelitischen Prophetie, 1972

" Die nichtpriesterliche Josephsgeschichte. Ein Beitrag zur neuesten Pentateuchkritik, BZAW 154, 1980

W. SCHOTTROFF, Der altisraelitische Fluchspruch, WMANT 31, 1969

J. SCHREINER, Segen für die Völker in der Verheißung an die Väter, BZ NF 6, 1962, S. 1-31

H. SCHWEIZER, Elischa in den Kriegen. Literaturwissenschaftliche Untersuchung von 2.Kön 3; 6,8-23; 6,24-7,20, 1974

H. SEEBAS, Die Stämmeliste von Dtn XXXIII, VT XXVII, 1977, S. 158-169

G. SEITZ, Redaktionsgeschichtliche Studien zum Deuteronomium, BWANT 93, 1971

J.L. SELIGMAN, A Psalm from Pre-Regel-Times, VT 14, 1964, S. 75-92

O.H. STECK, Israel und das gewaltsame Geschick der Propheten. Untersuchungen zur Überlieferung des deuteronomistischen Geschichtsbildes im Alten Testament, Spätjudentum und Urchristentum, WMANT 23, 1967

" Überlieferung und Zeitgeschichte in den Elia-Erzählungen, WMANT 26, 1968

" Welt und Umwelt, Biblische Konfrontationen, 1978

" Friedensvorstellungen im alten Jerusalem. Psalmen, Jesaja, Deuterojesaja, ThSt 111, 1972

" Gen 12,1-3 und die Urgeschichte des Jahwisten, Probleme biblischer Theologie, FS für G. von Rad, 1971

" Die Paradieserzählung. Eine Auslegung von Gen 2,4b-3,24, BSt 60, 1970

F. STOLZ, Strukturen und Figuren im Kult von Jerusalem. Studien zur altorientalischen, vor- und frühisraelitischen Religion, BZAW 118, 1970

H. STRAUSS, Zur Auslegung von Ps 29 auf dem Hintergrund seiner kanaanäischen Beezüge, ZAW 82, 1970, S. 91-102

W. THIEL, Die deuteronomistische Redaktion von Jer 1-25, WMANT 41, 1972

D. VETTER, Seherspruch und Segensschilderung. Ausdrucksabsichten und sprachliche Verwirklichung in den Bileamssprüchen von Num 23 und 24, Calwer Theologische Monographien 4, 1974

H. VORLÄNDER, Die Entstehungszeit des jehowistischen Geschichtswerkes, Europäische Hochschulschriften XXIII, 109, 1978

S. WAGNER, Die Kundschaftergeschichten im Alten Testament, ZAW 76, 1964, S. 255-269

G. WALLIS, Die Seßhaftwerdung Alt-Israels und das Gottesdienstverständnis des Jahwisten im Lichte der elohistischen Kritik, ZAW 83, 1971, S. 1-15

P. WEIMARR, Untersuchungen zur Redaktionsgeschichte des Pentateuch, BZAW 146, 1977

" Die Berufung des Mose. Literaturwissenschaftliche Analyse von Ex 2,23-5,5, Orbis Biblicus et Orientalis, 1980

A. WEISER, Einleitung in das Alte Testament, 1966 (6.Aufl.)

G. WEHMEIER, Der Segen im Alten Testament. Eine semasiologische Untersuchung der Wurzel brk, Theologische Dissertationen 6, 1970

M. WEINFELD, Deuteronomy and the Deuteronomic School, 1972

C. WESTERMANN, Genesis, BK I/1-3, 1976, 1981, 1982

" Genesis 1-11, Erträge der Froschung 7, 1972

" Genesis 12-50, Erträge der Forschung 48, 1975

" Die Verheißungen an die Väter. Studien zur Vätergeschichte, FRLANT 116, 1976

" Arten der Erzählung in der Genesis, Forschung am Alten Testament, ThB 24, 1964, S. 9-91

" Die theologische Bedeutung der Urgeschichte, Forschung am Alten Testament II, ThB 55, 1974

" Die Herrlichkeit Gottes in der Priesterschrift, Forschung am Alten Testaemtn II, ThB 55, 1974

" Der Weg der Verheißung durch das Alte Testament, Forschung am Alten Testament II, ThB 55, 1974, S. 230-250

H. WILDBERGER, Israel und sein Land, Evang. Theol. 16, 1956, S. 404-422

H.W. WOLFF, Hosea, BK XIV/1, 1976 (3.Aufl.)

" Amos, BK XIV/2, 1969

" "Wissen um Gott" bei Hosea als Urform von Theologie, Gesammelte Studien zum Alten Testament, ThB 22, 1973 (2.Aufl.), S. 182-205

" Das Kerygma des Jahwisten, Gesammelte Studien zum Alten Testament, ThB 22, 1973 (2.Aufl.), S. 345-373

" Zur Thematik der elohistischen Fragmente im Pentateuch, Gesammelte Studien zum Alten Testament, ThB 22, 1973 (2.Aufl.), S. 402-417

E. WÜRTHWEIN, Die Erzählung vom Gottesurteil auf dem Karmel, ZThK 59, 1962, S. 135 ff

N. WYATT, Interpreting the Creation and Fall Story in Gen 2-3, ZAW 93, 1981, S. 10-21

" The Relationship of the Deitis Dagan and Hadad, UF 12, 1980, S. 375-379

E. ZENGER, Jahwe und die Götter. Die Frühgeschichte der Religion Israels als eine theologische Wertung nichtisraelitischer Religionen, ThPh 43, 1968, S. 338-359

" Die Sinaitheophanie. Untersuchungen zum jahwistischen und elohistischen Geschichtswerk, 1971

W. ZIMMERLI, Verheißung und Erfüllung, in C. Westermann (Hrg.), Probleme alttestamentlicher Hermeneutik. Aufsätze zum Verstehen des Alten Testaments, ThB 11, 1968 (3.Aufl.), S. 69-101

H.J. ZOBEL, Stammesspruch und Geschichte, BZAW 95, 1965

" Der bildliche Gebrauch von smn im Ugaritischen und Hebräischen, ZAW 82, 1970, S. 209 ff

ANMERKUNGEN

Einleitung:

1) Von Rad, Ges. Stud.,1971, S. 87 ff

2) Schwertner, Das verheißene Land

3) Macholz, Israel und das Land

4) Diepold, Israels Land

5) sh. etwa Knieriem, ZAW 77

6) W. H. Schmidt, Alttest. Glaube, S. 53

7) Von Rad, Theologie, S. 34

8) Sh. dazu S. 72 ff

9) Sh. auch S. 51

2.1. und 2.1.1. Elia:

1) Zum Kontakt zwischen Israel und Kanaan sh. ausführlich W. H. Schmidt, Alttest. Glaube, S. 90 ff u. 112 f; Noth, GI, S. 131 ff und von Rad, Theologie I, S. 69 ff

2) Sh. dazu Steck, Überlieferung, S. 100

3) Fohrer, Elia, S. 91

4) Donner, Landeskunde, S. 12

5) Noth, GI, S. 221 Anm.3

6) Fohrer, Elia, S. 64; Hentschel, Elijaerzählung, S. 277 Anm.780

7) Hentschel, Elijaerzählung, S. 277 Anm.780

8) Sh. dazu Noth, GI, S. 221

9) Steck, Überlieferung, S. 70

10) Steck, Überlieferung, S. 9; Hentschel, Elijaerzählung, S. 137 ff; Fohrer, Elia, S. 30 ff

11) Sh. Steck, Überlieferung, S. 29

12) Steck, Überlieferung, S. 13 ff

13) Es ist möglich, daß es sich bei der Szene mit dem Diener (V 43 f) um eine sekundäre Erweiterung handelt, denn der Diener erscheint unvermittelt, um ab V 45 ebenso wieder zu verschwinden. Außerdem soll nach V 44 Ahab schon vor dem Einsetzen des Regens vom Karmel wieder hinabfahren, während er es nach V 45 erst während des Regens tut. Die Absicht, die hinter der Einfügung von V 43 f steht, wird nicht recht erkennbar, zumal die Szene keineswegs zur Verdeutlichung des Handlungsablaufes beiträgt, sondern durch das lange Ausbleiben des in V 41 ja schon erahnten Regens störend wirkt. Entfernt erinnert das Motiv des von Elia ausgesandten Dieners an die von Noah am Ende der

Sintflut ausgeschickte Taube, wo ebenfalls die Siebenzahl eine Rolle spielt und der erste Ölzweig der ersten kleinen Wolke entsprechen könnte.

Die Absonderung von V 41.42a als jüngere Überleitung zwischen Karmel- und Dürreerzählung, wie sie von Hentschel, Elija, S. 139, vorgenommen wird, ist nicht nötig. Die von Hentschel aufgeführten Differenzen zum Kontext beziehen sich großenteils auf V 44, der sowieso vielleicht spätere Erweiterung ist. Das ekstatische Vorwissen um den Regen muß nicht den Gestus von V 42b ausschließen; denn der Regen hat ja noch nicht eingesetzt. Vor allem aber würde eine sekundär gebildete Überleitung Ahab in V 41 kaum so unvermittelt wieder in den Handlungsablauf einführen.

14) Daraus kann aber nicht auf das Fehlen einer personalen Gottesvorstellung geschlossen werden, wie es Schmitt, Elisa, S. 184 tut. Das Fehlen einer solchen Vorstellung ist in Israel zur Zeit Ahabs kaum vorstellbar. Schmitt sieht Elia in den Versen 41-46 als Wundertäter gezeichnet, der mit Hilfe von magischen Riten Regen herbeizwingt. Elia hört aber in ekstatischer Vorahnung bereits das Rauschen des Regens. Davon, daß er diesen Regen erst mit magischen Riten herbeizwingen muß, kann keine Rede sein. Da Schmitt - wohl mit Recht - 18,41-46 für den ältesten Bestandteil der Elia-Tradition hält und da zwischen dem mit magischen Praktiken Regen herbeizwingenden Gottesmann dieser Verse und dem Elia der übrigen Überlieferung ein allzu großer Unterschied besteht, sind für ihn diese Überlieferungen alle erst sekundär mit dem historischen Elia verbunden worden. Da aber Schmitts Interpretation von 18,41-46 nicht zutreffend ist, ist auch diese Hypothese nicht stichhaltig.

15) Auch Smend, VTS XVIII, S. 183, sieht das Eintreten für die Alternative Jahwe oder Baal als Merkmal des historischen Elia an.

16) So Schmitt, Elisa, S. 184.

17) Fohrer, Elia, S. 94

18) 17,1 ist sicher, auch wenn dies von der Formulierung her möglich ist, nicht so gemeint, daß Dürre und Regen durch das Wort des Propheten gewirkt werden (so Steck, Überlieferung, S. 10 Anm.3). In 18,1 kündigt Jahwe an, daß es wieder regnen wird, und Elia soll dies Ahab mitteilen; davon, daß er selbst ein Machtträger ist, kann keine Rede sein. Das gilt nicht einmal für 18,41-46. Auch hier wird der Regen nicht durch Elia gewirkt. Der Prophet weiß nur im voraus von ihm.

19) Fohrer, Elia, S. 58

20) Dies nimmt Steck, Überlieferung, S. 13 Anm.4, an.

21) Schmitt, Elisa, S. 184 ff, weist die zweite Schicht erst der Zeit nach dem Untergang des Nordreiches zu.

22) Sh. auch Steck, Überlieferung, S. 82, und Fohrer, Elia, S. 93

23) Fohrer, Elia, S. 73 und 94

24) Steck, Überlieferung, S. 140

25) Sh. dazu S. 110

26) Das schließt nicht aus, daß die Mehrheit in Israel dennoch den Weg

einer Baalisierung Jahwes ging. Nur so wird die prophetische Kritik verständlich.

27) Fohrer sieht Elia als den großen Neuerer des Jahweglaubens. Er hat insofern recht, als wir aus der Zeit vorher keine Nachrichten darüber haben.

Anders Alt, Kl. Schriften III, S. 283: Elia steht in der Überlieferung als unerbittlicher Kämpfer für den Ausschließlichkeistanspruch Jahwes auf allen Gebieten vielleicht einsamer da, als er es wirklich war.

28) Steck, Überlieferung, S. 10

29) Fohrer, Elia, S. 33 f

30) Hentschel, Elijaerzählungen, S. 196 ff

31) Steck, Überlieferung, S. 10

32) Wenn auch Einsiedler und Mönche in ähnlichen Bachtälern wohnen - so Greßmann, SAT 2,1, S. 261 - muß ein Überleben dort auch ohne wunderhafte Versorgung durch Raben möglich sein.

33) Fohrer sieht in V 6 eine Parellelisierung Elias mit Mose. Der Vers bezieht sich nach seiner Meinung auf Ex 16,8.12 (sh.Fohrer, Elia, S. 48 ff). Dadurch wird aber Elia allenfalls mit den Israeliten auf der Wüstenwanderung in Parallele gesetzt; wie Jahwe sie in der Wüste ernährte, ernährt er auch Elia. Zudem ist die Einteilung in Fleisch am Abend und Brot am Morgen erst von der Priesterschrift eingeführt worden (Ex 16,12). Sh. auch Steck, Überlieferung, S. 11 Anm.1.

34) Die Erwähnung des Trinkens aus dem Bach in V 4 und 6 wären dann redaktionelle Bindeglieder, die die vollständige Versorgung Elias mit Essen und Trinken dokumentieren sollen. Besonders die Stellung der Aussage über das Trinken in V 6 macht deutlich, daß das Motiv des Trinkens erst mit den Angaben über die Versorgung durch die Raben in den Abschnitt gekommen ist; sonst wäre es gleich im Anschluß an V 5, in dem es um den Bach geht, zu erwarten.

35) In V 4 und 6 ist jeweils das Trinken aus dem Bach eigens erwähnt. Wenn dem Verfasser von V 7 bereits V 4 und 6 vorgelegen hätten, hätte er dieses Trinken bzw. Nicht-mehr-Trinken wahrscheinlich auch ausdrücklich erwähnt.

36) Hentschel, Elijaerzählungen, S. 84 ff

37) Hentschel, Elijaerzählungen, S. 89 f

38) BHK schlägt vor, für ובנה וביתה zu lesen, was vom Erzählzusammenhang zweifellos näherliegender wäre.

39) So Reiser, Thz 9; Steck; Hentschel

40) So Schmitt, Elisa, S. 157, Anm. 23

41) Aus der genannten Differenz kann nur auf eine gesonderte Entstehung geschlossen werden, aber noch nicht darauf, daß V 16 ein ursprünglich selbständiger Spruch ist, wie Hentschel, Elijaerzählungen, S. 197 f, dies tat.

42) Daß die Erzählung erst aus dem Wort heraus gebildet wurde, ist nicht möglich, da dann in der Erzählung die Dürresituation eine Rolle spielen müßte.

43) In 2. Kö 3, der einzigen Erzählung des Elisa-Zyklus', in der mit einem ursprünglich selbständigen Orakelwort zu rechnen ist, bestehen durchaus auch Differenzen zwischen der Erzählung und dem Orakelwort. Sh. S. 28 f

44) Sh. S. 28 f

45) Sh. auch Hentschel, Elijaerzählungen, S. 199

46) Sh. S. 30 ff

47) Hentschel, Elijaerzählungen, S. 201

48) Reiser, ThZ 9, S. 332; auf die Ähnlichkeit der Formulierung mit dem ugarit. Text II K III, 14 ff hat Hillmann, Wasser und Berg, S. 97 Anm.1, aufmerksam gemacht.

49) Dalman, Arbeit und Sitte IV, S. 389

50) Dasselbe Ineinander von einer Begründung eines Wunders mit einer Zusage Jahwes und dennoch einer aktiven Beteiligung des Propheten am Wunder ist auch in 2. Kö 2,19-22 und vor allem in 2. Kö 4,42-44 zu beobachten. Wie sich unten zeigen wird (sh. unten S. 44), sind beide Anekdoten in ihrer jetzigen Fassung einer späten Redaktion der Elisaerzählungen zuzuweisen.

Zwischen 1. Kö 17,7-16 und 2. Kö 4,42-44 besteht zudem noch eine inhaltliche Übereinstimmung: Eine geringe Menge an Nahrungsmitteln ist vorhanden - Elia bzw. Elisa fordert dazu auf, einer im Verhältnis zur Nahrungsmenge großen Anzahl von Menschen davon zu geben - begründet wird dies mit einer Zusage Jahwes, daß die Nahrung reichen wird und sogar noch etwas übrig bleiben wird - die Erfüllung der Zusage wird berichtet.

Daher tut sich die Frage auf, ob in 1. Kö 17,7-16 derselbe Redaktor am Werk war wie bei den Elisaerzählungen.

51) So z. B. Schmitt, Elisa, S. 157 f

52) So Hentschel, Elijaerzählungen, S. 195 f

53) So auch Fohrer, Elia, S. 81

54) So mit anderer Begründung auch Steck, Überlieferung, S. 145 f

Exkurs Baal:

1) Pope-Röllig, Mythologie, S. 253

2) Pope-Röllig, Mythologie, S. 253

3) Zu Dagan sh. ausführlich Gese, Altsyr. Religion, S 107

4) Sh. S. 153

5) Gese, Altsyr. Religion, S 111 Anm.112

6) Belege sh. W. H. Schmidt, Königtum Gottes, S. 18 Anm.8

7) Näheres dazu sh. Gese, Altsyr. Religion, und de Moor, Seasonal Pattern

8) Zur Benennung und Zählung haben sich zwei Systeme durchgesetzt, sh. dazu Gese, Altsyr. Religion, S 51 Anm.4. Wir folgen dem System, das u. a. von Eißfeldt und Aistleitner angewandt wird.

9) Sh. dazu Gese, Altsyr. Religion, S 75 ff und 123

10) Die Anordnung der Texte in dieser Reihenfolge ist allerdings nicht unumstritten. de Moor z. B. stellt V AB mit dem Festmahl für Baal und der Bitte Anats um einen Palast für ihn an den Anfang und läßt dann erst III AB, den Kampf Baals mit Jam, folgen. Die Stellung des letzteren Textes an den Anfang ist aber sinnvoller, weil Baals Sieg über Jam erst sein Königtum begründet und somit Voraussetzung für den Plan des Palastbaues ist. Sh. auch Gese, Altsyr. Religion, S 78; W. H. Schmidt, Königtum Gottes, S. 9 Anm.32, und ZRGG XV, S 1 f.

11) Es wird noch etwas weiteres genannt, dessen Übersetzung aber unklar ist: de Moor, Seasonal Pattern, S. 183, schreibt "thunderbolt", Bernhardt in: Beyerlin, Textbuch, S. 232 "Eimer", Aistleitner, S. 16, "Gespann" und Jeremias, Theophanie, S. 86 in Anschluß an Gray "Regenwolke". Sh. auch Jaros, Elohist, S. 102 f.

12) Die Namen bzw. Funktionen der drei Töchter Baals - die dritte, Arsi, ist hier nicht genannt - sind in der Forschung umstritten. Am wahrscheinlichsten ist de Moors Lösung, der in ihnen drei bestimmte Arten von Tau sieht. Die Tauart, die mit der dritten Tochter in Verbindung steht, ist auch im Sommer zu beobachten, deshalb kann diese Tochter nicht mit in der Unterwelt sein.

13) de Moor, Seasonal Pattern, S. 205; Bernhardt in: Beyerlin, Textbuch, S. 235

14) de Moor, Seasonal Pattern, S. 33; ähnlich Gese, Altsyr. Religion, S 79. Bernhardt in: Beyerlin, Textbuch, S. 238, nimmt ein Brachjahr an.

15) Auch de Moor, Seasonal Pattern, S. 215, kommt wegen des an Mot vollführten Getreideritus' nicht umhin, in ihm "the god of the ripe grain" zu sehen, auch wenn er ihn an anderen Stellen, z. B. S. 180 ohne überzeugende Begründung als "god of the sciroccos" bezeichnet.

16) Gese, Altsyr. Religion, S 73; anders Casuto, The Godness Anat, S 61: "Mot is the god of death and his task is to cut off life and to bring death .... he has only the aforementationed negative function and the fertility is not his concern at all."

17) Sh. auch Kinet, Baal und Jahwe, S. 212 ff

2.1.2. Elisa:

1) Sh. auch Plöger, Prophentengeschichten, S. 18

2) Plöger, Prophentengeschichten, S. 23 ff

3) Sellin-Fohrer, Einleitung, S. 253

4) Noth, Überlieferungsgeschichtl. Studien, S. 79

5) Schmitt, Elisa, S 101

6) In 6,8-23 werden von Schmitt, Elisa, S 91 ff, einzelne Verse einer späteren Bearbeitungsschicht zugewiesen.

7) Schmitt, Elisa, S 102 ff und 180 ff

8) Es handelt sich hier nicht um einen besonders billigen Preis, sondern er ist niedrig nur gegenüber einer Teuerung. Sh. dazu Reiser, ThZ 9, 1953, S. 352 Anm.47.

9) Es wird deshalb auch oft ein Textausfall zwischen V 30 und 31 angenommen. Sh. Schweizer, Elischa, S. 316.

10) So auch Schmitt, Elisa, S. 38 ff. Schweizer, Elischa, S. 316 ff sieht in 6,24-7,20 eine geschlossene Kleine Einheit, in der lediglich 6,31 f sekundärer Zusatz ist. 6,33 ist aber eindeutig als Fortsetzung von 6,32 konzipiert. Ein Gesinnungswandel des Königs liegt zwischen V 32 und 33 nicht vor. Zudem ist es nicht zutreffend, daß der König auch außerhalb des von Schmitt erarbeiteten Elisa-Zusatzes negativ gezeichnet wird. Durch seine Buße (6,30) will er ein Eingreifen Jahwes herbeiführen. Es kann von ihm nicht gesagt werden, er hätte nicht mehr auf Jahwe vertraut - so Schweizer, Elischa, S. 371. Daß der König nicht mit Namen genannt ist im Unterschied zu Benhadad und Elisa, kann nicht als negative Wertung seiner Person gedeutet werden (Schweizer, Elischa, S. 369). Der Name des Königs ist in allen Erzählungen des Elisa-Zyklus nicht genannt. Seinem mit Namen genannten Gegenspieler Benhadad kommt keineswegs eine aktivere Rolle zu als ihm. Zudem muß Schweizer zur Aufrechterhaltung seiner These das איש האלהים in 7,2 in ein "Elisa" ändern (S. 320 Anm.46).

11) 6,27 muß dabei möglicherweise ausgeschieden werden, weil V 28 die eigentliche Erwiderung des Königs enthält.

12) Vielleicht kann als Argument für das Vorhandensein von zwei Schichten noch angeführt werden, daß in der jetzigen Fassung dem König zweimal das Ende der Hungersnot angekündigt wird, nämlich einmal durch Elisa in 7,1 und dann durch die aussätzigen Männer in 7,10 f.

13) Sh. auch Schmitt, Elisa, S. 37 ff. Die Hungersnot wird hier offensichtlich nicht auf die Belagerung, sondern auf eine Dürre zurückgeführt. Denn nicht einmal ein besonders starker Regen kann nach dem Einwand des Offiziers wieder einen normalen Preis für die Lebensmittel herstellen. Auch 6,27 rechnet mit der Dürre und ist deshalb der gleichen Schicht zuzuweisen, ebenso 7,17, wo auf 7,2 Bezug genommen wird.

Vom Fenster am Himmel ist auch im priesterschriftlichen Sintflutbericht die Rede (Gen 7,11 und 8,2), so daß es naheliegend ist, die Aussage von V 2 auf einen starken Regen zu beziehen. Ein Unterschied zu den Stellen aus der Genesis besteht allerdings darin, daß dort die Fenster als schon vorhanden vorausgesetzt sind und sie nur geöffnet bzw. verschlossen werden, während sie nach 2. Kö 7,2 erst gemacht werden.

Wenn in 7,2 an Getreide, das wie Manna (vgl. Ps 78,23) vom Himmel fällt, gedacht wäre, würde dies wohl eindeutiger gesagt. Die Erwähnung von Getreide im vorhergehenden Vers - so Schweizer,

Elischa, S. 363 Anm.52 - genügt nicht.

14) So Schweizer, Elischa, S. 316 ff

15) Dieselbe Schwurformel, die der König in 6,31 gebraucht, ist in 1. Kö 19,2 auch Isebel in denMund gelegt, als sie Elia den Tod androht.

16) Reiser, ThZ 9, 1953, S. 321-338

17) So z. B. von Rad, Theologie II, S. 43 Anm.50

18) Sh. S. 33 f

19) So auch Schmitt, Elisa, S. 33 f. Daß es für die ursprüngliche Schicht von 2 Kö 3 keine personale Gottesvorstellung gibt - so Schmitt, S. 34 - kann aus dem Fehlen des Jahwenamens aber kaum geschlossen werden.

20) Sh. auch Schmitt, Elisa, S. 32 f

21) Sh. auch Schmitt, Elisa, S. 51

22) Dafür, daß 2. Kö 3 Elisa in einem negativen Licht zeichnen will - so Schweizer, Elischa, S. 88 und 105 -, bietet der Text keinen Anhaltspunkt. Möglicherweise hat der Verfasser der Prophetenbearbeitung V 27 gar nicht mehr als Aussage über eine Niederlage Israels verstanden, auf jeden Fall hat sich aber alles, was Elisa in V 17-19 ankündigt, erfüllt.

23) Schweizer, Elischa, S. 30, hält V 16bc innerhalb einer sonst einheitlich entstandenen Erzählung für sekundär wegen der sachlichen Differenz zwischen dem Füllen von Gruben (V 16) und von dem Tal (V 17). Auf die Differenz beider Verse zu V 20 geht er aber nicht ein.

24) Wenn schon vorhandene Sprüche verwendet wurden, wäre auch erklärlich, weshalb zwei mit כה אמר יהוה eingeführte Worte verwendet werden. Die Argumentation Schmitts, Elisa, S. 36 Anm.17, es könne sich hier nicht um ursprünglich selbständige Sprüche handeln, da sie ohne Kontext, der sie auf eine Gegend beziehe, in der es normalerweise kein Wasser gibt, nicht verständlich seien, ist wenig stichhaltig. Denjenigen, denen sie zugesprochen wurden, waren sie auch ohne diesen Kontext verständlich; und ihre Einarbeitung in den Zusammenhang von cap 3 kann ohne lange weitere Überlieferungsgeschichte erfolgt sein.

25) So Schmitt, Elisa, S. 36; ähnlich Schweizer, Elischa, S. 30: "Es ist allerdings möglich, daß man vom Autor nicht allzu viel an Perfektion erwarten darf." Auch daß die partielle Überlagerung der Spannung in Bezug auf den Kampf gegen Moab durch das Problem des Wassermangels letztlich der Verstärkung dieser Spannung dienen soll, so Schweizer, S. 83, ist eine wenig befriedigende Auskunft.

26) Sh. dazu auch Schmitt, Elisa, S. 39 f

27) Schmitt, Elisa, S. 75 f spricht in diesem Zusammenhang von der Sukzessorensammlung, der er neben 2. Kö 2 auch 1. Kö 19,19-21 zuweist. Der Name ergibt sich, weil hier Elisa als Nachfolger Elias verstanden wird. In 2. Kö 19,19-24 sieht er den Abschluß dieser Sammlung, da hier mit dem Erweis seiner Wundermacht in helfender und

strafender Hinsicht gezeigt werden soll, daß es sich bei Elisa um den rechtmäßigen Nachfolger Elias handelt.

28) Sh. S. 21

29) Ein Ausscheiden des Jahwewortes ist wenig wahrscheinlich; es ist von seinem Inhalt her viel enger mit dem Kontext verbunden als etwa 1. Kö 17,14. Möglicherweise war es ein ursprünglich selbständiges Wort, um das herum die Anekdote geformt wurde.

30) Schmitt, Elisa, S. 73 f. 101; ähnlich Sellin-Fohrer, Einleitung, S. 253. Er führt 8,1-6 auf den Redaktor der Wundergeschichtensammlung zurück, der die Erzählung als Abschluß dieser Sammlung konzipiert haben soll. Es wird dabei allerdings nicht recht klar, weshalb ein Sammler massiver Wundergeschichten seiner Sammlung eine Erzählung anfügen sollte, die gerade kein Wunder Elisas enthält, sondern Elisa als einen Propheten, der Jahwes Pläne im voraus weiß, darstellt, was wiederum in der Wundergeschichtensammlung ohne Parallele ist.

31) In 4,8-37 erscheint Elisa wie in den kurzen Wundererzählungen als selbständiger Wundertäter; die Bezugnahmen auf Jahwe lassen sich durchweg als spätere Zusätze herauslösen. In 2. Kö 4,8-37 gilt dies für V 27b und 33b. In V 27 ist das Betrübtsein der Frau eine sinnvolle Begründung für die Aufforderung Elisas an Gehasi und das Motiv des Vorwissens bzw. -sagens Elisas erscheint sonst nur noch in dem aus dem Stil der übrigen Erzählung herausfallenden Satz V 17b. In V 33b paßt das Gebet zu Jahwe nicht zu den allein von Elisa ausgehenden Handlungen, mit denen er nach V 34 f das Kind zum Leben erweckt. Analoges gilt für 6,8-23: Gebete Elisas zu Jahwe kommen nur in den Versen vor, die sich als Zusätze aus der Erzählung ablösen lassen: nur in 15b-17 kommt das Motiv der feurigen Rosse und Wagen und ein Gebet Elisas vor. In V 18 und 20 folgen wieder Gebete Elisas wie in V 17, so daß auch diese Verse zur späteren Schicht gehören, während V 19, wo Elisa allein handelt und das Motiv der Blindheit der Aramäer nicht vorkommt, Teil der ursprünglichen Erzählung ist.

32) גלגל wird im Alten Testament immer mit Artikel verwendet und ist ursprünglich kein Ortsname, sondern bedeutet Steinkreis. Das Wort hat sich allerdings stark mit einem bestimmten Ort,nämlich einer Kultstätte bei Jericho verbunden, so daß es praktisch zum Ortsnamen wurde. Außer 2. Kö 4,38 sh. auch Jos 4,19.20; 5,10; 9,6 und andere. Zur Begründung der Indentifikation des Gilgal der Elisa-Erzählungen mit dem der anderen Stellen sh. Schmitt, Elisa, S. 158 ff.

33) Ein weiterer wichtiger Wirkungsbereich Elisas war offensichtlich die Politik, wie seine Beteiligung an der Revolution Jehus zeigt (2. Kö 9). Von daher war auch sein Eindringen in die Kriegserzählungen leicht möglich.

34) Sh. auch Noth, Überlieferungsgeschichtl. Stud., S. 83 Anm.6

35) Schmitt, Elisa, S. 138

36) Schmitt, Elisa, S. 88

37) Reiser, ThZ 9, 1953, S. 321 ff

38) Reiser, ThZ 9, S. 336

39) Reiser, ThZ 9, S. 334 f

40) So Reiser selbst, ThZ 9, S. 332

41) Bergmann, Rettung und Befreiung, S. 191 ff

42) Bergmann, Rettung und Befreiung, S. 193

43) Lediglich die Elia-Version der Erzählung von der Versorgung der Witwe ist sekundär in einer solchen Situation lokalisiert.

44) Nicht zu begründen ist auch die Ansicht von Bronner, The Stories of Elijah and Elisha, bes. S. 139 f, die Erzählungen des Elisa-Zyklus' seien als Polemik gegen den Baalskult entstanden. Vielmehr hat sich gezeigt, daß in diesen Erzählungen nirgends ein sonst Baal zugesprochenes Wirksamwerden für Jahwe in Anspruch genommen wird.

45) von Rad, Theologie II, S. 40

46) Schmitt, Elisa, S. 35

47) Es ist bezeichnend, daß zwar oft von einer Hungersnot die Rede ist, sie aber nie ausdrücklich auf eine Dürre zurückgeführt wird.

48) Bei der Ausformung der relativ späten Teile der Elia-Tradition wie 1. Kö 17,7-16 war offensichtlich diese zweite Gruppe maßgeblich beteiligt.

49) Sh. dagegen das Verbot der Rekabiter, in festen Häusern zu wohnen in Jer 35,7.9

2.1.3. Rekabiter und Nasiräer

1) Fohrer, Elia, S. 92

2) So v. Rad, Theolog. I, S. 71 f

3) So Bardtke, RGG V, Sp. 951 f; ähnlich Dietrich, Israel und Kanaan, S. 71 ff

4) Dafür spricht die genealogische Notiz 1. Chro 2,55

5) Bardtke, RGG V, Sp. 951

6) Es gibt keinen Grund, mit von Rad anzunehmen, daß die Rekabiter älter sind.

7) Im Unterschied zu dieser Betonung des Fremdling-Seins ist Ex 20,12 die Rede vom "lange leben in dem Land, das Jahwe, dein Gott, dir gegeben hat."

8) Frick, JBL 90, S. 279-289, besonders S. 287

9) Sh. dazu die Ausführungen über Hosea und Jeremia S. 40 ff

10) Sh. S. 37

11) Keukens, BZ 27, S. 228-235

12) Fohrer, Israelit. Rel., S. 146

13) Fohrer, Israelit. Rel., S. 146

14) Fohrer, Israelit. Rel., S. 146

2.2. Hosea:

1) Sh. dazu S. 109 f

2) Fohrer, Einleitung, S. 464

3) Sh. auch Kaiser, Einleitung, S. 177

4) Jeremias ATD 24/1, S.40

5) Jeremias ATD 24/1, S. 48

6) W. H. Schmidt, Zukunftsgewißheit, S. 41

7) Sh. W. H. Schmidt, Zukunftsgewißheit, S. 41 f

8) So etwa Rudolph, Hosea, S. 69

9) Wolff, Ges. Stud., S. 182-205

10) So Baumann, ZAW 28, bes. S. 124 f

11) Schottroff, THAT I, Sp 689 f

12) Daneben umfaßt die דעת אלהים auch den sich in den Geboten ausdrückenden Willen Jahwes (Hos 4,6)

13) 2. Kö 9,22 werden Isebels Beziehungen zum kanaanäischen Fruchtbarkeitskult als Hurerei bezeichnet, und dieser Sprachgebrauch wird von Hosea aufgenommen. Es wird sich also um einen in prophetischen Kreisen des Nordreichs aufgekommenen Sprachgebrauch handeln. Nicht vorgegeben aber war Hosea die Verbindung dieses Hurens mit der Vorstellung von einem Eheverhältnis zwischen Jahwe und Israel (sh. o. S. 195). Sh. auch Steck, Überlieferung, S. 35 Anm.1.

14) Sh. S. 54

15) Wolff, BK XIV/1, S. 14

16) Auch Num 25 scheint es ähnlich zu sein, nur daß hier nicht die Priester, sondern die Fremden (vgl. den Bericht Herodots in Wolff, BK XIV/1, S. 108 f) die Partner der Moabiterinnen sind.

17) Rudolph, ZAW 75, S. 70

18) Wolff, BK XIV/1, S. 15

19) Balz-Cochois, Ev Theol 42, S. 40, bes. Anm. 9; S.46-50

20) Wolff, BK XIV/1, S. 14

21) Das Geheimnis des vegetativen Werdens und Vergehens, das sich darin zeigt, daß die Saat von unten wächst, nicht von oben, von wo Baal seinen Regen schickt, kann nicht als Argument für die Zuständigkeit der Aschera für die Fruchtbarkeit des Erdbodens angeführt werden - so Balz-Cochois, Ev Theol 42, S. 46 -; denn Baal hat neben denen des Gewittergottes auch chtonische Züge.

22) Daß es sich bei der Frau weder um eine tatsächliche Hure, noch um ein "zur Hurerei veranlagtes Mädchen" handeln kann, hat Wolff, BK XIV/1, S. 13, überzeugend dargelegt.

23) Sh. auch S. 22 ff

24) Wolff, BK XIV/1, S. 16

25) Zum Belegen dieser Vorstellung verweist Wolff lediglich auf S. 47 seines Kommentares. Dort schreibt er, daß Baal nach seinem Aufstieg aus der Unterwelt mit Anat verkehrt. Doch abgesehen davon, daß die Einordnung dieses Textes in den Baalsmythos völlig unsicher ist, gibt der Text auch keinen Anhaltspunkt dafür, daß Anat hier das Land in Gestalt einer Muttergöttin repräsentiert. Anat ist überhaupt keine chtonische Muttergottheit, sondern eine jugendliche Fruchtbarkeitsgöttin (sh. etwa Gese, Altsyr. Rel., S. 151). Falls Wolff auf den ebenfalls S. 47 erwähnten Satz aus dem Keretepos (II K III, 7 f) anspielt, muß gesagt werden, daß auch diese Stelle kein Beweis für seine Behauptung ist. Denn genauso wie der Regen eine Wonne für die Erde, so ist auch der erweichte Boden eine Wonne für den Weizen. Man kann also auch von hier aus den Regen nicht als das Sperma Baals und die Erde als Muttergöttin sehen. Es bleibt somit unklar, auf welche ugaritischen Aussagen Wolff hier anspielt. von Rad, Theologie I, S. 31, der die gleiche Behauptung aufstellt wie Wolff, beruft sich dabei auf das Buch "Königtum Gottes" von M. Buber. Dieses Buch erschien in der ersten Auflage bereits 1932, und Bubers Ausführungen über Baal (in der 3. Aufl. bes. S. 54-58) machen auch deutlich, daß ihm die Texte des Baalsmythos aus Ugarit noch unbekannt sind. Auch wenn dem Menschen der Frühe "als der große kosmische Vorgang der Befruchtung ja der Erguß strömenden Wassers - Regen vom Himmel, Quell vom Gebirge, Grundwasser aus der Tiefe - auf einen empfangenden, nun geschwängerten Erdboden" (S. 55) gilt, so spielt im Baalsmythos diese Vorstellung kaum eine Rolle. Zusammenfassend kann nur gesagt werden, daß es als eine fragwürdige Methode erscheint, derart grundsätzliche Behauptungen nicht auf Quellenmaterial, sondern auf von der Forschung längst überholte Ausführungen zu stützen. Sh. auch Kinet, Baal und Jahwe, S. 236 Anm.2.

26) Natürlich kann man den ιερος γαμος, der vielleicht am Neujahrsfest stattfindet, im weitesten Sinn zum Baalskult rechnen; denn das Fest wird anläßlich der Einweihung von Baals Palast gefeiert. Aber hier ist Baal ja gerade nicht der Liebhaber, wie es bei Hosea den Anschein hat. Vielleicht war zu seiner Zeit das Gewicht soweit zugunsten Baals verlagert, daß er El auch aus seiner Rolle am Neujahrsfest verdrängt hatte.

27) Beyerlin, Textbuch, S. 233, und de Moor Seasonal Pattern, S. 189

28) Gese, Altsyr. Rel., S. 77

29) Sh. dazu auch Gese, Altsyr. Relig., S. 76 f

30) Kapelrud, Ugaritica VI, S. 219 ff

31) Zum Plural בעלים sh. Wolff, BK XIV/1, S. 47 f, wonach neben Baalsamen, dem Herrn des Himmels, zahlreiche lokale Baalgottheiten angenommen werden müssen.

32) Wolff, BK XIV/1, S. 48

33) Rudolph, Hosea, S. 72

34) Gesenius, Wörterbuch, S. 711

35) Maag, VT 6, S. 16. עולה als Bezeichnung des Ganzopfers wird dagegen im AT auch unpolemisch verwendet.

36) Gesenius, Wörterbuch, S. 233

37) Wolff, BK XIV/1, S. 46

38) Boström, Proverbiastudien, S. 124

39) Boström, Proverbiastudien, S. 124

40) So auch Kinet, Baal und Jahwe, S. 180 und 183 f

41) So Wolff, BK XIV/1, S. 42. Hosea hat aber kaum eine Vielzahl von Baalgottheiten im Sinn. Es gab nur verschiedene lokale Erscheinungsformen des einen Baal. Ob Hosea bei den Liebhabern auch die Partner der Sexualkulte vor Augen hat - so u. a. Wolff, BK XIV/1, S. 42 - ist schwer zu entscheiden. Die Verwendung des Wortes in diesem Sinn wäre allerdings völlig ohne Parallele.

42) Kinet, Baal und Jahwe, S. 184

43) Ein Gebäck, das wohl Baal als dem Spender des Weins geopfert war (W. H. Schmidt, 1. Gebot, S. 35).

44) W. H. Schmidt, 1. Gebot, S. 35 f

45) In 2. Kö 6,22 umfaßt die Formulierung wohl mehr als nur das genannte Brot und Wasser; denn das große Gastmahl am Königshof in Samaria bestand sicher nicht nur daraus.

46) Wolff, BK XIV/1, S. 42

47) Noth, Könige, S. 77

48) Wolff, BK XIV/1, S. 42

49) Zu der Trias ausführlich sh. S. 153 f. Die von Wolff vorgeschlagene Übersetzung mit "Korn, Most und Olivensaft" dürfte kaum zutreffend sein.

50) Noth, GI, S. 228

51) Hosea kündigt ein Gerichtshandeln Jahwes an sein Volk an, weil es in Jahwe nicht mehr den Gott sieht, der sich in der Wüste als Retter erwiesen hat, sondern ihn zu einer kanaanäischen Fruchtbarkeitsgottheit gemacht hat. Die Gerichtsbotschaft beruht nicht auf dem Analogieschluß von patriarchalischer Ehe auf Israels Gottesverhältnis - so Balz-Cochois, Ev Theol 42, S. 43 -. Das Bild der Ehe dient Hosea nur zur Darstellung des Verhältnisses zwischen Jahwe und Israel. Zudem gestaltet sich die Ehe zwischen Jahwe und seinem Volk keineswegs so, wie es nach Balz-Cochois, Ev Theol 42, S. 41 für eine patriarchalische Ehe im "orthodoxen Jahwismus" üblich war; denn weder hat Jahwe mehrere Frauen, noch geht er zu Prostituierten, vielmehr schenkt er Israel als seiner einzigen Frau seine volle Zuwendung.

52) Wolff, BK XIV/1, S. 40

53) Wolff, BK XIV/1, S. 45

54) Wolff, BK XIV/1, S. 40

55) Sh. dazu S. 47

56) Wolff, BK XIV/1, S. 49

57) Wolff, Ges. Stud., S. 188 ff

58) Rudolph, Hosea, S. 77: Es sind ihre Weinberge, die ihr zustehen, - nur als Israel den wahren Spender vergaß (V 7), mußte Jahwe energisch die Besitzverhältnisse zurechtstellen.

59) So Rose, Dtr u. J, S. 280

60) Balz-Cochois, Ev Theol 42, S. 41 Anm.6 und S. 51

61) Balz-Cochois, Ev Theol 42, S. 64

62) Sh. auch von Rad, Genesis, S. 49 und 103

63) Sh. S. 40

64) Sh. Jeremias ATD 24/1, S. 114

65) Sh. auch Wolff, BK XIV/1, S. 199

66) So Wolff, BK XIV/1, S. 199; ähnlich auch Jeremias ATD 24/1, S. 116

67) Balz-Cochois, Ev Theol 42, S. 60

68) Balz-Cochois, Ev Theol 42, S. 59

69) Balz-Cochois, Ev Theol 42, S. 60

70) Balz-Cochois, Ev Theol 42, S. 60

71) Sh. auch Kinet, Baal und Jahwe, S. 113 f

2.3. Jeremia:

1) Kaiser, Einleitung, S. 195

2) Boecker, Redeformen, S. 52 ff

3) Das אבותיכם und die direkte Anrede in der 2. Pers. Plural in V 7 bezeichnet bei Jeremia die gleiche Personengruppe, nämlich das Israel in der Zeit nach der Landnahme.

4) In V 5 sieht Thiel, Dtr. Redaktion, S. 80, einen deuteronomistischen Zusatz, vgl. 2. Kö 17,5

5) Sh. ausführlich S. 55 ff

6) Sh. Rudolph, Jeremia, S. 20 f

7) Während Dtn nur von Israels נחלה sprach, ist bei Jeremia sowohl das Volk Israel als auch das Land Jahwes נחלה . Ausführlich dazu Diepold, Land, S. 107-109.

8) Durch die Verwendung einer Form von בוא sowohl am Beginn von V 7a (Jahwes Heilshandeln) und 7b (Israels Untreue) werden die beiden Satzhälften betont gegenübergestellt.

9) Auf die Bezeichnung des kult. Abfalls als Hurerei wurde bereits bei Hosea näher eingegangen. Sh. S. 42 ff.

10) Sh. Kaiser, Einleitung, S. 194, und Diepold, Land, S. 13

11) Sh. dazu Holladay, VT 11, S. 170 ff

12) Gegen Thiel, Dtr. Redaktion, S. 88, der von einer deuteronomistischen Formel spricht.

13) Diepold, Land, S. 123

14) Diepold, Land, S. 115

15) Diepold, Land, S. 119, weist darauf hin, daß das Reden vom Heiligen Land hier seine Wurzeln hat.

16) Wegen der Zusammenstellung mit מלקוש ist mit רביבים hier sicher der Frühregen gemeint.

17) Diepold, Land, S. 132

18) Sh. auch Rudolph, Jeremia, S. 85

19) Rudolph, Jeremia, S. X

20) Auch im jahwistischen Schöpfungsbericht gibt es zunächst keine Menschen und kein Wasser; allerdings spielt die Thematik Licht - Finsternis und Festsetzen der Berge hier keine Rolle, und es müßte, falls ein Zusammenhang zu Jeremia vorliegen sollte, mit seiner Kenntnis von sehr verschiedenartigen Schöpfungsvorstellungen gerechnet werden.

21) So Diepold, Land, S. 113 f

22) Stellen sh. Diepold, Land, S. 126

23) v. Rad, Theologie II, S. 224

2.4. Prophetie des Südreichs:

1) Wolff, BK XIV/2, S. 344

2) Wolff, BK XIV/2, S. 156

3) Wolff, BK XIV/2, S. 151

3.1. und 3.1.1. Urgeschichte:

1) Es gibt immer noch gute Gründe für die Annahme eines einheitlichen jahwistischen Geschichtswerkes. Verwiesen sei hier nur auf W. H. Schmidt, BZ 25,1981, S. 82 ff. Allerdings dürfte es weniger umfangreich gewesen sein als meist angenommen wurde. In der vorliegenden Arbeit wird vor allem Gen 27 als sekundäre Zufügung angesehen.

2) Westermann, BK I/1, S. 269

3) Gen 21,15 und Hi 30,4.7 trifft dies auch zu; aber an diesen Stellen wird die Steppe eigens erwähnt. Von hier aus kann also nicht gefolgert werden, daß es שיח nur in der Steppe gibt.

4) Die Aufteilung, die Westermann, BK I/1, S.272 vornimmt, indem er den Regen auf die Wildpflanzen, das Bebauen auf die Kulturpflanzen bezieht, ist wegen des gleichen Standortes beider kaum zutreffend. Sh. auch Steck, Paradieseserzählung, S. 30.

5) Westermann, Genesis, S. 273

6) von Rad, Genesis, S. 52

7) Westermann, Genesis, S. 249

8) Westermann, Genesis, S. 274

9) Westermann, BK I/1, S. 280

10) Das עפר in V 7 ist möglicherweise sogar erst vom Jahwisten aus 3,19 hier eingefügt. So W. H. Schmidt, Schöpfungsgeschichte, S. 198

11) אדם ist nicht etwa eine Ableitung aus אדמה oder umgekehrt, sondern beiden liegt das gleiche Wort zugrunde, das ursprünglich "Haut", "Oberfläche" bedeutet. Sh. dazu Westermann, BK I/1, S. 275. Andere leiten אדמה von einer gemeinsemitischen Wurzel ab, die "rot sein" bedeutet, so z. B. Plöger, ThWAT, Sp. 57.

12) Mit dem Garten, aus dem der Mensch vertrieben wird, hat V 8 ursprünglich nichts zu tun. Von ihm ist erst in V 9 die Rede, dann in V 16 f und 3,1 ff. Durch das Motiv des Gartens sind die Traditionen von der Erschaffung des Menschen und von der Vertreibung aus dem Garten verbunden.

W. H. Schmidt, Schöpfungsgeschichte, S. 199 vermutet in V 9a die Fortsetzung der Schöpfungsgeschichte und zählt V 8 zur Paradieserzählung, aber V 8b verweist auf V 7 und V 15, wo wie in V 8 vom Garten die Rede ist - in V 9aa ist er ja nicht erwähnt -. Auch wird das Stichwort עבד von V 5 aufgenommen. Es dürfte also doch in V 8 die Fortsetzung von V 7 zu sehen sein.

13) Von Rad, ATD 2-4, S. 53 f

14) Die Feminin-Suffixe in 2,15 könnten ein Hinweis darauf sein, daß die Wendung in einer vom Jahwisten übernommenen Tradition doch auf die אדמה bezogen war.

15) H. Haag, Festschrift Junker, S. 106 ff, löst das Problem dieser Unstimmigkeit dadurch, daß er in der Erzählung vom Sündenfall גן jeweils als Zusatz ansieht und aufgrund von 2,9 die אדמה als ursprünglichen Ort, an dem die Bäume wachsen, bestrachtet. Die Tradition von einem Garten und der Vertreibung aus ihm wird für ihn nur in 2,8.9ba, 3,22b.23a.24 (S. 110) greifbar. 2,8 muß aber Fortsetzung der vorhergehenden Verse sein, da sonst eine positive Aussage über den Lebensraum des Menschen fehlen würde. Zudem ist es problematisch, in der ganzen Sündenfallgeschichte גן zu streichen.

16) So Westermann, BK I/1, S. 271 f. Nicht verständlich ist die Auffassung Westermanns, in 2,4b-6 handle es sich um ein ursprünglich selbständiges Traditionsstück, das nicht der Vorbereitung von V 7 ff diene, sondern bloße Situationsangabe sei (S. 280). Einmal widerspricht er damit seinen eigenen Angaben, wonach 4b als Überleitung zwischen den beiden Schöpfungsberichten gebildet wurde und die Einleitung zur Schöpfungsgeschichte in einer früheren Form nur aus V 5 bestand, an den V 7 anschloß (S. 269). Zum anderen kann eine Situationsangabe nie ein ursprünglich selbständiges Traditionsstück gewesen sein. Sie muß immer mit einer Angabe darüber, was denn in dieser Situation geschehen sei, verbunden gewesen sein.

17) 2,5 ist aber wahrscheinlich nicht erst im Hinblick auf 3,17-19 gebildet - so Steck, Paradieserzählung, S. 31 -. Dann wären die Übereinstimmungen wohl noch größer. Es wäre vor allem zu erwarten, daß der Regen an beiden Stellen erwähnt wird.

18) Steck, Paradieserzählung, S.31, Anm. 39

19) Der Mann ist keinesweges verflucht, ebensowenig wie die Frau.

20) So etwa von Rad, ATD 2-4, S. 67.

21) Sh. dazu Schottroff, Fluchspruch, S.147.

22) Aufgehoben ist die Fruchtbarkeit der אדמה damit nicht; aber die Tatsache, daß die אדמה einen Ertrag bringt, ist noch nicht Zeichen eines Segens, der auf der אדמה liegt; so Westermann, BK I, z. B. S. 85 u. 402. Er sieht außerdem darin, daß die Menschheit sich ausbreitet, eine Auswirkung des göttlichen Segens.

23) Sh. a. Westermann, BK I/1, S. 359 f. und H. W. Schmidt, Schöpfungsgeschichte, S. 216. Zum ursprünglichen Inhalt des Wortes gehört diese Aussage sicher nicht und zwar unabhängig davon ob V 18b Zusatz ist oder nicht; denn einen Wechsel in der Nahrung besagt der Spruch nur im Zusammenhang mit Gen 2,8.15.

24) In 3,18b wird man eine Zusatz des Jahwisten zu sehen haben, da mit diesem Versteil die Verbindung zu Gen 2,5 deutlich gemacht werden soll.

25) Auf einen totalen Abbau der menschlichen Existenz - so E. Haag, Th.St. 24, S.64 - geht der Fluch nicht. V 19 kann nicht so verstanden werden, als würde durch den Fluch die Erhaltung des irdischen Lebens für den Menschen auf die Dauer unmöglich (S.63). Vielmehr wird die für den Erwerb des Lebensunterhaltes aufzuwendende Mühe das ganze menschliche Leben umfassen, bis der Mensch wieder zur Erde wird.

26) Sh. auch Westermann, BK I/1, S.432

27) Bei Crüsemann, Festschrift Wolff, S. 16 f, ist die Aussage von Gen 12,3, nach der alle Sippen der אדמה Segen gewinnen sollen, ein wichtiges Argument für die Trennung zwischen Urgeschichte und Gen 12 ff. Daß aber die Verwendung von אדמה in diesem Zusammenhang keinen Ausschluß der Nachkommen Kains vom Segen bedeuten würde, wurde bereits dargelegt (sh. S. 64). Aber auch abgesehen davon sind Crüsemanns Aussagen über den unterschiedlichen Sprachgebrauch von ארץ und אדמה in der Urgeschichte und dem Rest des jahwistischen Geschichtswerkes nicht zutreffend (sh. oben S. 62 f). Daß Abraham in 12,1 den Befehl erhält, מארצך zu gehen, kann nicht gegen den Gebrauch von ארץ in der Urgeschichte im Sinn der ganzen Welt ausgespielt werden. Denn für den Jahwisten ist die אדמה der Lebensbereich aller Menschen. Also kann er unmöglich Abraham den Befehl geben, aus seiner אדמה zu gehen. Deshalb mußte er ארץ verwenden. Bei seinem Gebrauch des Begriffes אדמה ist es zudem gar nicht möglich, ihn mit einem Possessivpronomen zu verbinden.

28) Der Jahwist redet von der Entstehung des Nomadentums erst in 4,20. Im Gegensatz dazu sieht Dietrich (Festschrift Zimmerli, S. 101) in Gen 4,1-16 eine Tradition verarbeitet, die das Nomadentum der Keniter fern der אדמה klären wollte. Sie sei vom Jahwisten durch die Plazierung in die Urgeschichte hinein ins Allgemeingültige erhoben und unter anderem durch den Fluchspruch V 11 erweitert worden. Für diese These muß Dietrich aber den gesamten V 12 dem Grundbestand zurechnen. Das hätte zur Folge, daß Kain schon in dieser alten

Erzählung mit zwei verschiedenen Strafen belegt worden wäre, der Unfruchtbarkeit des Ackerbodens und dem Fernsein von ihm. Dabei wäre dann mit der zweiten Strafe das magische Verständnis der Strafe aufgehoben. Wenn man von dieser Lösung, der wenig Wahrscheinlichkeit zukommt, absieht, hat die alte Überlieferung als Strafe nur die Unfruchtbarkeit des Ackerbodens gekannt. Dann aber kann sie nicht mit den nomadischen Kenitern in Verbindung gebracht werden.

29) Auch hierin wird deutlich, daß Gen 4 noch einmal eine gegenüber Gen 3 gesteigerte Strafe enthält. Westermann, BK I/1, S. 432 besteitet es. Er läßt das Motiv der Steigerung allenfalls als kompositorisches Element bei der Zusammenführung von Gen 2-3 und 4,2-16 anklingen. Im übrigen hält er die Strafen von Gen 3 und Gen 4 für Varianten eines gleichen Motives (sh. bes. S. 472 f).

Damit soll nicht gesagt sein, daß bei der Komposition sämtlicher Erzählungen von Schuld und Strafe das Motiv der Steigerung ausschlaggebend war. Aber in Gen 2 f und Gen 4 liegt eindeutig eine Steigerung vor. So auch Dietrich, Festschrift Zimmerli, S. 96.

30) So Crüsemann, Festschrift Wolff, S. 18. Weil die Nachkommen Kains nicht von der אדמה fort verflucht werden, kann man nicht zu der in der Tat absurden Konsequenz kommen, der in Gen 12,1-3 verheißene Segen gelte ihnen nicht (so Crüsemann, S. 17). Die Nachkommen Kains gehören durchaus zu den משפחת האדמה , die Segen gewinnen sollen, ebenso wie etwa Laban (Gen 30,27), der ja auch kein Bauer ist.

Crüsemanns Deutung würde außerdem zu der ebenfalls absurden Konsequenz führen, daß die Nackkommen Kains vom Vernichtungsbeschluß Jahwes in Gen 7,4 ausgenommen wären.

31) So Crüsemann, S. 18

32) So Crüsemann, S. 19. Mit Recht macht allerdings Crüsemann auf die Diskrepanz zwischen der Schöpfungsgeschichte, die den Menschen in erster Linie als Bauern sieht, und der Herleitung Israels von den nomadischen Vätern aufmerksam (S. 18). Aber diese Diskrepanz ist zu erklären durch die Aufnahme so verschiedener Traditionselemente wie der Schöpfungsgeschichte, die aus bäuerlichen, wohl kanaanäischen Kreisen stammt, und den Erzählungen von den Patriarchen und von der Landnahme durch die vorher nicht seßhaften Israeliten.

33) So vor allem Rendtorff, KuD; aber auch von Rad, ATD 2-4, S. 91, und Wolff, Ged. Stud., S. 361 Anm. 48 (Fluchsuspension von 8,21 f). Wolff weist andererseits aber auch daraufhin, daß das Wort "Segen" in der jahwistischen urgeschichte nicht vorkommt (a. a. O., S. 360).

34) Sh. Gesenius, S. 715

35) Von Rad, ATD, S. 90, ähnlich Rendtorff, KuD 7, S. 72

36) Steck, Festschrift von Rad, S. 529

37) So Rendtorff, KuD 7, S. 74

38) So Rendtorff, KuD 7, S. 76

39) Für Rendtorff ist mit Gen 8,21 f der Fluch von Gen 3,17 ff aufgehoben. Er kann sogar allgemein so formulieren, daß mit der Sintflut die Zeit des Fluches abgeschlossen ist und die des Segens beginnt (S. 74

ff). Nach seiner Meinung nimmt der Jahwist in die Darstellung der Zeit vor der Sintflut fremde Stoffe auf, die aber in der jetzigen Zeit nicht mehr bestimmend sind. Dagegen spricht einmal die Erfahrungswelt des Jahwisten, in der die in Gen 3,14-19 abgesprochenen Tatbestände vorkamen. Außerdem haen Urzeitmythen den Sinn, Sachverhalte der Gegenwart von ihrem Ursprung her zu erklären. Die Welt nach der Sintflut ist beim Jahwisten immer noch die Welt von Gen 2 und 3 und nicht eine neue. Rendtorff ist allerdings darin recht zu geben, daß der Jahwist in der urgeschichte fremdes Gut aufgenommen hat, das im übrigen AT kaum eine Rolle spielt.

40) Literatur dazu sh. Westermann, Erträge Gen 1-11, S. 92

41) So vor allem Gen 4,17-22

42) Sh. dazu auch Westermann, EK I/1, S. 487

43) Der Fluch Gen 4,11 f ist an Kain gerichtet, während die Fluch- bzw. Strafsprüche in Gen 3 die Schlange, die Frau, den Mann betreffen, wobei keine Namen genannt sind. Der Fluch über einen Menschen ist für den Jahwisten eine Möglichkeit, die nur einzelne, etwa Kain, trifft.

44) Westermann, BK I/1, S. 487

45) So z. B. von Rad, ATD 2-4, S. 91

46) KuD 7, S. 74. Rendtorff bezieht 5,29 auf 8,21 f.

47) Sh. auch Steck, Festschrift von Rad, S. 530 ff

48) Sh. z. B. von Rad, ATD 2-4, S. 71

49) Westermann, BK I/1, S. 256

50) Sh. auch Steck, Festschrift von Rad, S. 552

51) W. H. Schmidt, Alttestamentlicher Glaube in seiner Geschichte, S. 172

52) Wallis, ZAW 83

53) Sh. S.60

54) So Wallis, ZAW 83, S. 6

55) Wallis, ZAW 83, S. 5

3.1.2. Vätererzählungen

1) Westermann, BK I/2, S.516

2) Sh. S. 71 f

3) Sh. dazu Gesenius, S. 779 f

4) In V 29 gibt es ebenfalls Widersprüche zum Kontext: Die Formulierungen "deine Brüder" und die "Söhne deiner Mutter" passen nicht zu der Erzählung von den zwei Brüdern.

5) Sh. auch Westermann, BK I/2, S.531

6) Sh. dazu Zobel, ZAW 82, S. 210, sowie Aistleitner, Wörterbuch, S. 309

7) Zobel, ZAW 82, S. 215

8) Sh. auch Westermann, BK I/2, S. 537

9) Vgl. Dtn 33,28; sh. auch Gesenius, Wörterbuch, S. 276

10) Hier erscheint außer der Zusammenstellung der Landesprodukte auch der Tau vom Himmel. Wahrscheinlich ist hier טל auch Umschreibung für den Regen, der ja für das Gedeihen von Korn und Wein wichtiger ist als der Tau und der hier sonst nicht genannt würde.

11) Westermann, BK I/2, S. 535

12) Sh. ausführlich dazu Westermann, ThB 24, S. 76 f

13) Westermann, BK I/2, S. 532. 534. 541

14) Schottroff, Fluchspruch 31, bes. S. 197 f

15) So z. B. von Rad, ATD 2-4, S. 221 ff, und Westermann, ThB 24, S. 76. Anders Eißfeldt, Hexateuchsynopse, S. 48*-50*, der das Kapitel auf den Jahwisten und Elohisten aufteilt.

16) Auf diese Differenz ist auch die abweichende Formulierung der - abgesehen vom Wechsel zwischen קלל und ארר - die gleichen Worte enthaltenden Verse Gen 12,3a und Gen 27,29c zurückzuführen. Der Spruch erscheint auch am Ende des jahwistischen Bileamssegens in Num 24,9b. Hier steht wie in Gen 12,3 die Segensankündigung vor der Fluchankündigung. Die Formulierung ist sicher keine Schöpfung des Jahwisten, sondern vorgegebenes Traditionsgut. Sh. z. B. Wolff, ThB 22, S. 358. Ihr Erscheinen in Gen 27 in einer von den beiden anderen Stellen leicht unterschiedenen Form könnte als weiterer Grund dafür angeführt werden, daß Gen 27 nicht vom in Gen 12,3 und Num 24,9 greifbaren Jahwisten stammt.

17) Vgl. Westermann, BK I/2, S. 534

18) Eißfeldt, Hexateuchsynopse, S. 48 ff, teilt Gen 27 zwar auf den Jahwisten und Elohisten auf, wobei er gerade dem Elohisten die die Fruchtbarkeit des Landes betreffenden Verse zuweist. Dies ist aber vom Gesamtaufriß des elohistischen Werkes her ganz unwahrscheinlich. Allerdings löst Eißfeldt mit seiner Aufteilung des Kapitels die Schwierigkeit, die sich aus der zweimaligen Erwähnung des Segensvorganges in V 23 und V 27 ergibt. Kaiser, Einleitung, S. 92 sieht ebenfalls einen elohistischen Anteil in den Segenssprüchen.

19) Sh. dazu S. 73 f und S. 87

20) Keller, THAT Bd. I, Sp. 364

21) Wolff, Ges. Stud., S. 364, sieht bei Gen 26 in dem Vertragsschluß zwischen Isaak und den Philistern, durch den שלום gestiftet wird, die Wirkung des Segens, ebenso in der Fürbitte Abrahams in Gen 18. Aber abgesehen davon, daß beide Stücke nicht vom Jahwisten stammen, wird die Wirkung hier auch nicht als Segen bezeichnet. An diesen beiden Stellen sind Isaak und Abraham Urheber des Geschehens, nicht Jahwe, von dem nach Gen 12,3 der Segen ausgehen soll. Von Gen 12,3a kann der Segen sicher nicht mit Wolff als von Israel zu erfüllende Aufgabe gesehen werden.

22) Sh. auch Schottrroff, Fluchspruch, S. 40. Er nimmt an, daß sich der Jahwist ganz bewußt gegen eine religiöse Hybris wandte, die Segen und

Fluch nicht von Jahwe erwartete.

23) So sieht es auch Wolff, Ges. Stud., S. 354. Dennoch beschreibt er auf S. 365 die Herstellung des Segens als Aufgabe Israels. Vgl. auch L. Schmidt, Theol. Viat. 12, S. 138.

24) Schmidt, Theol. Viat. 12, S. 139.143

25) Wolff, Ges. Stud., S.352

26) Sh. vor allem Steck, Festschrift von Rad, S. 41 ff

27) Sh. S. 88 f

28) Die Aussage über das Gesegnet Sein Isaaks in Gen 26,12, die für Steck eine wichtige Stütze seiner Theorie ist, hat sich als nicht-jahwistisch herausgestellt. Das gleiche gilt für die Bezeichnung des Landes am unteren Jordangraben als Garten Jahwes. Sh. dazu unten S. 82 Anm.1.

29) Westermann, BK I/2, S. 470

30) Westermann, BK I/2, S. 631

31) So Rupprecht, VT XXIX, S. 174, Anm.8, der diese Verse allerdings auf den Jahwisten zurückführt.

32) Westermann, BK I/2, S. 551

33) Westermann, BK I/2, S. 348; sh. auch L. Schmidt, BZAW 143

34) Von ganz anderen Voraussetzungen her beobachtet auch E. Blum, Vätergeschichte, S. 354, daß die Segensverheißung von Gen 12 nicht im Leben Abrahams, sondern erst in der Geschichte des großen Volkes zur Erfüllung kommt. Auch er verweist dabei auf den zunächst auffälligen Tatbestand, daß das Stichwort "Segen" in der Abrahamgeschichte an keiner Stelle aufgegriffen wird. Da mir das Buch von E. Blum erst zu spät in die Hände kam, war eine weitergehende Auseinandersetzung mit seinen Thesen nicht mehr möglich.

35) Westermann, BK I/2, S. 173, vertritt dagegen die Ansicht, der Segen wirke sich darin aus, daß Abraham zu einem großen und berühmten Volk wird.

Unbefriedigend bleibt auch seine Deutung von Gen 12,3 als Schutzformel. Bei einer solchen würde das Schwergewicht auf Jahwes Handeln gegenüber den Feinden Israels liegen. So ist es auch bei Westermanns Ausführungen, während in Gen 12,3 das feindliche Verhalten durch den Singular als die seltene Ausnahme gekennzeichnet ist. Auf die Frage, wie der Segen, den die Völker erringen, näher zu bestimmen ist, geht Westermann gar nicht ein.

36) Damit hängt zusammen, daß streng genommen nicht die Rede davon ist, daß Laban, bzw. Potiphar Jakob, bzw. Josef als Gesegneten anerkennen. Das können sie nach dem Konzept des Jahwisten auch noch gar nicht, weil sich deren Gesegnet Sein erst nach der Landnahme verwirklicht. Aber es ist eindeutig, daß sie gesegnet werden aufgrund ihres - auch bei Laban zunächst einmal positiven - Verhältnisses zu einem Nachkommen Abrahams.

37) Sh. dazu Ruppert, Josephsgeschichte, S. 154. Westermann, BK I/3,

S. 193 sieht in dem Abschnitt wegen des vom Jahwisten abweichenden Stils einen späteren Zusatz zur Josephsgeschichte. Jedoch ließe sich dieser Sachverhalt auch mit übernommenen Traditionsmaterial erklären. Als Bestandteil des Jahwisten könnte dem Text eine Funktion zugewiesen werden, während Westermann unter seiner Voraussetzung zum Schluß kommt: "Eine erkennbare Funktion aber hat dieser Zusatz in der Josephsgeschichte nicht." (S. 197)

38) Westermann, Forschung am AT, bes. S. 36 ff; sh. auch Erträge, S. 37. 47 f. und 108

39) Der Reichtum spielt vor allem im Jakob-Laban-Sagenkreis eine Rolle.

40) Westermann, Forschung am AT, S. 36

41) Sh. dazu auch Westermann, Erträge, S. 110, und von Rad, Theologie I, S. 177

42) Westermann, Forschung am AT, S. 59

43) L. Schmidt, Ev. Theol. 37, S. 245, spricht im Zusammenhang mit Gen 39,5 von der reichen Fruchtbarkeit von Mensch, Vieh und Ackerboden. Aber der Segen ist hier deutlich auf den Besitz des Ägypters bezogen. Von seiner eigenen Fruchtbarkeit ist nicht die Rede.

3.1.3 Exodus und Landnahme:

1) Noth, ATD 5, S. 104 f, und Fritz, Wüste, S. 10

2) Noth, ATD 5, S. 104 f

3) Noth, ATD 5, S. 104 f, und Fritz, Wüste, S. 9

4) ausführlich dazu sh. Fritz, Wüste, S. 42 f

5) צפיחת ist Hapaxlegomenon; Gesenius (S. 692) übersetzt mit "Kuchen", worin ihm Noth folgt, während Fritz (S. 43 Anm.6) meint, daß es sich um ein Kristallisationsprodukt des Honigs handelt.

6) Fritz, Wüste, S. 47 f

7) Fritz, Wüste, S. 11

8) Noths Zuweisung von V 3 an den Elohisten (ATD 5, S. 111) ist nicht zu rechtfertigen. Er schreibt selbst, daß es an positiven Merkmalen dafür fehlt.

9) Fritz, Wüste, S. 48 ff

10) Fritz, Wüste, S. 55

11) Zur Lokalisierung von Meriba sh. Fritz, Wüste, S. 49 f

12) Der Erzählung von der Umwandlung des ungenießbaren Wassers in Mara Ex 15,22 ff liegt keine alte Tradition zugrunde. Sie ist vielmehr ein vom Jahwisten geschaffenes Verbindungsstück zwischen dem Auszugsgeschehen und dem Wüstenaufenthalt. Sh. dazu Fritz, Wüste, S. 40 f.

13) Fritz, Wüste, S. 16

14) Fritz, Wüste, S. 71 weist dem Überarbeiter, der beide Erzählungen zusammenfügte, auch die Verse 5 f zu, da sie den Rahmen der

selbständigen Einzelerzählung sprengen.

15) Fritz, Wüste, S. 73

16) Fritz, Wüste, S. 73 ff

17) Fritz, Wüste, S. 135; sh. auch Kaiser, Einleitung, S. 77

18) Es scheint so, als ob die Aussage von dem kontinuierlichen Wirken einer Gottheit in der Natur in den Ackerbaukulturen entsteht, für die der regelmäßige Ablauf des Witterungsgeschehens wichtig ist, während für nomadisch lebende Gemeinschaften die Aussagen über ein je und dann erfolgendes Handeln der Gottheit charakteristisch sind.

19) Vgl. Fritz, Wüste, S. 73: Das Wunder besteht dabei keineswegs in der Durchbrechung eines Naturgesetzes durch unmittelbares göttliches Eingreifen, da im AT nicht zwischen Naturgesetz und göttlichem Wirken unterschieden ist. Vielmehr geht alles Geschehen auf Gott zurück, weil er der Urheber von Natur und Geschichte ist.

20) Zu Elisa sh. S. 24 ff

21) Die Erzählungen liefern keine Anhaltspunkte für die These Bergmanns (Rettung und Befreiung, S. 96 und 117), daß es sich hier ursprünglich um Erzählungen nichtisraelitischer Gruppen gehandelt haben und ihre Übernahme in den Jahweglauben Zeichen eines allmählichen Hineinwachsens dieses Glaubens auch in den natürlichen Bereich sei (Bergmann, a.a.O., S. 117). Vielmehr liegen hier ursprüngliche Jahwetexte vor, die deutlich machen, daß der natürliche Bereich von Anfang an Bestandteil des Jahweglaubens war.

22) Sh. z. B. Kaiser, Einleitung, S. 70 f, und W. H. Schmidt, Alttest. Glaube, S. 66

23) Fritz, Wüste, S. 98

24) Westermann, ThB 55, S. 237

25) Weimar, Orbis Biblicus et Orientalis 32, S. 99

26) Weimar, Orbis Biblicus er Orientalis 32, S. 321

27) W. H. Schmidt, BK II, S. 137 f

28) Sh. dazu Richter, BBB 21, S. 42 f

29) So auch W. H. Schmidt, BK II, S. 138; Fritz, Wüste, S. 22 f; Weimar, Orbis Biblicus et Orientalis 32, S. 323

30) Sh. Fritz, Wüste, S. 25.89. Weimar, a.a.O., S. 323 Anm.19, sieht in dem Abschnitt einen Zusatz zur Priesterschrift, wofür er sich fälschlicherweise auf Fritz beruft. Seine Zuweisung begründet er u. a. mit der Ähnlichkeit des Vorwurfs gegen Mose in Num 20,4 f (P). 16,13 hat jedoch auch Ähnlichkeit mit dem jahwistischen Text Ex 14,11 ff.

31) So Fritz, Wüste, S. 89

32) So W. H. Schmidt, BK II, S. 138

33) So W. H. Schmidt, a.a.O., S. 138

34) So W. H. Schmidt, a.a.O., S. 139, und Weimar, Orbis Biblicus et

Orientalis 32, S. 323

35) Sh. S. 79

36) Sh. dazu Steck, Festschrift von Rad, S. 552 Anm.73

37) Die Formel gehört also ganz sicher nicht zu einer im Nordreich ausgebildeten Verheißungstradition, so Hermann, Prophetische Heilserwartung, S. 77.

38) Sh. vor allem Dtn 8,7

39) Noth, US, S. 54 Anm.2

40) Für den Jahwist ist die Zusage des Landes mit נתן verbunden, so u. a. Gen 12,7; und auf diese Formulierung wird in Num 10,29 Bezug genommen. Daß in Gen 12,3 nur vom Zeigen und nicht vom Geben des Landes die Rede ist, kann nicht als Indiz für ein zurücktretendes Interesse des Jahwisten an der Landverheißung angeführt werden - so Wolff, ThB 22, S. 355 -; denn Abraham wird nach dem Aufriß des Jahwisten das Land ja tatsächlich nicht gegeben.

41) Fritz, Wüste, S. 22 f

42) Eißfeldt, Hexateuchsynopse, S. 167 f, weist dagegen die Verse 18b. 19. 23. 24 und 26b dem Elohisten zu.

43) Sh. auch Noth, ÜG Pent, S. 140; Bartelmus, Heroentum, S. 121; ähnlich wohl auch Rose, Dtr und J, S. 276, der allerdings an anderer Stelle auch schreibt, die Gehorsams-Ungehorsams-Kategorie sei ohne Zweifel tief in der Kaleb-Überlieferung verankert (S. 288). Weil Rose Hebron und Traubental identifiert, hat er große Schwierigkeiten, das Enakiter-Motiv unterzubringen. Er schreibt lediglich in einer Anmerkung, daß dieses Motiv zur alten Hebron-Tradition gehört (S. 290 Anm.67), einer Tradition, der es aber nach Roses Ausführungen darum ging, eine religiöse Legitimation des Kulturlandbesitzes zu liefern (S. 287 f).

44) Sh. dazu Noth, ÜG Pent, S. 145

45) In Bezug auf das Verhältnis zwischen Num 13 f und Dtn 1 sind viele Fragen offen, auf die hier nicht eingegangen werden kann. Ausführliche Vergleiche bieten Mittmann, Dtn, S. 57 ff, und Rose, Dtr und J, S. 282 ff. Sie kommen allerdings zu ganz unterschiedlichen Ergebnissen. Mit Sicherheit kann wohl davon ausgegangen werden, daß die Verse 28-33 und 36-39aα nicht zum Grundbestand von Dtn 1 gehören. Besonders deutlich ist der Bruch zwischen Vers 28 und den vorhergehenden Versen, in denen nur von einem positiven Bericht der Kundschafter erzählt wird, während V 28 einen negativen voraussetzt. Der ursprüngliche Bestand von Dtn 1 hätte dann nur von der Erkundung des Traubentales, einem positiven Kundschafterbericht, einer dennoch erfolgten Verweigerung der Landnahme und dem verspätteten eigenmächtigen Versuch einer solchen erzählt. Es dürfte sich aber eher um eine Kurzfassung mit einigen Akzentverschiebungen von Num 13 f handeln als um eine davon unabhängige Erzählung; denn das Motiv der Landnahmeverweigerung, noch dazu ohne ersichtlichen Grund, ist leichter durch den Einfluß des jahwistischen Murr-Motivs zu erklären als als Bestandteil einer alten Erzählung, die dann von den Überlieferungsträgern negativ geredet hätte. Die Kurzfassung von Num 13 f wurde durch einen

späteren Redaktor, der Anstoß an der Motivauslassung gegenüber der jahwistischen Fassung nahm, ergänzt, allerdings nicht allzu geschickt. Auf keinen Fall ist Dtn 1 eine gegenüber Num 13 ältere Fassung einer kalebitischen Erzählung, der es um die theologische Legitimation des Kulturlandbesitzes von Hebron ging (so Rose a.a.O.); denn weder Kaleb noch Hebron spilen im Grundbestand eine Rolle.

Die Unstimmigkeiten im Text von Dtn 1 sind auch schon bei Noth gesehen (ÜG Stud., S.31 f); jedoch erklärt er sie damit, daß der Stoff den Lesern allgemein bekannt war und auch verstanden wurde, wenn einzelne Motive ausgelassen waren. Eine ursprüngliche Uneinheitlichkeit zieht er nicht in Erwägung.

46) So Fritz, Wüste, S.22

47) So Rose, S. 276. Natürlich trifft es zu, daß Hebron der letzte Vorposten relativ üppiger Fruchtbarkeit am Rande der Steppe ist und wie keine andere Stadt als Symbol des Gegensatzes zwischen Fruchtland und Wüste erscheinen kann (so Rose, S. 276); aber das ist kein ausreichender Grund, das Kommen nach hebron und ins Traubental zu identifizieren. Die Doppelungen in Num 13 weisen deutlich auf zwei ursprünglich voneinander unabhängige Traditionen.

48) Natürlich war dem Jahwisten, auch wenn er diesen Zusatz angefügt hat, klar, daß es nicht nur in Israel Bäume gibt (vgl. Ex 9,25). Aber in israel sind die Fruchtbäume nach der Kundschaftererzählung herorragende Kennzeichen des Landes.

49) Mittmann, Dtn, S. 44, weist dagegen die Erwähnung der Bäume in V 20 und 23b einem Interpolator zu, der besonderen Wert auf die Bäume gelegt wissen wollte, und bestreitet das Vorhandensein einer Traubentalvariante innerhalb der jahwistischen Fassung. Vielmehr weist er dem Jahwisten die Ergänzung einer ursspründlich einheitlichen Primärschicht zu. Die erwähnten Doppelungen sprechen jedoch eher dafür, von der Verwendung zweier Varianten durch den Jahwisten auszugehen.

50) Rendtorff, RGG I, Sp. 1290

51) So Noth, ATD 7, S. 154

52) So L. Schmidt, BZ 23, 1977, S. 254

53) Vgl. auch Gen 9,27; sh. auch Gesenius. S. 14

54) Vetter, Seherspruch, S. 28, schlägt vor, in V 6b die Namen der Bäume umzustellen, weil Zedern nicht am Wasser, sondern auf Bergen wachsen. Aber da in V 6 dreimal von Bäumen am Wasser die Rede ist, ist sicher auch bei den Bäumen, die Jahwe gepflanzt hat, daran gedacht, so daß eine Umstellung sinnlos wird. Übrigens stehen auch im Garten Eden die Bäume, die Jahwe gepflanzt hat, am Wasser (Gen 2,8-10).

55) Noth, ATD 2, S. 167

56) Sh. auch Westermann, Gen, S. 268

57) Die Gabe des Landes an sich erscheint nie im Zusammenhang mit Segensaussagen; aber die Verleihung eines Landes mit besonderer Fruchtbarkeit ist Auswirkung des Segens.

58) Vgl. Gen 49,22

59) Vetter, Seherspruch, S. 28 ff

60) Gegen die Deutung Vetters wendet sich auch Schmidt, BZ 23, S. 253 Anm.86

61) Von der Tradition her war dem Jahwisten allerdings die Vorstellung vom Segnen Bileams vorgegeben, so z. B. im geschichtlichen Credo Jos 24,10. Aber von seinem Geschichtsaufriß her mußte der Jahwist diese Vorstellung modifizieren zu einer Schilderung des Segens, und auch der Elohist hat diese Vorstellung übernommen.

62) Es geht dem Jahwisten nicht darum, mit der Bileam-Perikope zu zeigen, daß der rettende Gott auch der segnende Gott ist - so Wehmeier, Segen, S. 201 -. Für ihn ist Jahwes Handlungsbereich von Anfang an so umfassend, daß dies gar keine Frage ist. Die Segensverheißung an Abraham erfolgt lange vor dem Rettungshandeln in der Herausführung aus Ägypten. Vielmehr will der Jahwist zeigen, daß mit dem Kommen ins fruchtbare Land u. a. die Gen 12,2 gegebene Segensverheißung erfüllt ist.

3.1.4. Zusammenfassung:

1) Von Crüsemann, Festschrift Wolff, S. 11-29, wurde jüngst die vom Jahwisten völlig unabhängige Entstehung der allgemein als jahwistisch bezeichneten Urgeschichte postuliert. Begründet wird dies im wesentlichen damit, daß es keinerlei Bezugnahmen zwischen der Urgeschichte und den anderen Teilen des Geschichtswerkes gäbe (bes. S. 15-22). Gen 13,10 kann der bei Crüsemann angeführten Gründe wegen (S. 15) tatsächlich nicht als Rückverweis auf die Urgeschichte angeführt werden. Wahrscheinlich handelt es sich bei כגן יהוה zudem um einen späteren Zusatz, für dessen Verfasser der Vergleich mit Ägypten nicht aussagekräftig genug war. Für die ursprüngliche Fassung ist das Vorhandensein nur eines Vergleichspunktes auf jeden Fall wahrscheinlicher, und die Zufügung des Vergleichs mit Ägypten, nachdem der Jordangau schon mit dem Garten Jahwes verglichen war, ist nicht zu erwarten. Auch Gen 26,12 scheidet aus (sh. S. 68 f).

Überhaupt weist Crüsemann mit Recht alle Entwürfe zurück, die eine Aufhebung des Fluches Gen 3,17 ff oder anderer urgeschichtlicher Tatbestände im weiteren Verlauf des Geschichtswerkes behaupten. Aber die Anspielung auf den Garten von Gen 2 f in Num 24 und möglicherweise auch in Num 13 bleibt als deutlicher Bezugspunkt auf die Urgeschichte. Daß etwa bei der über die Frau verhängten Strafe von Gen 3,16 nirgends eine Linderung angedeutet wird, spricht nicht dagegen, daß eine Anspielung auf den Garten möglich ist; denn das Thema des Gartens hat eine viel umfassendere Bedeutung als die über die Frau verhängte Strafe. Die Vertreibung aus dem Garten, bzw. die Verfluchung der אדמה betrifft alle Menschen, nicht nur eine Gruppe davon. Außerdem ist der Lebensraum des Menschen beim Jahwisten überhaupt ein relevantes Thema, und durch die Landnahmetradition sind ihm Aussagen über das Land Israels ja auch vorgegeben, so daß eine Anspielung nur auf diesen Themenbereich das naheliegende ist. Die weitere Gültigkeit von Gen 3,16 macht der Jahwist aber durchaus in Gen 25,22 und 35,16-20 deutlich.

Wenn Urgeschichte den Sinn hat, Gegenwärtiges zu erklären, können von Gen 12 ff auch gar nicht Aussagen über die Aufhebung sämtlicher in der Urgeschichte genannten Tatbestände erwartet werden. Aber daß ein Bezug zwischen beiden Textbereichen besteht, wird schon daran deutlich, daß in der Urgeschichte wiederholt der Begriff "Fluch" erscheint - auch wenn es durchaus zutreffend ist, daß das Bild der Urgeschichte von der Welt des Menschen keineswegs nur Negatives enthält, so Crüsemann, S. 23 f und auch Westermann, ThB 55, S. 94 ff - und in Gen 12 ff der Gegenbegriff "Segen". Die Welt, die der Jahwist vor Augen hat, ist eine durch Fluch, bzw. Strafe und durch Segen geprägte Welt.

Oben wurde bereits gezeigt, daß die von Crüsemann angenommenen sprachlichen Differenzen in Bezug auf die אדמה zwischen der Urgeschichte und den Vätergeschichten nicht zutreffend sind und ebenso seine Aussagen über Kain.

2) Auch Westermann, BK I/1, S. 268, schreibt, daß die Themen von Gen 2-3 in der Geschichtsdarstellung des Jahwisten immer wieder anklingen. Er nennt allerdings als für uns relevantes Beispiel nur die Verheißung des Landes als des von Gott verliehenen Lebensraumes, die an den Gartern erinnert.

3) So vor allem Steck, Festschrift von Rad, S. 541 ff. Daß dies nicht der Fall ist, wurde bereits im Abschnitt über die Vätererzählungen deutlich. Dafür daß der Jahwist eine Überwindung der urzeitlichen Lebensminderungen, vielleicht geradezu eine restitutio in integrum erwartet - so Steck, a.a.O., S. 550 Anm.66 - spricht in seinem Werk nichts.

4) Sh. auch L. Schmidt, Theol. Viat. 12, S. 146

5) Westermann, BK I/2, S. 668 weist mit guten Gründen die normalerweise zum Elohisten gerechneten Verse Gen 35,16-20 dem Jahwisten zu. Vor allem der Verweis auf Gen 30,24 (Jahwist) in 35,17 spricht dafür.

6) So Wolff, ThB 22, S. 347 und 354 f

7) Sh. dazu L. Schmidt, Theol. Viat. 12, S. 144

8) Sh. S. 71 f

9) Sh. S. 68 f. Vielleicht kann als Differenz zwischen der jahwistischen Urgeschichte sowie Num 13 und 24 einerseits und Gen 26,12 wie auch 27,27 f andererseits noch angeführt werden, daß es bei den erstgenannten Stellen um ein Land bzw. seine Früchte geht, die ohne menschliches Zutun zunächst von Jahwe bereitgestellt sind, während es vor allem in Gen 26,12, aber auch in 27,27 f um den Segen geht, den Jahwe der menschlichen Arbeit auf dem Felde gewährt. Für den Jahwisten ist das Zusammenwirken des Regens Jahwes und der Arbeit des Menschen dagegen gerade für das Leben auf der verfluchten אדמה charakteristisch.

10) Sh. S. 80 f

11) Vgl. Dtn 7,13; 11,14

3.1.5 Jahwist:

1) Sh. S. 85

2) Sh. S. 60

3) מטר erscheint auch in der Plagenerzählung in Ex 9,18; aber auch hier handelt es sich nicht um einen normalen Regen.

4) Sh. S. 69 f

5) Nicht übersehen werden darf, daß die Bezeichnung der Kreise, aus denen die vom Jahwisten verarbeiteten Traditionen übernommen wurden, als kanaanäische nicht ohne Probleme ist. Denn die Vorstellung von einer Gottheit, die den Menschen mit seiner Umwelt ins Leben ruft und die auch durch den Regen für das Gedeihen der Nahrungsmittel sorgt, hat wenig Gemeinsamkeiten mit der kanaanäischen Vorstellung vom Regenspender Baal, der ja keineswegs Schöpfergott ist. Offensichtlich waren im Süden des israelitischen Territoriums teilweise andere Vorstellungen anzutreffen als weiter nördlich. Kanaanäertum kann im Zusammenhang mit Gen 2 f demnach nur als Chiffre für nicht israelitische Herkunft verwendet werden.

3.2. Elohist:

1) Volz/Rudolph, Der Elohist als Erzähler, BZAW 68

2) Sh. dazu Kaiser, Einleitung, S. 85 ff

3) Sh. Kaiser, Einleitung, S. 90 f, und Jaros, Elohist, S. 67 f

4) Sh. Jaros, Elohist, S. 68, und Wolff, Ges. Stud., S. 417, der ebenfalls den Elohisten in der Zeit des nachelianischen Synkretismus ansetzt.

5) W. Richter, FRLANT 101

6) Zenger, Sinaitheophanie und Jeremias, Theophanie

7) Sh. auch Wallis, ZAW 83, S. 14

8) Westermann, BK I/2, S. 598 f sieht in Gen 31 nicht einen elohistischen Text, sondern eine theologiesierende Bearbeitungsschicht in V 4-16 in einem im übrigen jahwistischen Text am Werk. Die Differenzen gegenüber der jahwistischen Darstellung in Gen 30,25-43 sind jedoch zu groß, um sie lediglich mit der anderen Situation erklären zu können. Außerdem ist Gen 31,4-16 auf das elohistische Gelübde in Gen 28,20-22 bezogen. Von Westermann wird allerdings jeder elohistischer Anteil in Gen 12-36 bestritten.

9) Wenn von Rad, ATD 2-4, S. 244 davon spricht, daß der Elohist im wachsenden Reichtum Jakobs einen Segen Gottes sah, liegt hier eine nicht hilfreiche Ausweitung des Segensbegriffes auf jeden Vorgang, der mit einer materiellen Lebenssteigerung zu tun hat, vor.

10) Auf die Entsprechung zwischen der Erzählung Gen 31 und dem Gelübde hat Richter, BZ 11, S. 46 hingewiesen.

11) Oft wird dem Elohisten überhaupt jeder Anteil an den Plagenerzählungen abgesprochen, z. B. von Noth, Überlieferungsgeschichte des

Pentateuch, S. 70 Anm.193; aber die Differenzen zwischen den eben genannten Versen und dem priesterschriftlichen Anteil sprechen doch für das Vorhandensein von elohistischen Elementen. Bei den Differenzen handelt es sich im wesentlichen um das Fehlen des Zaubermotivs und der Erwähnung von Aaron. Sh. auch Weimar, Berufung, S. 179 ff. Ob ein Zusammenhang zwischen der elohistischen Plagentrias von Hagel, Heuschrecken und Finsternis und andererseits der Szenerie des Tages Jahwes besteht - so Weimar, a.a.O., S. 183 -, ist fraglich; denn der Hagel erscheint bei Joel nicht, und neben den Heuschrecken werden dort auch andere Tiere genannt.

12) Noth, ATD 5, S. 128 ff

13) Sh. dazu UF 3, S. 81 ff

14) Sh. S. 111

15) So Zenger, Sinaitheophanie, S. 158-163; Jeremias, Theophanie, S. 199; ähnlich Jaros, Elohist, S. 121, der jedoch im Unterschied zu den beiden erstgenannten Autoren davon ausgeht, daß die Übertragung der Gewitterphänomene auf die Sinaitheophanie dem Elohisten bereits vorgegeben war. Dafür sind allerdings keinerlei Belege vorhanden, und allein der Verweis auf die Theophaniehymnen und Ps 29 dürfte kaum ausreichen, die Übertragung der Gewittertheophanie auf den Sinai vor dem Elohisten nachzuweisen.

16) Sh. dazu S. 112

17) Sh. dazu S. 14

18) Sh. dazu S. 108 ff

19) So Zenger, Sinaitheophanie, S. 162 f und Jeremias, Theophanie, S. 199; vgl. aber auch die kritische Anmerkung von W. H. Schmidt, 1. Gebot, S. 22 Anm.34

4.1.1. Juda-Spruch:

1) Zobel, Stammesspruch, S. 72

2) So Otto, Mazzothfest, S. 363

3) Diese Ansetzung wird vor allem von Zobel, Stammesspruch, S. 75 vertreten.

4) Westermann, BK I/3, S. 262; ähnlich von Rad, ATD 2-4, S. 345 und 349; auch Kittel, Stammessprüche, S. 20 deutet das Wort als Name für eine Person.

5) Sh. auch S. 106

6) Zobel, Stammesspruch, S. 14

7) כבס pi in der Bedeutung von "färben" - diese Übersetzung schlägt Zobel, Stammesspruch, S. 14 vor - ist nicht belegt.

8) Vgl. Joel 4,18

9) So von Rad, ATD 2-4, S. 345, Zobel, Stammesspruch, S. 14 "dunkelrot-funkelnd" und Kittel, Stammessprüche, S. 14, "funkelnd"; ebenso Westermann, BK I/3, S. 263 f.

10) Sh. dazu S. 115 f

11) Der Text legt es keineswegs nahe, eine enge Bindung der Fruchtbarkeit an die Königszeit anzunehmen, wie Westermann, BK I/3, S. 263 f es tut. Daß der König der Segensmittler ist, kann aus Gen 49 nicht geschlossen werden. Auch in Num 24,5-7, auf das Westermann verweist, bezieht sich die reiche Fruchtbarkeit auf die Zeit nach der Seßhaftwerdung, nicht erst auf die Königszeit, auch wenn V 7b der König genannt wird.

12) Von Rad, ATD 2-4, S. 350

4.1.2. Joseph-Spruch:

1) So Lindblom, SVT I, S. 82

2) So Zobel, Stammesspruch, S. 37

3) So auch Gunneweg, ZAW 76, S. 251. Wie sich Gen 49,25 f in einem Auflösungsprozeß aus Dtn 33,13-16 entwickelt haben soll, vermag Zobel, der diese These vertritt, nicht zu erklären.

Neuerdings hat auch Westermann, BK I/3, S. 274 den Joseph-Spruch von Dtn 33 vor den von Gen 49 datiert. Für ihn gehört zum ursprünglichen Segenswunsch auch der Segen von Bergen und Hügeln. Dtn 33,15 hat für ihn "mit Sicherheit die ältere Form". Dagegen tut sich die Frage auf, welcher Lebensreich denn mit diesem Segen gemeint sein soll, nachdem die Fruchtbarkeit des Landes und die des Leibes bereits durch die anderen Aussagen abgedeckt sind. Dtn 33,15 läßt sich leichter als sekundäre Abwandlung von Gen 49,26 erklären.

Die Aussagen Westermanns darüber, wie Gen 49,25b.26 aus Dtn 33,13-16 entstanden sein soll, sind wenig einleuchtend. Die Näherbestimmungen in Dtn 33 beziehen sich alle auf den Segen, der in der Fruchtbarkeit des Landes besteht; deshalb kann auch als Überschrift V 13aß über dem Segensspruch stehen. In diesem Text stehen Berge und Hügel ganz gleichberechtigt neben den anderen Gliedern, so daß nichts dafür spricht, nur und gerade hier Wohnstätten der Götter angesprochen zu sehen, weshalb gerade dieses Glied ersetzt werden müßte. Es wird auch nicht deutlich, weshalb bei den Segnungen der Gestirne und des Landes und seiner Fülle die Gefahr einer möglichen Vergöttlichung der Naturkräfte größer sein soll als bei den Segnungen von Brust und Mutterschoß, die Gen 49 über Dtn 33 hinaus hat und für die auch kanaanäische Gottheiten zuständig waren. Die Entstehung von Gen 49 aus Dtn 33 könnte nur als schwer einsehbares Zerreißen des klaren Aufbaus von Dtn 33 gedacht werden.

4) Sh. auch Zobel, Stammesspruch, S. 36

5) Diese Parallelisierung mit der Erde macht die Deutung Kittels, Stammessprüche, S. 54, unwahrscheinlich, nach der in Dtn 33 mit den Bergen und Hügeln Fruchtbarkeitsgottheiten gemeint sind, deren Gaben auf Joseph herabgewünscht werden, während in Gen 49 - das deshalb jünger ist - an diesen Fruchtbarkeitsgottheiten Kritik geübt wird. Gegen diese Deutung spricht auch, daß Kittel selbst Dtn 33 jünger als Gen 49 hält, die Sammlung dem Dtn zuweist und diesem eine Verbindung zu alter, mündlicher Überlieferung ausdrücklich abspricht (S. 132).

6) Nach Westermann, BK I/3, S. 272 gehören dagegen die vier Gottesbezeichnungen in V 24b und 25a einer späten, liturgisch bestimmten Sprache an.

7) Auch in Gen 49,25 ist höchstwahrscheinlich die Langform zu lesen, so auch Weippert, THAT, Bd.II, Sp.837.

8) Weippert, THAT, Bd.II, Sp.881

9) Weippert, THAT, Bd.II, Sp.880

10) Stolz, BZAW 118, S. 158 f trennt zwischen den beiden Gottesbezeichnungen von V 25 und sieht in El Schaddaj eine von den Vätergöttern unterschiedene kanaanäische Gottheit. Die Trennung ist aber eher nach V 24 zu machen. Im Unterschied zu V 24b folgt in V 25 auf beide Gottesbezeichnungen ein Verb. Auch daß mit dem עזר in V 25a dasselbe gemeint ist wie mit ברך , macht V 26 deutlich, wo von den Segnungen des Vaters geredet wird. Letzteres ist auch gegen Westermann einzuwenden, der V 25aa nicht auf V 25ab-26 bezieht, sondern nur auf V 24b.

11) Sh. vor allem Coppens, SVT, S. 103 f; aber auch Zobel, Stammesspruch, S. 24 Anm.123, neigt zu dieser Auffassung.

12) So Stolz, BZAW 118,S. 159

13) So von Rad, ATD 2-4, S. 352

14) Da es sich auch an dieser Stelle um aus der Umwelt Israels übernommenes Material handeln dürfte, wird deutlich, daß die positive Deutung von תהום nicht auf Israel beschränkt war und somit auch in Gen 49,25 schon dem vorgegebenen Material eigen war.

Allerdings ist die Bedeutung von תהום in Gen 49,25 und Dtn 8,7 nicht ganz identisch; denn während sie in Dtn 8,7 in eine Reihe gestellt wird mit Bächen und Quellen und die Pluralform des Wortes gebraucht wird, handelt es sich in Gen 49 eher um den die Welt umgebenden Ozean, wofür auch die Näherbestimmung durch רבצת תחת spricht. Ein Zusammenhang könnte aber insofern bestehen, als die Quellen der irdischen Wasserläufe von diesem Ozean gespeist werden.

15) Sh. auch Westermann, THAT Bd. II, Sp.1030

16) Stolz, BZAW 118, S. 59, bringt El Schaddaj in Verbindung mit den Bergen und Höhen, so daß der Text besagt, der kanaanäische El Schaddaj solle Joseph segnen; aber die Segnungen des Vätergottes und das heißt "die spezifisch israelitischen Segnungen" übertreffen diese Segnungen der kanaanäischen Religion noch. Für eine derartige gemeinsame Inanspruchnahme kanaanäischer Gottheiten und des Vatergottes gibt es aber sonst im Alten Testament keinerlei Anhaltspunkte. Außerdem legt es, wie schon erwähnt, der parallelismus membrorum in V 25 nahe, El Schaddaj und den Vätergott zu identifizieren. Auch das Verb גבר spricht gegen die Deutung von Stolz; denn es drückt nicht eine Andersartigkeit aus, die ja vorausgesetzt ist, wenn er von spezifischen israelitischen Segnungen und von Segnungen der kanaanäischen Religion redet, sondern ein Übertreffen durch eine größere Kraft.

17) Von einem Vätersegen, mit dem in der Tat eine metabasis eis allo

genos gegeben wäre, ist zwar bei Westermann, BK I/3, S. 274, die Rede, aber nicht in Gen 49,26, wo ברכת steht.

18) Weippert, THAT, Bd.II, Sp.880

19) Sh. dazu S. 106

20) Sh. auch Lindblom, SVT I, S. 85

21) So Zobel, Stammesspruch, S. 130

22) Es ist auffallend, daß im Buch Ruth El Schaddaj nur im Zusammenhang mit dem Geschehen in Moab genannt wird (1,20.21) und er in Ps 68 in Verbindung zum Basangebirge gebracht ist (V 15 f), in beiden Fällen also Lokalitäten im Ostjordanland.

23) Sh. dazu S. 107 f

24) Der Gebrauch von מגד in Dtn 33 erscheint bei Zobel, Stammesspruch, S. 37, als Argument für ein höheres Alter von Dtn 33 gegenüber Gen 49.

25) In Übereinstimmung mit Gen 49,25 und in Parallele zum folgenden תחת ist nicht מטל , sondern מעל zu lesen.

26) Sh. dazu Schottroff, Fluchspruch

27) Sh. dazu besonders die Zusammenfassungen und den Vergleich unten S. 122 ff

4.1.3 Datierung:

1) Noth, GI, S. 83

2) Von dieser Reihenfolge geht offensichtlich auch Westermann, BK I/3, S. 276 aus, obwohl für ihn in Bezug auf den Joseph-Spruch die Reihenfolge umgekehrt ist.

3) Lindblom, SVT I, S. 85. Diese These schließt keineswegs die Verwendung von "traditional material" aus, so Kittel, Stammessprüche, S. 111. Es gibt auch gegen Kittel durchaus Anzeichen dafür, daß in V 10-12 der Höhepunkt der Sammlung liegen könnte, nämlich einmal die Stellung zwischen den negativ beurteilten übrigen Südstämmen und den Nordstämmen und daneben die Aussage über das Herrschertum im Stamme Juda.

4) Kittel, Stammessprüche, S. 125

5) Sh. auch Noth, ÜG Pent, S. 18 Anm.54

6) So von Seebas, VT 27, S. 164

7) Seebas, VT 27, S. 162

8) Cross-Freedman, JBL 67, S. 192

9) In den beiden genannten Aufsätzen zur Datierung von Dtn 33 wird allerdings auf Gen 49 nicht eingegangen. von Rad, ATD 8, S. 149 dagegen setzt ebenfalls den Korpus der Sprüche von Dtn 33 in erheblich späterer Zeit an als Gen 49, und zwar im 9. oder frühen 8. Jahrhundert.

10) Sh. S. 93 f

4.2.1. Ri 5,4 f und Ps 68,8-10:

1) Sh. dazu Jeremias, Theophanie, S. 10 f

2) Sh. dazu Jeremias, Theophanie, S. 8

3) Sh. auch Jeremias, Theophanie, S. 10

4) Sh. dazu Jeremias, Theophanie, S. 142 ff

5) Im Gegensatz dazu tritt Richter, BBB 18, S. 86, für eine Trennung zwischen V 5 und V 6 und für eine Lokalisierung des Theophaniehmynus' in Jerusalem ein. Eine ausführliche Widerlegung Richters sh. bei Jeremias, Theophanie, S. 142 ff

6) Sh. dazu Jeremias, Theophanie, S. 151 ff

7) Sh. dazu Kraus, BK XV, S. 472

8) Auf Ps 68,10 wird ab dem übernächsten Abschnitt einzugehen sein.

9) zitiert nach Kraus, BK XV, S. 469

10) Wanke, THAT, S. 58

11) Sh. auch Jeremias, Theophanie, S. 11

12) Sh. auch Kraus, BK XV, S. 470 f

13) Sh. auch Kraus, BK XV, S. 471

14) Als Beispiel für eine frühe Aussage zur Fruchtbarkeit von Israels Land aus dem Nordreich wird neben Ps 68 zuweilen auch der Rahmenpsalm des Mosesegens in Dtn 33 gewertet (vgl. Seligmann, VT 14, S. 90 f; Jeremias, Theophanie, S. 185 ff), in dem in V 28 die Fruchtbarkeit des Landes gerühmt wird. Die Nähe des Psalms zum Theophaniehymnus Ri 5,4 f weist in der Tat auf ein hohes Alter. Jedoch dürfte V 28 kaum Bestandteil dieses alten Psalms, sondern eine wesentlich spätere Zufügung sein. Während Israel ind V 26 f. 29 in der 2. Person angesprochen wird, ist in V 28 von ihm in der 3. Person die Rede, ohne daß der Inhalt diesen Wechsel nahelegen würde. Sowohl V 27 als auch V 29 haben den Sieg über die Feinde zum Thema; die ganz andere Thematik von V 28 unterbricht diesen Zusammenhang. Vor allem aber wird das Leben Israels im Land in V 28a mit Ausdrücken beschrieben, die sonst nie für die Situation nach siegreichen Kämpfen gebraucht werden - wie es im jetzigen Kontext von V 28 der Fall ist -, sondern für eine Situation, in der es keine Berührung mit Feinden und keine Kämpfe gibt (zu בטח vgl. Ri 18,7; Jer 49,31; Dtn 12,10; 33,12; zu בדד vgl. Jer 49,31). Da in V 29 weiter vom Sieg über die Feinde gesprochen wird, kann auch nicht eingewandt werden, V 28 beschreibe die Situation nach den Kämpfen, zumal - wie erwähnt - die gebrauchten Wendungen nie eine solche Situation bezeichnen. V 28 setzt im Unterschied zum kriegerischen Kontext ein völlig friedliches Leben voraus.

Ebensowenig wie die Aussagen über das sichere Wohnen Israels passen die über die Fruchtbarkeit seines Landes in der zweiten Vershälfte zum Kontext. Der Verweis auf die kanaanäische Mythologie, in der die

Themen Fruchtbarkeit und Sieg über die Feinde untrennbar miteinander verbunden gewesen sein sollen (so Jeremias, Theophanie S. 187), ist wenig stichhaltig. Es wurde bereits bei der Behandlung der Theophaniehymnen daraufhin gewiesen, daß die kanaanäische Mythologie durchaus vom machtvollen Auftreten des siegreichen Baal reden kann, ohne dabei die Fruchtbarkeitsthematik im Auge zu haben. Eine so enge Durchdringung der beiden Bereiche wie in Dtn 33 ist dort nirgends zu beobachten. Umso weniger kann in Dtn 33, wo der Sieg dessen, der am Himmel daherfährt, ganz auf die irdischen Feinde und nicht mehr auf chaotische Mächte bezogen ist, eine Verbindung der beiden Themenbereiche als zwingend angenommen werden.

Aber auch von Texten wie Ex 23,20 ff und Dtn 7 her (sh. dazu S. 142 ff), in denen Sieg über die Feinde und Fruchtbarkeit verbunden sind, kann nicht geschlossen werden, daß V 28 ursprünglicher Bestandteil seines jetzigen Kontextes ist; denn dort besteht eine enge Verbindung zwischen dem Bringen ins Land und den Zusagen für das Leben im Land, während in den anderen Versen des Psalms in Dtn 33 nur vom Sieg über die Feinde und nicht explizit vom Bringen ins Land gesprochen wird.

Vielmehr legt sich die Vermutung nahe, V 28 sei sekundär in seinen jetzigen Kontext eingefügt worden, wohl mit der Absicht, Aussagen der Stammessprüche auch in den Rahmen aufzunehmen. Vom sicheren Wohnen redet auch der Spruch über Benjamin (V 12), vom Tau vom Himmel der Joseph-Spruch in seiner jetzigen Lesart (sh. dazu S. 167). Wenn es zutreffend ist, daß die Formulierung und Zusammenstellung der Stammessprüche von Dtn 33 auf ländliche Kreise des Südreichs zurückgeht (sh. dazu S. 167), denen auch die Segenssprüche von Gen 27 zuzuweisen sind, könnte auch hier auf Gemeinsamkeiten verwiesen werden: Sowohl Tau vom Himmel als auch Korn und Wein begegnen dort, und zwar werden sie einem Nachkommen Jakobs zugesprochen, was die Bezeichnung Israels als עין יעקב in Dtn 33,28 veranlaßt haben könnte. Der Rahmenpsalm bezeichnet Israel nicht mit diesem Namen; V 4 ist später Zusatz (vgl. Jeremias, Theophanie. S. 173 und Preuss, Dtn, S. 170).

Es dürfte auf jeden Fall die größere Wahrscheinlichkeit für sich haben, in Dtn 33,28 einen von der Thematik der Stammessprüche her beeinflußten späteren Zusatz zum Rahmen der Sprüche zu sehen als eine von Anfang an zum Psalm gehörende alte Aussage zur Fruchtbarkeit von Israels Land.

4.2.2. Psalm 29:

1) Am ausführlichsten beschäftigt sich in neuerer Zeit Mittmann mit dem Psalm: Mittmann, Komposition und Redaktion von Ps XXIX, VT 28, S. 172-194

2) So vor allem Stolz, BZAW 118, S. 152 f, und E. Otto, VT 30, S. 316 ff

3) Sh.auch W. H. Schmidt, Königtum Gottes, S. 47

4) So Stolz, BZAW 118, S. 153. Er weist in Anm.20 allerdings selbst darauf hin, daß in Ps 19 mit כבד אל etwas ganz anderes gemeint ist.

5) Ähnlich Strauß, ZAW 82, S. 94. Ein so unwahrscheinlicher Vorgang, wie ihn Stolz, BZAW 118, S. 154 beschreibt, daß nämlich der israelitische Bearbeiter Baal durch El ersetzt hätte und dieser dann mit Jahwe identifiziert worden wäre, muß keineswegs stattgefunden haben; denn der israelitische Bearbeiter hat die Namen Baals und Els durch Jahwe ersetzt. Die einzige Ausnahme bildet V 3ab.

6) Sh. auch Loretz, UF 6, S. 248

7) Die Aussagen über die Fruchtbarkeit des Landes, die im Jerusalemer Psalm 72 gemacht werden, sprechen ebenfalls nicht für eine Verehrung Baals in Jerusalem.

8) Übersetzung und Kommentar sh. UF 3, 1971, S.81 ff

9) Sh. Kraus, BK XV, S. 235 und Beyerlin, Textbuch, S. 206

4.2.3. Theophanie:

1) Die Bedeutung von V 9 ist umstritten. Da aber "in den Theophanieschilderungen niemals die Tierwelt Gegenstand der durch das Kommen Jahwes ausgelösten Erschütterung oder Vernichtung ist," - so Mittmann, VT 28, S. 187 - ist die Übersetzung "Die Stimme Jahwes läßt tanzen die Eichen, entlaubt die Wälder" (sh. auch Macholz, Festschrift Westermann, S. 326) am wahrscheinlichsten.

2) Auch Cross, Canaanite Myth, S. 151, spricht von der two-sidednes of Baals Role of stormgod. Aber es ist kaum zutreffend, von einer Zweiseitigkeit seiner Rolle als Gewittergott zu sprechen. In Texten wie in dem von Cross selbst angeführten CTA 6.3,6 f und 12 f, erscheint Baal gerade nicht als Gewittergott. Wyatt, UF 12, S. 375 ff sieht Dagan als ancient storm-god of middle Euphrat region, der u. a. auch die Bezeichnung Hadad und Baal auf sich zog, die allmählich zu eigenen Gottheiten wurden. Der Name Dagan sei dabei nicht aus dem semitischen Wort דגן entstanden. Mit dieser Auffassung lassen sich jedoch die verschiedenen Aspekte der Gestalt Baals nicht erklären, deren einer deutlich mit dem Gedeihen des Getreides in Verbindung steht.

3) Davon, daß die Theophanie Baals im Gewitter geschieht "pour aider son peuple par sa pluie bienfaissante" (so Lipinski, UF 3, S.82) ist in RS 24.245 nicht die Rede. Zwar wird der Regen als graisse bienfaissante bezeichnet; aber er dient in diesem Text nur der Jungfrau Anat zum Händewaschen.

4) Sh. dazu ausführlich Gese, Altsyr.Rel., S.75 f u. 128

5) Zu Baal sh. auch den Exkurs über ihn, S. 22 ff

4.3. und 4.3.1. Psalm 65:

1) Sh. Kraus, BK XV/1, S. 462 und BK XV/2, S. 590. Zu Ps 67 sh. auch Loretz, UF 8, S. 121

2) Kraus, BK XV/, S. 450 f

3) So Dalman, AuS I, S. 153

4) Gesenius, Wörterbuch, S. 338. Kraus, BK XV/1, S. 448, läßt dagegen die Worte stehen und bezieht in seiner Übersetzung הכין offensichtlich auf דגן . Aber neben der schon genannten Schwierigkeit kommt hinzu, daß die Feminin-Suffixe in V 11 sinnvoll nur auf ארץ bezogen werden können; und es ist wenig wahrscheinlich, daß das Suffix in V 10 einen anderen Bezug haben sollte.

5) Kraus, BK XV/1, S. 452 f; ähnlich Stolz, BZAW 118, S. 217

6) Näheres dazu sh. Kraus, BK XV/1, S. 343 f

7) Sh. etwa Kaiser, Einleitung, S. 280, 204 und 227 ff

8) Kraus, BK XV/1, S. 341. Für eine Spätdatierung des Psalms spricht sich auch Bauer, Festschrift Sauer, S. 60 ff, aus.

9) Gunkel, Psalmen, S. 273. Kraus, BK XV/1, S. 453 schreibt abschließend zu Ps 65: "Aus dem Gottesbach strömt der Segen den Herden und den Menschen zu, die vom Brotgetreide leben." Hier identifiziert er also im Gegensatz zu seinen sonstigen Ausführungen den Gottesbach mit dem in V 11 ausdrücklich erwähnten Regen.

10) Sh. dazu S. 69 f

11) So Kraus, BK XV/1, S. 453

12) Sh. dazu S. 108 f

13) So Kraus, BK XV/1, S. 453

4.3.2. Psalm 72:

1) פסת erscheint im AT nur hier. Meist wird es mit "Fülle" übersetzt. Sh. auch Gesenius, S. 650. Kraus, BK XV/2, S. 494 schlägt "Mehrung" vor.

2) So Kraus, BK XV/2, S. 494; im MT fehlt das Verb.

3) Kraus, BK XV/2, S. 494

4) Kraus, BK XV/2, S. 499

5) Sh. dazu S. 72

6) Kraus, BK XV/2, S. 497

7) Sh. auch Steck, Friedensvorstellungen, S. 19 Anm.28

8) So nach einigen Handschriften des masoretischen Textes und den Übersetzungen. MT dagegen hat צדיק . Sh. dazu auch Kraus, BK XV/2, S. 494, und Schmidt, Gerechtigkeit, S. 16 Anm.9

9) Sh. auch Stolz, BZAW 118, S. 216

10) Sh. dazu Stolz, BZAW 118, S. 216 f und Schmidt, Gerechtigkeit, S. 16 ff

4.3.3. Zusammenfassung:

1) Ein weiteres Beispiel für ein Rühmen von Gottes Handeln in der Natur ohne Bezug auf Israels Geschichte ist Ps 104. Auch in ihm hat Israel Material aus seiner Umwelt - hier aus Ägypten durch die Vermittlung

Kanaans (Kraus, BK XV/2, S. 709) - übernommen und auf seinen Gott übertragen. Gott ist dabei der, der die Welt sinnvoll geordnet hat, so daß durch die Wasserläufe (V 10) und durch den Regen (V 13) genug Wasser vorhanden ist, um Nahrungsmittel für Menschen und Tier wachsen zu lassen. Ps 104 zeigt neben Ps 65 und Ps 72, auf wie vielfältige Weise wohl in Jerusalemer Kreisen, in denen die verschiedenen Einflüsse zusammentrafen, von Jahwes Wirken in der Natur gesprochen werden konnte. Ausführlicher braucht aber auf diesen Psalm nicht eingegangen zu werden, da er für die Herausarbeitung der Unterschiede zwischen Nord- und Südreich keine grundsätzlich neuen Aspekte einbringt. Zudem ist, da in dem Psalm jeder Bezug auf ein geschichtliches Ereignis fehlt, der Zeitpunkt der Aufnahme in Israel kaum mit Sicherheit zu bestimmen. Allerdings legt sich Jerusalem in vorexilischer Zeit nahe (sh. Kraus, BK XV/2, S. 709 und Steck, Welt und Umwelt, S.63).

5.3. Vergleich:

1) Nach Westermann, Segen, S. 36, sollen Elia, Elisa und Jeremia durch ihre Fürbitten dazu beitragen, daß dem Volk der Segen erhalten bleibt. Aber bei Elisa geht es auf keinen Fall um eine Erhaltung des Segens, sondern um einmalige Hilfe in konkreten Notsituationen; und diese Hilfe hat nichts mit den Naturvorgängen woie Wachsen und Gedeihen zu tun. Bei Elia und Jeremia wirkt Jahwe zwar durch den Regen; aber auch hier soll ein Regenfall eine bestimmte Dürrezeit beenden, von einer Erhaltung des Segens wird auch hier nicht gesprochen.

2) Nur in der elohistischen Version der Josephserzählung wird die Hungersnot und auch die vorhergehende fruchtbare Zeit ausdrücklich als Tat von האלהים angesprochen (Gen 41,39), während in der jahwistischen Version nur die Träume Josephs direkt von אלהים kommen (Gen 41,39).

3) Sh. S. 69 f

4) Bei Texten, die nicht in einem Zusammenhang mit der Fruchtbarkeit des Landes stehen, ist eine solche Übernahme z. B. in Ps 29 zu beobachten.

5) Jeremias (Ev Theol 40,1980, S. 387) hat im Zusammenhang mit dem Geschichtsverständnis auf den unterschiedlichen Überlieferungsort im Nord- und Südreich hingewiesen; und diese Differenz war auch bei den Texten zur Fruchtbarkeit des Landes zu beobachten. Aber auch damit sind die Unterschiede nicht ausreichend erklärt, sondern es ist weiter zu fragen, wie es zu dieser Überlieferung an unterschiedlichen Orten - in einem Geschichtswerk und in den Psalmen bzw. in der Prophetie - gekommen ist.

6) In der Erzählung vom ersten Passahfest nach der Landnahme (Jos 5,10-12) geht es um das Essen von Getreide, nicht um die Fruchtbarkeit des Landes. Außerdem macht die Verbindung von Wüsten- und Passahtradition deutlich, daß es sich hier nicht um eine alte Überlieferung handeln kann.

7) Auf vielfältige Unterschiede zwischen Juda und dem Nordreich hat in anderen Bereichen auch Bartelmus, Heroentum, S. 121 ff, aufmerksam gemacht. Bei ihm wird allerdings nicht recht klar, ob er bei den Südstämmen überhaupt mit einem Jahweglauben rechnet. Er spricht immer nur von dem "Jahweglauben nomadischer Prägung" im Norden.

Über die Hintergründe für die unterschiedliche Ausprägung sind allenfalls vage Vermutungen möglich. Wahrscheinlich waren die späteren Nordstämme bereits Jahweverehrer, als sie die für sie bedeutungsvollen geschichtlichen Ereignisse erfuhren; und die Überlieferung von diesen Ereignissen verdrängte bei ihnen die ältesten Inhalte des Jahweglaubens.

8) So etwa Bergmann, S. 117, 119 ff und 234

9) Zu weiteren Gemeinsamkeiten der Südstämme mit ihrer Umwelt sh. Bartelmus, Heroentum, S. 121 ff

10) Bei der Überlieferung vom Sieg Kalebs über die Enakiter liegen die Dinge anders. Auch wenn sich inhaltlich nur noch wenig Genaues über den ursprünglichen Überlieferungsbestand sagen läßt, ist doch deutlich, daß es hier darum ging, den Mut und die Stärke Kalebs darzustellen, und nicht darum, theologische Aussagen über die Ausrottung der Landesbewohner zu machen wie etwa im Konzept vom Heiligen Krieg. Zudem war die Vernichtung der Landesbewohner im Süden offensichtlich nicht das Normale.

11) Sh. auch Gunkel, Genesis, S. 255

12) Sh. S. 108 f

6. und 6.1. Dtn 6,10-12 und Dtn 8,6-14:

1) Gegen die von Kaiser, Einleitung S. 113, vorgeschlagene Datierung in die Zeit der sich konsolidierenden jüdischen Gemeinde in Palästina erheben sich zahlreiche Einwände. Sh. etwa Preuss, Deuteronomium, S. 26-33.

2) Ähnlich Seitz, Redaktionsgeschichtl. Studien, S. 79

3) Seitz, Redaktionsgeschichtl. Studien, S. 72, sieht in Dtn 6,10-18 einen Kommentar zum Anfang des Dekalogs; aber die eindeutigen Anklänge zumindest an vor-dtn Teile des Dekalogs sind beschränkt auf V 13-15.

4) Sh. dazu z. B. Stamm, Dekalog, S. 11

5) Sh. dazu Perlitt, Bundestheologie

6) Baltzer, Bundesformular, S. 30

7) Baltzer, Bundesformular, S. 30, hier auch Beispiele

8) Da das Dtn Israel noch einmal in die Situation vor der Landnahme stellt und es Israel die unverdienten, reichen Gaben Jahwes vor Augen stellen will, kann man nicht mit A. Ohler, Israel, Land und Volk, S. 194 sagen, die landlosen Leviten mochten es leicht haben, die Jahrhunderte intensiver Pflege des Landes zu übersehen und hätten nur deshalb die Wendungen "die du nicht gebaut hast" usw. hier anfügen

können.

9) Die Übersetzung von זית mit "Öl" scheint hier angebrachter als die mit "Ölbaum", da die dritte Reihe auch sonst fertige Produkte enthält. Ein mit שמן zusammengehörender constructus ist unwahrscheinlich, da die Dreigliedrigkeit der Reihe dadurch gestört würde. Um eine Wiederholung zu vermeiden, muß dann שמן mit "Fett" (Plöger, Untersuchungen, S. 89: "Rahm") und nicht mit "Öl" übersetzt werden. Sh. auch Aistleitner, Texte, I AB, III 6 f, wo ebenfalls die Zusammenstellung "Fett und Honig" begegnet; andere übersetzen allerdings auch hier mit "Öl".

10) Sh. S. 139

11) Plöger, Untersuchungen, S. 89

12) Sh. oben Anm. 9

6.2. Dtn 11,10 ff:

1) Sh. auch Plöger, Untersuchungen

2) Textkritisch ist die 1. Pers. Sing. hier wie auch in V 14 nicht unumstritten - sh. BH zur Stelle -. Auch die 3. Pers. ist vielfach belegt; dennoch dürfte die 1. Pers. als die lectio difficilior vorzuziehen sein.

3) Sollte V 15a von einem Redaktor eingefügt worden sein, der die jahwistische Urgeschichte kannte und der in Überwindung des Fluchspruchs von Gen 3 im vom Jahwe gegebenen Land das Kraut des Feldes als Nahrung nur für die Tiere sah?

4) Sh. dazu S. 157 ff

6.3. Dtn 7,13 ff:

1) Zur Völkerliste sh. Perlitt, Bundestheologie, S. 254, und Richter, Retterbuch, S. 42 f

2) Sh. auch Preuss, Deuteronomium, S. 49

3) Sh. auch Lohfink, Hauptgebot, S. 175

4) Sh. auch Horn, BZ NF 15, S. 271

5) Vorausgesetzt wird hier die Sammlung und Gestaltung des Deuteronomiums in Schreiberkreisen des Jerusalemer Hofes; sh. dazu etwa die Zusammenfassung bei Preuss, Deuteronomium, S. 31 ff.

6) Es ist nicht zutreffend, wenn Schmitt, Du sollst keinen Frieden schließen, S. 17, formuliert, die Segensverheißung von Ex 23,23-26 beziehe sich auf die Gesundheit und Fruchtbarkeit von Land und Menschen. Es scheint überhaupt problematisch, V 23-26 als Segensverheißung zu bezeichnen, da von einem Segen lediglich im Zusammenhang mit Brot und Wasser die Rede ist.

7) Sh. S. 184, Anm.45

8) Zur Verbindung zwischen Bersheba und der Elia-Tradition sh. Steck, Elia, S. 27, Anm.2

9) Sh. dazu Seybold, Gebet des Kranken, S. 35

10) Ein analoger Vorgang ist auch bei einigen der Fluch- und Segensworte von Dtn 28 zu beobachten. Sh. dazu Jeremias, Kultprophetie, S. 173 f

11) Zum Zusammenhang zwischen Elisa und den Rekabitern sh. S. 37

12) Sh. auch Schmitt, Du sollst keinen Frieden schließen, S. 17

13) Sh. S. 90 und S. 107 f

14) Zum unterschiedlichen Gebrauch bei Hosea und im Südreich sh. S. 129 f

15) Sh. auch Plöger, Deuteronomium, S. 173

16) Zur Trias sh. S. 153 f

6.4. Dtn 28:

1) Sh. dazu z. B. Jeremias, Kultprophetie, S. 166-175

2) Sh. Jeremias, Kultprophetie, S. 173 f

3) Sh. S. 146

4) Sh. auch Seitz, Redaktionsgeschichtl. Studien, S. 271

5) Schottroff, Fluchspruch, S. 59-62

6) Seitz, Redaktionsgeschichtl. Studien, S. 272

7) Schottroff, Fluchspruch, S. 226

8) Sh. etwa von Rad, Deuteronomium, S. 125, und Plöger, Deuteronomium, S. 143

9) Sh. auch Schottroff, Fluchspruch, S. 225 Anm.3

10) Sh. dazu Jeremias, Kultprophetie, S. 169 ff

11) Eine Übersetzung bietet z. B. Beyerlin, Textbuch, S.155

12) Sh. dazu z. B. von Rad, ATD 8, S. 124

6.5. Formelhafte Wendungen:

1) Sh. S. 79

2) Sh. S. 80

3) Sh. S. 80

4) Sh. S. 80

5) Sh. auch Kaiser, ATD 17, S. 82-86

6) Zu Gudea sh. u. a. den Bildatlas der assyrisch-babylonischen Kultur, S. 51 und 156

7) Donner, Landes- und Altertumskunde, S. 79

8) ANET, S. 19 f

9) So auch schon Greßmann, Messias, S. 157; sh. auch Rose, Dtr und J, S. 277, und Ohler, Israel, Land und Volk, S. 188

10) Sh. auch S. 81

11) Zur Differenz im Gebrauch der Wendung sh. aber S. 129

12) Aistleitner, Texte, II K, III 14 ff; sh. auch Wolff, Hosea, S. 47. Mit Brot dürfte das Brotgetreide gemeint sein; die anderen beiden Glieder bezeichnen im Zusammenhang aber sicher die fertigen Produkte.

13) Sh. Kramer, Mythologies, S. 106

14) Köhler, ZAW 46, S. 220

15) So Köhler, ZAW 46, S. 219 f

16) Gese, Altsyr. Rel., S. 107 ff

17) Gese, Altsyr. Rel., S. 111

18) Köhler, ZAW 46, S. 218

19) Köhler, ZAW 46, S. 218 ff

20) So etwa Dalman, Arbeit und Sitte IV, S. 255: "Dem bibl. Hebr. ist es eigen, daß das dem Traubenmost parallele flüssige Produkt der Olive als יצהר von שמן , dem fertigen Öl, unterschieden wird."

21) Gese, Altsyr. Rel., S. 111

22) Wolff, BK IV/1, S. 44 f und 104

23) In Hos 4 ist es allerdings so zu verstehen; aber hier liegt wahrscheinlich ein nordisraelitisches Sprichwort mit besonderem Sprachgebrauch vor.

24) Wolff, BK IV/1, S. 44

25) Albright, Yahwe and the Gods, S. 162

26) Ausführlich dazu sh. Dalman, Arbeit und Sitte IV

6.6. Zusammenfassung:

1) Sh. dazu zusammenfassend Preuss, Deuteronomium, S. 30 ff

2) Jeremias, Kultprophetie, S. 165 Anm.3, formuliert dagegen: "... Ex 23,20 ff beschränkt sich auffälligerweise ... ganz auf die Segensverheißung." Dieser Tatbestand ist aber nicht auffällig, wenn auf einen Zusammenhang mit Dtn 28 verzichtet wird.

3) Auch die abgesehen von Dtn 28 an einigen Stellen begegnende Ankündigung einer eventuellen Vernichtung Israels bzw. der möglichen Verweigerung des Regens in Dtn 11,16 f ist nicht Bestandteil alter, von der Theologie des Nordreichs beeinflußter Teile des Deuteronomiums, sondern jeweils in deuteronomistischen oder noch späteren Zusätzen zu finden; vgl. Schichtentabelle bei Preuss, Deuteronomium, S. 46 ff.

4) Das schließt nicht aus, daß die Landbeschreibungen schon vor ihrer Aufnahme ins Deuteronomium auf das Land Israel bezogen waren; aber es fehlt jeder Anhaltspunkt dafür, daß sie mit Aussagen über die

Landnahme verbunden waren.

7. Ausblick

1) Sh. etwa Kaiser, Einleitung, S. 98

2) Zu den Entsprechungen sh. Jeremias, Kultprophetie, S. 170

3) Sh. S. 139 ff

4) Sh. dazu die Ausführungen zu Ps 72, S. 115 ff

5) Von Rad, ATD 8, S.141; Preuss, Deuteronomium, S. 165 ff

6) Schlisske, Gottessöhne, S. 69

7) Vgl. Schlisske, Gottessöhne, S. 65: "eigenartig abstrakte Darstellung".